Mathieu · Freimaurerei und katholische Kirche

SALIER
VERLAG

Für Florian, Heiko und Georg

Richard Mathieu

Freimaurerei und katholische Kirche

Geschichte
und kirchenrechtliche Einordnung
eines 300-jährigen Streits

Salier Verlag Leipzig

ISBN 978-3-943539-43-1

1. Auflage 2015
Copyright © 2015 by Salier Verlag, Leipzig
Alle Rechte vorbehalten.

Umschlaggestaltung: Christine Friedrich-Leye
unter Verwendung einer Zeichnung von Jens Rusch (www.jens-rusch.de)
Satz und Herstellung: Salier Verlag
Printed in the EU

www.salierverlag.de

Inhalt

Einleitung	9
Hinführung	9
Zielsetzung	11

Teil 1: Das Phänomen der Freimaurerei 16

1 Entstehung der Freimaurerei – eine Skizze 17
1.1 Entstehungsmythen und -theorien:
    Anfänge der Freimaurerei 17
1.2 Realhistorische Wurzeln der Freimaurerei 20
1.2.1 Accepted Masonry – Angenommene Maurer 27
1.2.2 Der Begriff der spekulativen Freimaurerei 28
1.2.3 Von der operativen zur spekulativen
    Freimaurerei – eine Annäherung 31
1.2.4 Die Londoner Großloge
    und die Anderson'schen Constitutions 34
1.2.5 Die United Grand Lodge of England
    und die Regularität 36
1.3 Freimaurerei in Deutschland 39
1.3.1 Absalom zu den drei Nesseln (1737) –
    Anfänge der Freimaurerei in Deutschland 39
1.3.2 Freimaurerei in Deutschland heute 40

2 Das Ritual 44
2.1 Vorbemerkungen 46
2.2 Kleiderordnung 47
2.3 Ritualstruktur 49
2.4 Die drei Grade der Johannismaurerei 51

2.4.1	Antizipation – Der Suchende	51
2.4.2	Aufnahme – Der Lehrling	52
2.4.3	Beförderung – Der Geselle	61
2.4.4	Erhebung – Der Meister	65
2.5	Das freimaurerische Ritual – Ertrag unter Vorbehalt	72
2.5.1	Symbolik des Lichts	75
2.5.2	Symbolik des Wanderns	76
2.5.3	Symbolik des Bauens	78
2.6	Der freimaurerische Gottesbegriff – Ein Annäherung	79
2.7	Die Arkandisziplin – zwischen Offenheit und Verschwiegenheit	82

Teil 2: Katholische Kirche und Freimaurerei   86

1	*Vorbemerkungen*	87
2	*Päpstliche Verurteilungen vor dem CIC/1917*	90
2.1	Clemens XII.	91
2.2	Benedikt XIV.	94
2.3	Pius VII.	96
2.4	Leo XII.	98
2.5	Pius VIII.	99
2.6	Gregor XVI.	100
2.7	Pius IX.	101
2.8	Leo XIII.	108
2.9	Freimaurerei und kirchliches Strafrecht vor dem CIC/1917	120

3	*Freimaurerei und Kirche im CIC/1917*	123
3.1	Einzelne Normen	124
3.2	Can. 2335 CIC/1917	127
3.2.1	Rechtssprachliche Erläuterungen zu can. 2335 CIC/1917	128
3.2.2	Aufhebung der Exkommunikation	137
3.3	Freimaurerei im CIC/1917	138
4	*Entwicklungen während und nach dem Zweiten Vatikanischen Konzil*	140
4.1	Exkurs: „Das Schwedische System"	145
4.2	Dialog zwischen Kirche und Freimaurerei in Folge des Zweiten Vatikanums	146
4.3	Die Lichtenauer Erklärung	148
4.4	Schreiben der Glaubenskongregation vom 18.07.1974	149
4.5	Dialog zwischen der Deutschen Bischofskonferenz und den VGLvD	150
4.5.1	Erklärung der DBK vom 12. Mai 1980	152
4.5.2	Die Erklärung der DBK – Versuch einer kritischen Würdigung	159
4.5.3	Kirchenrechtliche Einordnung der Erklärung der DBK	181
4.6	Die Erklärung der Kongregation für die Glaubenslehre vom 17.02.1981	183
5	*Freimaurerei und Kirche im CIC*	189
5.1	Codexreform und Genese des c. 1374 CIC	189

5.1.1	Schema documenti quo disciplina sanctionum seu poenarum in ecclesia latina denuo ordinatur (SchPoen/1973)	190
5.1.2	Schema CIC/1980 (SchCIC/1980)	191
5.1.3	Schema CIC/1982 (SchCIC/1982)	197
5.2	Freimaurerei im CIC	197
5.2.1	Rechtssprachliche Erläuterungen zu c. 1374 CIC	198
5.2.2	Interdictum – Gottesdienstsperre	206
5.2.3	Imputabilität und Strafe	207
5.2.4	Neues Recht, alte Strafe?	209
5.3	Die Freimaurer im CIC	210
5.4	Die Freimaurerei im orientalischen Kirchenrecht	211
6	*Erklärung der Glaubenskongregation über frm. Vereinigungen v. 26.11.1983*	213
6.1	Der rechtliche Charakter der Erklärung der Glaubenskongregation über freimaurerische Vereinigungen vom 26.11.1983	216
6.2	Inhaltliche Anmerkungen zur Declaratio de associationibus massonicis vom 26.11.1983	222
6.3	Declaratio de associationibus massonicis	230
7	*Resümee und Schluss*	232
Abkürzungsverzeichnis		240
Literaturverzeichnis		244
Anhang: „Thesen bis zum Jahr 2000"		255

Einleitung

Hinführung

Das Problemfeld der kirchlichen Haltung gegenüber der Freimaurerei und ihr kirchenrechtlicher Niederschlag sind zwar im Zuge und kurz nach der Erarbeitung des Codex Iuris Canonici sowie als Reaktion auf das Schreiben der Glaubenskongregation über freimaurerische Vereinigungen vom 26.11.1983 verschiedentlich thematisiert worden. Allerdings fällt auf, dass die bleibende Aktualität dieser Fragestellung in der kirchenrechtlichen Literatur seit den 80er Jahren kaum wahrgenommen wurde[1]. Exemplarisch sei verwiesen auf das Generalregister des Archivs für katholisches Kirchenrecht, der „weltweit [...] älteste[n] erscheinende[n] kirchenrechtliche[n] Fachzeitschrift"[2], in welchem sich für den Zeitraum von 1982 bis 2006 bemerkenswert wenige Einträge zu dem Stichwort „Freimaurerei" finden[3]. Dies

---

1 Die Dissertation von Klaus KOTTMANN mit dem Titel „Die Freimaurer und die Katholische Kirche. Vom geschichtlichen Überblick zur geltenden Rechtslage, Frankfurt a. M. 2009" ist einer der wenigen aktuellen Beiträge zu dieser Thematik, die die kirchenrechtlichen Umstände vollumfänglich bearbeitet. Der wissenschaftliche Anstand gebietet, an dieser Stelle darauf hinzuweisen, dass die vorliegende Arbeit von dem ertragreichen Elaborat Kottmanns sichtlich profitiert.
2 Nach eigenen Angaben. Siehe hierzu: ARCHIV FÜR KATHOLISCHES KIRCHENRECHT.
3 Sachregister I (Abhandlungen und kleine Beiträge) und Sachregister II (Dokumente) enthalten je einen Eintrag zum Stichwort „Freimaurerei"; vgl. hierzu Generalregister zum AfkKR für die Bände 151 (1982) bis 175 (2006).

mag verschiedene Gründe haben: Einerseits weckt der Begriff nach wie vor noch Assoziationen, die das Themenfeld „Freimaurerei" zu Unrecht in ein kurioses, mithin unseriöses, einer wissenschaftlichen Betrachtung unwürdiges Feld rücken, in das es zweifelsohne nicht gehört. Andererseits ist unschwer festzustellen, dass sich in diesem Bereich seit dem oben genannten Dokument der Glaubenskongregation nicht viel getan hat, was sicher mit der Erklärung der Kongregation selbst zu tun haben dürfte, die die Veröffentlichung ihr widersprechender Einschätzungen durch andere kirchliche Autoritäten explizit untersagt hatte.

Hinsichtlich dieser Vermutungen ist einerseits zu sagen, dass die Freimaurerei oder Anspielungen auf sie oft in Kontexten erscheint, die sie sich nicht selbst ausgesucht hat und die Außenwahrnehmung dieser schweigsamen, noch um die rechte Öffentlichkeitsarbeit ringenden Vereinigung stark verzerren[4]. Andererseits ist es zwar in der Tat so, dass es keine nennenswerten kirchlichen Dokumente seit 1983 gab, die das Thema Freimaurerei abermals aufgriffen und gegebenenfalls Anlass zu einer erneuten Problematisierung geboten hätten. Geht man allerdings davon aus, dass die Freimau-

---

4 Zu nennen wären hier neben zahlreichen Filmen, wie etwa *From Hell* (Hughes, USA, 2001), *National Treasure* (Turteltaub, USA, 2004), *The Man Who Would Be King* (Huston, Großbritannien, 1975 u.a.) und vielen mehr, auch Unterhaltungsliteratur wie *The Lost Symbol* (Brown, USA, 2009) oder gar ein mit dem Lied *Sympathy for the Devil* unterlegter Werbespot anlässlich des Super Bowls 2013 von MERCEDES-BENZ, in welchem der einen Deal aushandelnde Teufel einen Ring mit Winkelmaß und Zirkel trägt, auf den im Laufe des Werbespots zur sicheren Kenntnisnahme des Zuschauers und potenziellen Kunden gleich zweimal verweilend eingezoomt wird. Die Reaktionen hierauf waren insbesondere unter amerikanischen Freimaurern energisch.

rerei gewissermaßen auch einen Querschnitt durch die Gesellschaft bildet, dann werden sich unter den etwa 15.000 Freimaurern regulärer Logen allein in Deutschland sehr viele Katholiken finden, die von dem Spannungsverhältnis Kirche – Freimaurerei bewusst oder unbewusst betroffen sind. Die kirchenrechtliche Fragestellung hat also auch, numerisch betrachtet, eine nicht geringe pastorale Relevanz.

Zielsetzung

Die vorliegende Arbeit hebt darauf ab, das Verhältnis zwischen Freimaurerei und katholischer Kirche kirchenrechtlich zu beleuchten. Um dies in angemessener Weise tun zu können, ist eine Betrachtung der, der aktuellen Rechtslage vorausgehenden, historischen Entwicklungen vonnöten. Gleichzeitig bliebe eine solche Darstellung ohne den Versuch, das Phänomen *Freimaurerei* wenigstens ansatzweise zu erfassen, einseitig und unvollständig. Obgleich die geschichtliche Genese der Freimaurerei nicht im Rahmen dieser Arbeit ausbuchstabiert werden kann, sollen einzelne, wichtige Momente zur Sprache kommen[5]. Dabei wird u.a. auf eine Dar-

---

[5] Da die Geschichte der Freimaurerei nicht vorwiegendes Thema dieser Arbeit ist, kann unmöglich der geschichtliche Übergang der operativen Maurerei der Steinmetzzünfte des Mittelalters zur modernen, sogenannten spekulativen Freimaurerei in allen Einzelheiten wiedergegeben werden. Beispielhaft ist hier auf ein unübertroffenes Werk zu verweisen, welches die Genese der Freimaurerei in ihrer heutigen Erscheinungsform mustergültig untersucht: KNOOP, Douglas, JONES, Gwilym Peredur, The Genesis of Freemasonry. An account of the rise and the development of freemasonry in its operative, accepted, and early speculative phases, Manchester 1949. Das Werk liegt auch in deutscher Übersetzung vor: KNOOP, Douglas, JONES, Gwilym Pere-

stellung der vielschichtigen, zweifellos interessanten, aber für eine kirchenrechtliche Einordnung nicht unmittelbar erheblichen Zeit des deutschen Nationalsozialismus verzichtet[6]. Diesbezüglich sei nur andeutend erwähnt, dass es strukturelle Überschneidungen gibt in den Argumentationsmustern des klassischen wie modernen Antisemitismus und der Antifreimaurerei, für die eine Sensibilisierung vielerorts noch aussteht[7]. Relativ breiter Raum wird der Darstellung der freimaurerischen Ritualistik eingeräumt, weil gerade in diesem Bereich Differenzierungen zwischen den Lehrarten verschiedener Großlogen durch Außenstehende eine leider selten bediente Notwendigkeit sind und andererseits, weil sich die im Rahmen dieser Arbeit kritisch zu beleuchtende Erklärung der Deutschen Bischofskonferenz vom 12.05.1980 stark auf die Ritualistik bezieht, deren tiefe Kenntnis vorgibt und hieraus maßgeblich ihre Feststellung der Unvereinbarkeit von Freimaurerei und Kirche ableitet. Grundsätzlich gilt zudem, dass „wer das Ritual im Diskurs ausspart, […] freilich auch nicht über dessen Beziehung zu Religion und Religiosität

---

dur, Die Genesis der Freimaurerei. Ein Bericht vom Ursprung und den Entwicklungen der Freimaurerei in ihren operativen, angenommenen und spekulativen Phasen, Aus dem Englischen übertragen von Fritz Blum und Dieter Möller, Bayreuth 1968.

6 Dieses Thema ist inzwischen gut aufgearbeitet worden, auch auf masonischer Seite. Exemplarisch sei dabei verwiesen auf folgendes, kürzlich von der Forschungsloge Quatuor Coronati herausgegebenes Elaborat: Italian and German Freemasonry in the time of Fascism and National Socialism. Four Essays and a Comparative Introduction, Leipzig 2012.

7 Siehe COOPER, Robert, The Red Triangle. A History of Anti-Masonry, Hersham 2011, für eine ausführliche Darstellung der Geschichte und Argumentationsmuster der Antifreimaurerei.

kommunizieren [kann]"[8]. Angesichts der Tatsache, dass die reguläre Freimaurerei in Deutschland mit insgesamt fünf Großlogen vertreten ist, war es naheliegend, sich in der Darstellung des Rituals sowie in der Bezugnahme auf freimaurerische Grundsätze auf *eine* Großloge zu beschränken. Sofern nicht anders angegeben, sind daher alle wiedergegebenen Ritualtexte und Auszüge der Freimaurerischen Ordnung der Großloge der Alten Freien und Angenommenen Maurer von Deutschland (AFAM) zuzuordnen. Diese Großloge ist insofern repräsentativ, als dass sie die mit Abstand meisten Mitglieder vorzuweisen hat. Anliegen und Anspruch des ersten, kürzeren Teils dieser Arbeit ist, die freimaurerische Ritualistik wenigstens *einer* Großloge in einer Vollständigkeit wiederzugeben, die insbesondere von kirchenrechtlichen bzw. theologischen Arbeiten bisher nicht oder nur eingeschränkt geleistet wurde[9].

In einem zweiten Schritt wird der Versuch unternommen, das Verhältnis von katholischer Kirche und Freimaurerei zu untersuchen. Dabei wird zunächst auf die Vielzahl päpstlicher Verurteilungen, beginnend mit der 1738 erschienenen Bulle *In eminenti apostolatus specula* von Clemens XII., eingegangen. Sodann wird der Inhalt der Apostolischen Kon-

---

8   HÖHMANN, Hans-Hermann, Freimaurerei. Analysen, Überlegungen, Perspektiven, Bremen 2011, 189.
9   DIGRUBER, Karl, Die Freimaurer und ihr Ritual. Theologisch-kirchenrechtliche Perspektiven, Berlin 2011, ist ein solcher Versuch, dem freimaurerischen Ritual vollumfänglich gerecht zu werden. In seiner positiven Rezension zu Digrubers Arbeit bemerkt Axel Pohlmann, dass die von Digruber zitierten Rituale teilweise nicht mehr aktuell sind. Vgl. POHLMANN, Axel, Außenansicht der Freimaurerei – Katholische Kirche und Ritual der Freimaurer, in: Humanität 37 Jg. (2012) Nr. 3, 33 f.

stitution *Apostolicae Sedis* von Pius IX. aus dem Jahr 1869 thematisiert. Darauf wird in angemessener Ausführlichkeit die Rechtslage im CIC/1917, dort insbesondere can. 2335, untersucht. Es folgt eine Skizzierung der Genese des CIC, in dem die Freimaurerei nicht mehr namentlich genannt wird. Einzugehen ist hier besonders auf c. 1374 CIC, der, obgleich ihm ein expliziter Hinweis auf die Freimaurerei fehlt, sprachlich anknüpft an can. 2335 CIC/1917 und insofern als dessen Nachfolgenorm gilt. In diesem Kontext wird der Inhalt der Erklärung über freimaurerische Vereinigungen der Glaubenskongregation vom 26.11.1983 eines vertieften Blickes gewürdigt und der Versuch einer kirchenrechtlichen Einordnung dieses Schreibens unternommen. Des Weiteren ist die Situation eines katholischen Freimaurers auch im Zusammenhang mit c. 915 CIC und einem sich auf diese Norm beziehenden Schreiben des Päpstlichen Rates für die Gesetzestexte (PCI) zum Kommunionempfang wiederverheirateter Geschiedener vom 24.06.2000 zu erörtern.

Abschließend sei angemerkt, dass dieser Text sowohl an interessierte Freimaurer als auch Nicht-Freimaurer gerichtet ist. Vor diesem Hintergrund mögen insbesondere die Annäherungen an das Phänomen der Freimaurerei manchem freimaurerischen Leser redundant erscheinen. In diesem Fall ist es völlig legitim, zu Teil II zu springen, der inhaltlich zwar eine gewisse Kenntnis der Freimaurerei, nicht aber zwingend die Lektüre des ersten Teils dieses Buches voraussetzt. Ritualpassagen werden dort wörtlich zitiert, wo sie eine argumentative Unverzichtbarkeit darstellen, etwa im Hinblick auf die Unvereinbarkeitserklärung der Deutschen Bischofskonferenz, die ihrerseits auf Ritualpassagen Bezug nimmt oder vorgibt, es zu tun. Es sei noch darauf aufmerksam gemacht, dass dieser Text, wenngleich nicht in restloser Detailliertheit, so doch mit gebotener Ausführlichkeit auf alle drei Grade der Freimaurerei eingeht.

Dieses Buch kann und will keinesfalls den einzelnen Freimaurer bzw. Katholiken vor dem inneren Gerichtshof seines Gewissens präjudizieren. Es wird zudem die zahlreichen genuin theologischen Fragen, die sich im Hinblick auf das Verhältnis von Freimaurerei und Kirche ergeben, nur dort thematisieren, wo sie eine kirchenrechtliche Relevanz haben. Ziel und Zweck dieses Textes ist es, Inhalt, Genese und interpretative Spielräume und Unschärfen der rechtlich-normativen Position der katholischen Kirche zur Freimaurerei zu erfassen und kritisch zu hinterfragen. Damit ist die Frage, ob Freimaurerei und Katholizismus miteinander vereinbar sind oder sein können keineswegs beantwortet, sondern bestenfalls ein perspektivenerschließender Beitrag geleistet. Eine gewisse Nüchternheit liegt zudem in der Natur einer jeden Rechtssprache. Ich bitte insofern den Leser bereits an dieser Stelle um Entschuldigung und hoffe, dass er die Lektüre dennoch als ertragreich empfinden möge. Im Idealfall ist dieses Buch ein Impuls zum fachlichen und vielleicht zum innerkirchlichen Diskurs zur Frage der Kompatibilität von Freimaurerei und Kirche. Es ist jedenfalls keineswegs meine Absicht, mögliche Ergebnisse solcher Diskurse abschließend vorwegzunehmen.

Teil 1
Das Phänomen der Freimaurerei

1 Entstehung der Freimaurerei – eine Skizze

1.1 Entstehungsmythen und -theorien: Anfänge der Freimaurerei

Wie andere Institutionen, die sich, um ihre herausragende Dignität zu betonen, auf altehrwürdige Traditionen berufen, versuchte und versucht auch die Freimaurerei Bezüge zu kulturhistorischen Schlaglichtern der Menschheitsgeschichte herzustellen.

Überspitzte Äußerungen, ähnlich der Formulierung Lessings in Ernst und Falk, Freimaurerei sei immer gewesen[10], finden sich auch in anderer masonischer Literatur: „Die Anfänge der freimaurerischen Geschichte verlieren sich in der menschlichen Urgeschichte, ja die Freimaurerei ist so alt wie die Menschheit überhaupt."[11] Allerdings ist auch zu berücksichtigen, dass derartige Aussagen in Bezug auf die masonische Geschichtsschreibung gegebenenfalls auf den substanziellen Kern der Freimaurerei, ihre *Idee* abzielen und weniger auf ihre organisatorische Manifestation[12].

---

10 Vgl. Lessing, Gotthold E., Merzdorf, Johann Friedrich L. T., Ernst und Falk. Gotthold Ephraim Lessings Ernst und Falk. Gespräche für Freimaurer, Hannover 1855, 14.
11 Posener, Oswald, Vogel, Theodor, Am Rauhen Stein. Leitfaden für Freimaurerlehrlinge, Frankfurt a. M. ⁶1964, 15.
12 Vgl. Naudon, Paul, Geschichte der Freimaurer, Frankfurt a.M., Berlin, Wien 1982, 12, der anmerkt, dass derartige Verweise auf die Menschheitsgeschichte „in ihrer esoterischen Bedeutung" zu verstehen sind.

Ermöglicht wird eine solche, Indizienketten strickende Geschichtskonzeption u.a. durch die teilweise leider dürftige Quellenlage der Entstehungsphase der Freimaurerei[13]. Symptomatisch hierfür ist beispielsweise die von verschiedenen Großlogen hinsichtlich ihres identitätsstiftenden Charakters unterschiedlich bewertete, weitgehend idealisierende bzw. romantisierende Bezugnahme auf Ritter- bzw. Templertraditionen[14], die trotz ihrer unbestreitbaren Ahistorizität weiterhin gepflegt werden[15]. Diesbezüglich ist anzumerken, dass der Bezug zu Ritter- bzw. Templertraditionen in erster Linie für die Hochgrade von Bedeutung sind, die es z.B. bis zum 11. Grad innerhalb des Lehrgebäudes der auch als Freimaurerorden (FO) bezeichneten Großen Landesloge von Deutschland (GLLvD) gibt, aber innerhalb der mitgliederstärksten Großloge Deutschlands, der AFAM, nicht existieren. Der freimaurerische Geschichtsschreiber Oskar Posener beginnt seine Darstellung mit einem kritischen Zitat von Fritz Mauthner:

---

13 Vgl. PÖHLMANN, Matthias, Verschwiegene Männer. Freimaurer in Deutschland (EZW-Texte 182), Berlin ⁴2008, 27; BINDER, Dieter A., Die diskrete Gesellschaft. Geschichte und Symbolik der Freimaurer, Innsbruck 2004, 32.
14 Vgl. PÖHLMANN, Freimaurer in Deutschland, 23.
15 Vgl. BINDER, Dieter A., Die Freimaurer. Ursprung, Rituale und Ziele einer diskreten Gesellschaft, Freiburg i. Br. 2006, 21; PÖHLMANN, Freimaurer in Deutschland, 23.

„Die Freimaurer sind allezeit schlechte Geschichtsschreiber ihres Ordens gewesen und haben sich von jeher an zufällige Übereinstimmungen gehalten, um alle möglichen kühnen Geister alter und neuer Zeit für Freimaurer erklären zu können."[16]

Womöglich apologetisch fügt er hinzu, dass „seitdem Menschen in Gruppen zusammenleben [es immer etwas gab] was sich mit Freimaurerei vergleichen ließ"[17]. In masonischen Geschichtsrekonstruktionen dieser Spielart finden sich Jesus Christus, Adam und seine Söhne, die Werkleute des salomonischen Tempelbaus und des Turmbaus von Babel, Moses, Noah u.a.m. als Träger der freimaurerischen Tradition[18]. Differenzierter formuliert eine Publikation der deutschen Freimaurer, dass eine geschichtliche Verbindung zu antiken Mysterienbünden nicht unmittelbar nachzuweisen ist, aber ein inhaltlicher Zusammenhang insoweit besteht, als dass teilweise bewusste Rückgriffe auf die (vermeintliche) Gedankenwelt antiker Mysterienbünde vollzogen wurden[19]. Neben den innermasonischen Entstehungsmythen gibt es auch solche aus der antifreimaurerischen Literatur, die, unter Bezugnahme auf die hebräischen Passwörter[20], behaupten,

---

16 POSENER, Oskar, Bilder zur Geschichte der Freimaurerei, Reichenberg 1927, 11 f.
17 POSENER, Bilder, 11 f.
18 Vgl. BINDER, Die Freimaurer, 15 f.
19 BAUHÜTTEN-VERLAG, Die Entwicklung der Freimaurerei. Vorläufer und Gründung, Hamburg 1974 (Die Blaue Reihe 23), 8-16.
20 Eine ausführliche Darstellung der zahlreichen in der Freimaurerei gebrauchten Hebraismen bzw. ihrer degenerierten Formen findet sich in: SEGALL, Michaël, Les hébraïsmes dans les rituels du marquis de Gages, in: Université libre de Bruxelles. Institut d'étude des religions et de la laïcité (Hg.), Le Marquis de Gages (1739-1787). La Franc-Maçonnerie dans les Pays-Bas autrichiens, Brüssel 2000, 111-129.

die Freimaurerei sei eine jüdische Schöpfung[21]. Derartige als Verschwörungstheorien zu klassifizierende Behauptungen fallen zusammen mit antisemitischen Topoi des als globalem Drahtzieher agierenden „Weltjudentums" und verwundern insbesondere auf Grund der Tatsache, dass Juden die Aufnahme in Freimaurer-Logen lange verwehrt blieb[22].

1.2 Realhistorische Wurzeln der Freimaurerei

Als tatsächlichen historischen Ausgangspunkt der Freimaurerei sind die mittelalterlichen Bauhütten zu betrachten, deren Blütezeit vom 13. bis zur Mitte des 15. Jahrhunderts anzusiedeln ist[23]. Allerdings ist auch hier anzumerken, dass „direkte Bezüge selten nachgewiesen"[24] sind. Gerade der Übergang von der *operativen*, also mit der Konstruktion von Sakralbauten befassten, zur *spekulativen*, also symbolisch arbeitenden, Freimaurerei lässt sich nicht restlos klären. Entsprechend wird in der Forschung verschiedentlich betont, dass sich die Suche nach einem einzigen geschichtlichen Ursprungspunkt als unproduktiv und akademische Sackgasse erweist[25].

---

21 Vgl. BINDER, Die Freimaurer, 19.
22 Vgl. BINDER, Die Freimaurer, 19; BOKOR, Charles von, Winkelmaß und Zirkel. Die Geschichte der Freimaurer, Wien, München 1980, 16.
23 Vgl. PÖHLMANN, Freimaurer in Deutschland, 24.
24 BAUHÜTTEN-VERLAG, Blaue Reihe 23, 23.
25 Vgl. HAMILL, John, The Craft. A History of English Freemasonry, London 1986, 17 f.

Das Phänomen sich zu Bruderschaften zusammenschließender Handwerker, anfangs im Umkreis von Klöstern, das wohl mit Recht als einer der historischen Ursprünge der spekulativen Freimaurerei betrachtet wird, ist gut belegt, in Kontinentaleuropa beispielsweise durch die *Bruderschaft des hl. Aurelius*, die sich 1080 im Kloster Hirsau im Schwarzwald konstituierte. Ausschlaggebend für die allmähliche Bildung solcher Zusammenschlüsse qualifizierter Handwerker war mitunter der architekturgeschichtliche Übergang vom romanischen Baustil zur Gotik. Letztere stellte höhere Anforderungen an die am Bau beteiligten Arbeiter, während der romanische Baustil wesentlich auf die unkomplizierte Anwendung geometrischer Regeln setzte.[26]

Zwar wird verschiedentlich vermutet, dass die sich später als *Dombauhütten* bezeichnenden Zusammenschlüsse von Werkmaurern neben den unmittelbar technischen Fertigkeiten auch ein sittliches Traditionsgut entwickelten. Belege hierfür sind allerdings rar und weitgehend uneindeutig in der Auslegung. Die zunächst lose Beziehung und punktuelle Konkurrenzsituation der Zusammenschlüsse untereinander wurde reguliert durch die von Erwin von Steinbach[27] († 1318), dem damaligen Straßburger Dombaumeister, einberufene Zusammenkunft zahlreicher Dombaumeister aus England, Frankreich und Italien. Zweck dieser Zusammen-

---

26 Vgl. KOTTMANN, Freimaurer und katholische Kirche, 25 f.; SCHOTTNER, Alfred, Das Brauchtum der Steinmetzen in den spätmittelalterlichen Bauhütten und dessen Fortleben und Wandel bis zur heutigen Zeit, Münster – Hamburg 1992, 18; HEIDELOFF, Carl, Die Bauhütte des Mittelalters in Deutschland. Eine kurzgefasste geschichtliche Darstellung, Nürnberg 1844, 6-30; BINDING, Günther, Baubetrieb im Mittelalter, Darmstadt 1993.
27 Vgl. Art. Erwin von Steinbach, in: Freimaurerlexikon, 269.

kunft war das Bemühen um einen einheitlichen Qualitätsstandard sowie die Ausgeglichenheit in der Verteilung von Bauaufträgen an verschiedene Bauhütten.[28]

In diesem Zusammenhang werden auch die Erkennungszeichen der Handwerker, mit denen sie sich als anerkannte Mitglieder der Maurerzunft zu erkennen geben konnten, zu sehen sein: Zeichen, Wort und Griff, wie sie in der spekulativen Freimaurerei bis heute existieren und noch immer die Funktion haben, den jeweiligen Bruder in seinem jeweiligen Grad auszuweisen, hatten ursprünglich die vergleichsweise profane Bedeutung der Qualitätssicherung. Die jeweiligen Zusammenschlüsse von Architekten, Steinmetzen und Künstlern entwickelten zudem eine eigene Gerichtsbarkeit, innerhalb derer bestimmte Delikte mit Geldstrafen bis hin zum Ausschluss aus der Dombauhütte geahndet wurden[29].

Obgleich sowohl die profane, als auch die masonische Geschichtsschreibung die Dombauhütten des Mittelalters als geschichtlichen Mutterboden der Freimaurerei betrachtet, darf nicht unerwähnt bleiben, dass die kontinentaleuropäischen Bauhütten in der beschriebenen Gestalt keinen dauerhaften Bestand hatten. Der Grund hierfür liegt mitunter darin, dass die Vollendung der Bautätigkeit bzw. das Ausbleiben von entsprechenden Bauaufträgen den Dombauhütten zusehends die Existenzgrundlage bzw. -berechtigung

---

28 Vgl. KOTTMANN, Freimaurer und katholische Kirche, 26, dort Fn. 16; Schottner, Brauchtum, 28 f.
29 Vgl. KOTTMANN, Freimaurer und katholische Kirche, 27, dort Fn. 20; SCHOTTNER, Brauchtum, 39-41. Der genannten Ordnung unterwarfen sich Baumeister aus Zürich, Speyer, Frankfurt, Augsburg, Ulm, Leipzig, Heilbronn, Nürnberg, Regensburg, Colmar, Salzburg, Heidelberg, Freiburg, Basel, Stuttgart, Saarbrücken und Konstanz.

entzog[30]. Die deutsche Freimaurerei hat ihren unmittelbaren geschichtlichen Ursprung somit nicht in den mittelalterlichen Bauhütten Kontinentaleuropas. Der Rückgang kirchlicher Bauaufträge, die Renaissance und schließlich die Reformation dürfen als Mitursachen für das Zugrundegehen der deutschen Bauhütten betrachtet werden[31]. Wie zu zeigen sein wird, ist die britische Werkmaurerei Ausgangspunkt der modernen, auch der deutschen Freimaurerei[32].

Aus dem 14. Jahrhundert gibt es erste greifbare Belege für das englische Gildenwesen, das in gängigen Entstehungstheorien als Ausgangspunkt der späteren spekulativen Freimaurerei betrachtet wird. Im *Letterbook H* der Stadt London taucht erstmals in einem auf den 9. August 1376 datierten Eintrag der Begriff *freemason* auf. Zwar werden die Begriffe *mason* und *freemason* weitgehend synonym für Steinarbeiter gebraucht – entsprechend auch die Bezeichnungen *Company of masons* bzw. *Company of freemasons*. Allerdings legt die Unerwähntheit des Begriffs *freemason* in schottischen Dokumenten der gleichen Zeit in Kombination mit dem Umstand, dass in Schottland *freestone*, also leicht zu bearbeitender Sandstein – nicht bearbeitet wurden, die Vermutung nahe, dass die Bezeichnung *freemasons* sich ursprünglich auf jene Maurer bezog, deren Aufgabe in der Bearbeitung von Sandsteinklötzen bestand.[33]

---

30 Vgl. KOTTMANN, Freimaurer und katholische Kirche, 27; HEIDELOFF, Carl, Bauhütte, 28; WINKELMÜLLER, Otto, Die deutschen Bauhütten. Ihre Ordnungen und die Freimaurerei, Bad Harzburg 1964, 26 f.
31 Vgl. KOTTMANN, Freimaurer und katholische Kirche, 28.
32 Vgl. KOTTMANN, Freimaurer, und katholische Kirche, 27 f., dort Fn. 22.
33 Vgl. BINDER, Die Freimaurer, 25.

Wohl mit dem Ziel, örtliche Monopole entweder zu schaffen oder zu erhalten, gründeten sachkundige Handwerker, darunter auch Steinmetze, Betriebe, die sich insbesondere durch die restriktive Aufnahmepraxis als auch die Ausbildungsdauer auszeichneten und Wert darauf legten, sich von jenen, als *cowans* bezeichneten Steinmetzen abzuheben, die keine reguläre Ausbildung in der von den Steinmetzbetrieben vorgesehenen Lehrzeit vorweisen konnten. Die Bedeutung der Steinmetz-Zünfte für ihre Mitglieder war eine vielfache: Im Wesentlichen trug sie zur Sicherung ihrer Einkommensverhältnisse bei, gestaltete die Preisbildung, stellte eine zumindest rudimentäre Gesundheitspflege zur Verfügung und half bei der Finanzierung von Beerdigungen.[34]

Als Mitglied einer Steinmetz-Zunft durchlief der Auszubildende, beginnend etwa im Alter von 14 Jahren, drei Stufen: *apprentice* (Lehrling) – *craftsmen/journeyman*[35] (Geselle) – *master mason* (Maurermeister). Mit der Beförderung bzw. Erhebung auf die jeweilige Stufe wurde dem Auszubildenden der Eid abverlangt, in Bezug auf die jeweils vermittelten Aspekte maurerischer Methodik Verschwiegenheit zu wahren, nicht nur aus Gründen des Standesethos, sondern im Wesentlichen, um die existenzielle und finanzielle Grund-

---

34 Vgl. BERMAN, Ric, The foundations of Modern Freemasonry. The Grand Architects. Political Change and the Scientific Enlightenment, 1714-1740, 9.
35 Der Begriff *journeyman* erklärt sich aus der bis heute bewahrten, als Walz oder Gesellenwanderung bezeichneten Tradition, sich nach seiner Freisprechung auf Wanderschaft zu anderen Bauhütten zu begeben. Anzumerken ist in diesem Kontext, dass auch die Freimaurerei diese Praxis bewahrt hat: Die AFAM stattet ihre Gesellen mit einen Gesellenpass aus, mit dem der entsprechende Geselle in anderen Logen seiner Wahl zur „Arbeit" erscheinen soll, um sich dort sein Erscheinen mit Stempel und Unterschrift zertifizieren zu lassen.

lage der Steinmetz-Zünfte und ihrer Mitglieder z.B. vor den erwähnten *cowans* zu schützen. Zudem wurden dem Auszubildenden jeweils Zeichen und Passwörter mitgeteilt, die gewissermaßen die Funktion eines Lehr- bzw. Gesellenbriefes hatten. Die Ausbildung umfasste eine Mindestdauer von sieben Jahren, das Mindestalter zur Verleihung des Status eines Meisters lag bei 21 Jahren[36], das zugleich das Alter der gesetzlichen Volljährigkeit darstellte. Zu berücksichtigen ist hier auch, dass ein ausbildender Meister durchaus einen wirtschaftlichen Vorteil aus ihm verpflichteten Auszubildenden zog und insofern kein Interesse hatte, sie vorzeitig aus seiner Obhut zu entlassen.[37]

Die gesellschaftliche Bedeutung der Steinmetze bzw. Maurer überragte jene anderer Zünfte insofern, als dass sie an der Gestaltung und Umsetzung von sichtbaren Manifestationen kirchlicher und staatlicher Macht und Dignität – Kathedralen, Abteien, Kirchen, Stadtmauern – wesentlich beteiligt waren. Infolgedessen waren Steinmetze, in weitgehendem Gegensatz zu anderen Handwerkern, an verschiedenen Baustellen tätig und somit beruflich weniger an eine einzige Örtlichkeit gebunden[38]. Entgegen der oben dargestellten Etymologie wurde daher bisweilen vermutet, dass der Begriff *freemason* sich aus der relativen Autonomie und Bewegungsfreiheit der Steinmetze ableitet. Eine ähnlich unwahrscheinliche Erklärung des Begriffs *freemason* ist die Hypothese, das Wortsegment *free* sollte eigentlich die besondere Würde der

---

36 Das Mindestalter eines in die Freimaurerei Aufzunehmenden liegt bei den meisten Logen auch heute bei einundzwanzig Jahren.
37 Vgl. BERMAN, Foundations of Freemasonry, 10.
38 Vgl. RAFTIS, James A., Peasant Economic Development within the English Manorial System, Montreal 1996, 99-117.

Steinmetze verbalisieren[39]. Nachweislich intensivierte sich die Symbiose von Maurerzünften und Stadtverwaltungen zunehmend in der zweiten Hälfte des 14. und zu Beginn des 15. Jahrunderts: Die Städte erhielten Steuern und andere Abgaben dafür, dass sie durch Regulierungen den Monopol-Status der Zünfte erhielten. Umgekehrt trugen die Zünfte die Aufgabe, sowohl die Verfügbarkeit als auch den Rahmen des für die Arbeit der Zunftmitglieder zu zahlenden Entgeltes wesentlich mitzugestalten bzw. zu kontrollieren. Dieses System enger Verwobenheit zwischen Stadtverwaltung und Steinmetz-Zunft hielt sich, anders als in Kontinentaleuropa, überwiegend bis ins späte 17. Jahrhundert.[40]

Nicht nur der handwerkliche, sondern auch der soziale Aspekt der Zünfte war ausschlaggebend für ihre „Corporate Identity". Hierzu gehörte einerseits ein gewisses Elitebewusstsein sowie andererseits auch Sozialleistungen z.B. an Witwen[41] und andere Hilfebedürftige[42].

---

39 Vgl. KNOOP, Douglas, JONES, Gwilym Peredur, The Mediaeval Mason. An economic history of English stone buildig in the later middle ages and early modern times, New York 1967, 86-89.
40 Vgl. KNOOP, JONES, Genesis of Freemasonry, 108-128.
41 Hierzu sei angemerkt, dass zum Vokabular der modernen Freimaurerei sowohl „Söhne der Witwe" als auch „Säckel der Witwe" gehören. Während die erste Formulierung sich auf die Hiramslegende bezieht, ist der „Säckel der Witwe" eine Umschreibung für innerhalb der Loge gesammelte Geldbeträge mit einer sozialen Zweckbestimmung. Man wird darin einen Anklang bzw. eine Wiederaufnahme und Erweiterung der Witwenhilfe der Maurerzünfte sehen dürfen. Vgl. Art. Witwensack, in: Freimaurerlexikon, 910; Art. Sohn (Söhne) der Witwe, in: Freimaurerlexikon 789.
42 Vgl. KOTTMANN, Freimaurer und katholische Kirche, 28.

1.2.1 Accepted Masonry – Angenommene Maurer

Operative Maurerei bezeichnet im weiteren Sinne jene Form der Maurerei, die in den beschriebenen Zusammenschlüssen primär mit der Konstruktion von Bauten, insbesondere von Sakralbauten befasst war. Im engeren Sinne ist die *operative Maurerei* der geschichtliche Ausgangspunkt der als *spekulativ* bezeichneten Freimaurerei und bezieht sich somit vorrangig auf die – ihrem Ursprung nach – mittelalterlichen, schottischen und englischen Maurerorganisationen. Männer, die sich solchen Vereinigungen anschlossen, ohne ihrer handwerklichen Ausbildung nach Maurer, Künstler oder Architekten zu sein, wie es etwa in Schottland während des 17. Jahrhunderts geschah, werden als nicht operative bzw. – wie in der 1730 erstmals erschienen Verräterschrift *Masonry Dissected*[43] – als *Gentleman Masons* bezeichnet.[44]

Im heutigen Sprachgebrauch werden nicht-werkmaurerische Mitglieder als *accepted*, also *angenommen* bezeichnet. Hieraus leitet sich beispielsweise auch die Selbstbezeichung der Alten, Freien und Angenommenen Maurer von Deutschland (AFAM) ab.

---

43 P‍richard, Samuel, Masonry dissected. Being a Univesal and Genuine Description of All its Branches from the Original to this Present Time, London 1730, A Computer-enhanced Facsimile Reprint of the Original 1730 Edition hg. v. Masonic Publishers, New York, Boston, 1996.
44 Vgl. K‍noop, J‍ones, Genesis of Freemasonry, 129.

1.2.2 Der Begriff der spekulativen Freimaurerei

Obgleich der Begriff *spekulativ* sich in aller Regel auf die moderne Freimaurerei bezieht, wie sie sich in der ersten Hälfte des 18. Jahrhunderts in England konstituierte und auf dem Kontinent Fuß fasste, taucht der Begriff *speculatyf* bereits im *Cooke Manuscript*[45] auf, einem der ältesten schriftlichen Bezugspunkte masonischer Geschichte. Verschiedentlich wurde daraus abgeleitet, dass die Freimaurerei in ihrer heutigen Form, also der spekulativen, nicht eine Frucht des 18. Jahrhunderts sei, sondern sich bereits zum Abfassungszeitpunkt des *Cooke Manuscripts*, also der erste Hälfte des 15. Jahrhunderts belegen lasse. In seinem Kommentar zum *Cooke MS* vermutet Speth[46], dass der Begriff *speculatyf* des 15. Jahrhunderts mit dem Begriff *speculative* des 18. Jahrhunderts in seiner Bedeutung identisch ist, von Freimaurern tradiert, und nicht im 18. Jahrhundert neu eingeführt wurde. Gleichzeitig anerkennt Speth, dass die zwischen dem *Cooke Manuscript* und Dokumenten der modernen Freimaurerei liegenden schriftlichen Zeugnisse das Wort *speculative* nicht aufgreifen und es somit keinen Anlass für die

---

45 Ein Nachdruck findet sich in: KNOOP, Douglas, JONES, Gwilym P., HAMER, Douglas: The Two Earliest Masonic MSS. The Regius MS. (B.M. Bibl. Reg. 17 AI) the Cooke MS. (B.M. Add. MS. 23198), Manchester University Press 1938. Das Cooke-Manuskript dürfte 1430-1440 entstanden sein, und wurde erstmals 1861 im Britischen Museum ausgestellt, wo es bis heute aufbewahrt wird. Es beinhaltet eine Zunftsage und Instruktionen zu einer sorgsamen Erfüllung der Zunftpflichten sowie zu sittlich-religiösem Betragen in einem angefügten „Book of our charges". Letzteres stammt vermutlich aus dem Jahr 1388 und ist somit älter als das Regiusgedicht; siehe hierzu Art. Cooke-Manuscript, in: Freimaurerlexikon.
46 Vgl. KNOOP, JONES, Genesis of Freemasonry, 130, Fn. 1.

Behauptung einer Kontinuität im Gebrauch dieses Begriffs als (Selbst-)Bezeichnung nicht operativer Maurer gibt. Für die Frage, ab welchem Zeitpunkt der Begriff der *spekulativen* Freimaurerei gebraucht wird bzw. ob das *Cooke Manuscript* als glaubwürdiger Zeuge hierfür betrachtet werden darf, ist es unerlässlich, einen Blick auf den genauen Gebrauch des Wortes *speculatyf* darin zu werfen. Die ersten Erwähnungen „spekulativer Maurer"[47], bzw. „spekulativer Maurerei"[48] in ihrem heutigen Sinne finden sich 1757 und 1775.[49]

Die Erwähnung des Wortes *speculatyf* ist im *Cooke MS* einmalig, und zwar in folgendem Satz:

> „And after that was a worthy Kynge in Englond that was callyd Athelstone, and his yongest sone lovyd welle the sciens of Gemetry, and he wyst welle that hand craft had the practyke of the sciens of Gemetry so welle as Masons, wherefore he drew hym to conselle and lernyd practyke of that sciens to his speculatyf ffor of speculatyfe he was a master and he yaf hem charges and names as hit is now vysd in Englond and in othere countres."[50]

Übertragungen in modernes Englisch stimmen weitgehend darin überein, dass *speculatyf(e)* hier gewissermaßen

---

47 So in einem an seinen Bruder Sauer in Den Haag gerichteten Brief des stellvertretenden Großmeisters Dr. Manningham; vgl. hierzu Knoop, Jones, Genesis of Freemasonry, 131, dort insbesondere Fn. 1.
48 So in Preston, Illustrations of Masonry, 21775, VI, 17: „Masonry passes and is understood under two denominations, it is operative and it is speculative." Vgl. Knoop, Jones, Genesis of Freemasonry, 13; Begemann, Wilhelm, Vorgeschichte und Anfänge der Freimaurerei in Schottland, Berlin 1914, 391.
49 Vgl. Knoop, Jones, Genesis of Freemasonry, 129-158.
50 Knoop, Jones, Hamer: Two Earliest Masonic MSS., 123.

die maurerische Theorie meint. Diesem Abschnitt des *Cooke MS* zufolge war der jüngste Sohn des englischen Königs Athelstone bereits bewandert in der theoretischen Geometrie. Um ihre praktische Anwendung der ihm bereits theoretisch bekannten Geometrie zu erlernen, holt er sich Rat bei *masons* (*wherefore he drew hym to conselle and lernyd practyke of that sciens to his speculatyf*). Die Behauptung, der Begriff der spekulativen Maurerei habe eine Tradition, die von der modernen Freimaurerei zu den Konstitutionen der mittelalterlichen Bauhütten zurückreicht, lässt sich jedenfalls nicht mit dem *Cooke Manuscript* belegen. Der Einwand, auch andere Dokumente hohen Alters gebrauchen das Wort *speculatyf*, übersieht, dass dies nur dort der Fall ist, wo das *Cooke MS* ganz oder teilweise wiedergegeben wird, etwa im *Woodford Manuscript*.[51]

Zusätzlich ist zu berücksichtigen, dass das *Cooke MS* buchstäblich bei Adam beginnt, und in einem offenbar bereits vorhandenen Elitebewusstsein bestrebt ist, die eigene Würde durch Bezüge auf Eckdaten der Menschheitsgeschichte zu betonen. Worin allerdings zum Zeitpunkt der Abfassung des *Cooke MS* die nicht unmittelbar operativen Aspekte der Identität der Maurerei bestanden, ist aus dem *Cooke MS* nicht zu schließen. Weder ist ersichtlich, ob es bereits eine Ritualistik gab, die der heutigen gleicht, noch ist bekannt, ob die moralisch-ethischen Aspekte, die die Freimaurerei heute zu Recht als für sich identitätsstiftend bezeichnet, damals eine nennenswerte Rolle spielten.

Die Behauptung also, der Begriff der spekulativen Maurerei bzw. des spekulativen Maurers sei bereits im *Cooke MS*

---

51 Vgl. KNOOP, JONES, Genesis of Freemasonry, 130.

belegt und sei bis in die moderne Freimaurerei hinein tradiert worden, ist letztlich von dem gleichen legitimen aber wenig sachlichen Bestreben geprägt, das auch der Verfasser des *Cooke Manuscripts* im Sinn hatte, nämlich die geradezu legendarische Rückdatierung der Entstehung der eigenen Zunft, um ihre Würde als menschheitsgeschichtliche Konstante zu belegen.

Im Folgenden ist mit spekulativer Freimaurerei ausschließlich die moderne Freimaurerei, wie sie greifbar zu Beginn des 18. Jahrhunderts in Erscheinung tritt, gemeint.

1.2.3 Von der operativen zur spekulativen Freimaurerei – eine Annäherung

Eine Untersuchung der geschichtlichen Genese der Freimaurerei wird unweigerlich der Frage nachgehen müssen, aus welchem Grund Nicht-Werkmaurer überhaupt das Bedürfnis hatten, sich Logen anzuschließen. Dabei ist besonders zu beachten, dass Grundsätze und Ritualistik der Freimaurerei dem Aspiranten erst zum Zeitpunkt der Initiation bzw. nach der Selbstverpflichtung durch einen Eid, enthüllt wurden, als sein Interesse sich formte, ihm also zumindest teilweise unbekannt waren[52].

Hierzu ist zu sagen, dass, u.a., gerade das „Geheimnis" eine Motivation für das Bedürfnis nach Mitgliedschaft war. Einerseits gehörten sich geheimnisvoll gebende Gruppierungen und Bewegungen wie das Rosenkreuzertum, Astrologie, Alchemie und ein besonderes Interesse an den verborgenen

---

52 Vgl. KNOOP, JONES, Genesis of Freemasonry, 133.

Inhalten der Johannesoffenbarung zur geistigen Mode des 17. Jahrhunderts. Andererseits machte das Nicht-Wissen über die Freimaurerei sie zu einer geeigneten Projektionsfläche, auf der verschiedenste Sehnsüchte kulminieren konnten. Der walisische Dichter Gorony Owen erhoffte sich, in der Freimaurerei die verborgenen Weisheiten alter Druiden zu finden, der Antiquar Dr. William Stukeley bekennt in seiner Autobiographie, Neugier und der Verdacht, Geheimnisse der Alten zu entdecken, haben ihn dazu veranlasst, sich initiieren zu lassen.[53]

Da ein Symbolismus, wie er für die Freimaurerei heute identitätsstiftend ist, für das 17. Jahrhundert nicht belegbar ist, ist fraglich, ob das Bedürfnis nach ethischer Weiterbildung ein treibendes Moment für Aufnahmewillige war. Die Genese der auf eine Metaethik zielenden Symboldeutung dürfte ein gradueller Prozess gewesen sein, dessen Stationen durch die Synopse verschiedener Katechismen nebst Prichard visualisiert werden[54].

Ein weiteres mögliches Motiv nicht operativer Maurer könnte ein möglicherweise auch amateurhaftes Interesse für Architektur gewesen sein sowie ein Bedürfnis nach Geselligkeit[55]. Clubs, in denen sich Männer unter Ausschluss des anderen Geschlechts zusammenfanden und gegebenenfalls auch dem Tabak und dem Alkohol frönten, waren im aus-

---

53 Vgl. KNOOP, JONES, Genesis of Freemasonry, 134, dort insbesondere Fnn. 1 f.
54 Vgl. hierzu: Lehrgespräche I. Katechismus der Lehrlinge nach dem Ritual der Großloge A.F.u.A.M.v.D., Bonn 2006; Lehrgespräche II. Katechismus der Gesellen nach dem Ritual der Großloge A.F.u.A.M.v.D., Bonn 1998; Lehrgespräche III. Katechismus der Meister nach dem Ritual der Großloge A.F.u.A.M.v.D., Bonn 1998.
55 Vgl. KNOOP, Jones, Genesis of Freemasonry, 141.

klingenden 17. und beginnenden 18. Jahrhundert eine Modeerscheinung, gegen welche die entstehende Freimaurerei nicht restlos gefeit war[56].

Der Prozess der Aufnahme von Nichtwerkleuten in die Bauhütten wurde möglicherweise auch durch das große Feuer von 1666 beschleunigt, das London weitgehend in Asche legte. Um den Wiederaufbau voranzutreiben wurde Bauleuten aus andern Teilen Englands sowie aus Kontinentaleuropa vom Parlament die gleichen Rechte zugesprochen, wie sie bis dahin nur die Londoner Maurer-Loge hatte. Um ihrem Bedeutungsverfall entgegenzuwirken, nahm diese verstärkt Nichtwerkleute in ihre Reihen auf. In der Konsequenz vollzog sich auch die graduelle Umgestaltung der Maurerei zur symbolischen Freimaurerei schneller.[57]

Zudem dürfte die Aufnahme von Nichtwerkleuten auf die finanzielle Lage der Logen zurückzuführen sein, die mit der beginnenden Renaissance nur wenig in ihrer ursprünglichen Kernkompetenz – dem Bauen – beansprucht wurden. Dieses Phänomen lässt sich über England hinaus auch in Schottland, z.B. in Aberdeen und Edinburgh, belegen.[58]

---

56 Vgl. Dierickx, Michel, Freimaurerei – Die Große Unbekannte. Ein Versuch zu Einsicht und Würdigung – Deutsche Übersetzung von Lorenz, H.W., Hamburg 1970, 30.
57 Vgl. Dierickx, Einsicht und Würdigung, 28.
58 Vgl. Dierickx, Einsicht und Würdigung, 28.

1.2.4 Die Londoner Großloge und die Anderson'schen Constitutions

Als offizielles Gründungsdatum der modernen Freimaurerei gilt der 24. Juni 1717, an dem sich vier Logen von London und Westminster, aus Gründen, die sich nicht restlos rekonstruieren lassen, zusammenschlossen[59]. Von Anderson, dem Verfasser der 1723 veröffentlichten *Constitutions of the Free-Masons,* erfahren wir, dass sich die vier Gründerlogen von Sir Christopher Wren, einem namhaften Baumeister, der wesentlich für den Wiederaufbau Londons nach dem Brand von 1666 verantwortlich war und in der spekulativen Freimaurerei keine tragende Rolle spielte, vernachlässigt fühlten. Worin die Vernachlässigung bestand, präzisiert Anderson nicht.[60]

Dierickx vergleicht die Gründung dieser ersten Großloge mit der Begründung der Abtei Monte Cassino durch Benedikt von Nursia im 6. Jh. In beiden Fällen sei den Initiatoren nicht klar gewesen, dass sie für weit mehr als eine lokale Angelegenheit den Boden bereiteten[61]. Binder weist auf „die anfängliche Bedeutungslosigkeit dieses Zusammenschlusses"[62] hin.

Im Auftrag dieser ersten Großloge verfasste James Anderson, ein in Theologie und Philosophie promovierter Prediger an einer Kirche schottischer Presbyterianer, die *Consti-*

---

59 Überhaupt ist die Gründung am 24.06.1717 aufgrund der dünnen Quellenlage umstritten; vgl. hierzu REINALTER, Helmut, Die Freimaurer, München 2001, 12, der von einer „historischen Theorie" spricht.
60 Vgl. DIERICKX, Einsicht und Würdigung, 31.
61 Vgl. DIERICKX, Einsicht und Würdigung, 32.
62 BINDER, Diskrete Gesellschaft, 32.

*tutions of the Free-Masons*⁶³. Obgleich er bei der Gründung der Großloge nicht anwesend war, gehört der aus Aberdeen stammende Anderson zu den bedeutendsten Persönlichkeiten der Freimaurerei. Die erste Auflage der *Constitutions* erschien 1723, die zweite 1738. Inhaltlich setzt sich dieses Dokument, das insbesondere für die reguläre Freimaurerei noch heute maßgeblich ist, aus einer geschichtlichen Einleitung, den sogenannten *Charges*, einigen weiterführenden Anmerkungen und freimaurerischem Gesangsgut zusammen. Die geschichtliche Einleitung übernimmt die bereits vorhandenen, z.B. im *Cooke Manuscript* zu findenden, Legenden und ist „eine traurige Geschichtsklitterung ohne jeden Wert"⁶⁴. Das Herzstück der Anderson'schen Constitutions, die *Charges of a Free-Mason,* gilt für die reguläre Freimaurerei heute als besonders rahmensetzend. Wegen seiner zentralen Bedeutung ist der Absatz *concerning God and Religion* vollständig wiederzugeben:

> „A Mason ist oblig'd by his Tenure, to obey the moral Law; and if he rightly understands the Art, he will never be a stupid Atheist, nor an irreligious Libertine. But though in ancient Times Masons were charg'd in every Country to be of the Religion of that Country or Nation, whatever it was, yet 'tis now thought more expedient only to oblige them to that Religion in which all Men agree, leaving their particular Opinions to themselves; that is, to

---

63 Vgl. ANDERSON, James, FRANKLIN, Benjamin, The Constitutions of the Free-Masons. Containing the History, Charges, Regulations &c. of that most Ancient and Right Worhsipful Fraternity. For the Use of the Lodges 1734, Neudruck hg. von UNIVERSITY OF NEBRASKA, Lincoln 2008.
64 Art. Anderson, in: Internationales Freimaurerlexikon, 75.

be good men and true, or Men of Honour and Honesty, by whatever Denominations or Persuasions they may be distinguish'd; whereby Masonry becomes the Center of Union, and the Means of conciliating true Friendship among Persons that must else have remain'd at a perpetual Distance."[65]

1.2.5 Die United Grand Lodge of England und die Regularität

Die United Grand Lodge of England führt sich zwar historisch auf den am 24.06.1717 gegründeten Zusammenschluss verschiedener Londoner Logen zurück. Die Bezeichnung United Grand Lodge of England (UGLE) gibt es allerdings erst seit 1813[66]. Hinsichtlich der an dieser Stelle nicht zu vertiefenden Entstehungsgeschichte der UGLE ist darauf aufmerksam zu machen, dass sich bald nach der Gründung 1717 ein „Schisma" zwischen *Antients* und *Moderns* bildete. Anlass und Gründe der Zerrissenheit der Freimaurerei waren vielfältig. Die Ausgangskonstellation des Konfliktes lag vermutlich darin, dass es Logen gab, die sich der Londoner Großloge nicht angeschlossen hatten, teilweise, weil sie sich auf irische Bauhütten zurückführten und sich der Londoner Loge nicht verbunden fühlten, teilweise auch, weil sie unzufrieden waren mit Veränderungen, die u.a. durch Anderson eingeführt wurden. Zur Bildung der United Grand Lodge of England in ihrer heutigen Gestalt kam es erst nach Beilegung des Konflikts und der Unterzeichnung der *Articles of Union*

---

65 ANDERSON, FRANKLIN, Constitutions of the Free-Masons, 48.
66 Vgl. Art. United Grand Lodge of England, in: Internationales Freimaurerlexikon, 862.

am 25. November 1813 durch je einen Vertreter der beiden Strömungen.[67]

Den Begriff der Regularität wenden bereits die Anderson'schen Constitutions in den General Regulations, dort unter VIII., an[68]. Eine Loge ist regulär, wenn sie von einer Großloge mit dem Konstitutionspatent ausgestattet wurde. Eine Großloge wiederum wird als regulär bezeichnet, wenn sie bestimmte von der UGLE gesetzte Kriterien einhält. Das von der UGLE formulierte Dokument *Aims and Relationships of the Craft*[69] aus dem Jahr 1949 hebt hervor, dass die Einhaltung der sogenannten *Basic Principles* für die Anerkennung durch die UGLE und somit für die Regularität ausschlaggebend sind. Diese *Basic Principles for Grand Lodge Recognition* wurden 1929[70] erstmals verfasst und 1989[71] überarbeitet. Wegen ihres konstitutiven Charakters sind sie an dieser Stelle wiederzugeben:

„Um als rechtmäßig durch die United Grand Lodge of England anerkannt zu werden, muß eine Großloge folgende Regeln beachten. Sie muß gesetzmäßig durch eine rechtmäßige Großloge eingesetzt worden sein oder durch drei oder mehr selbstständige (private) Logen, jede von ihnen mit dem Patent einer rechtmäßi-

---

67 Vgl. Art. United Grand Lodge of England, in: Freimaurerlexikon, 862, Art. Union, Articles of, in: Freimaurerlexikon, 861 f., Art. England, in: Freimaurerlexikon, 254-260.
68 Vgl. ANDERSON, FRANKLIN, Constitutions of the Free-Masons, 61 f.
69 Vgl. Aims and Relationships of the Craft, in: Freimaurerlexikon (dort in der Zusammenstellung wichtiger Texte im Vorwort), 32 f.
70 The Basic Priciples [sic!] for Grand Lodge Recognition (1929), in: Freimaurerlexikon, 31 f.
71 The Basic Priciples [sic!] for Grand Lodge Recognition (1989), in: Freimaurerlexikon, 33 f.

gen Loge versehen (Punkt 1). Sie muß wahrhaft unabhängig und autonom sein mit unbestrittener Vollmacht über die Handwerks (oder Grund-)Freimaurerei (das sind die symbolischen Grade des Angenommenen Lehrlings, Gesellen und Meister-Maurers) innerhalb ihrer Zuständigkeit und in keiner Weise unterworfen sein unter oder die Herrschaft teilend mit irgendeiner Körperschaft (Punkt 2). Freimaurer ihrer Zuständigkeit müssen Männer sein, und sie und ihre Logen dürfen keine maurerische Verbindung zu Logen haben, die Frauen als Mitglieder aufnehmen (Punkt 3). Freimaurer innerhalb ihrer Zuständigkeit müssen an ein höchstes Wesen glauben (Punkt 4). Alle Freimaurer ihrer Zuständigkeit müssen ihre Verpflichtungen auf oder im vollem Anblick des Buches des heiligen Gesetzes (das ist die Bibel oder das Buch, das von dem betreffenden Mann als heilig erachtet wird) ablegen (Punkt 5). Die drei großen Lichter der Freimaurerei (das sind das Buch des heiligen Gesetzes, das Winkelmaß und der Zirkel) müssen aufgelegt sein, wenn die Großloge oder ihre ihr unterstellten Logen geöffnet sind (Punkt 6). Die Diskussion über Religion und Politik innerhalb der Logen muß verboten sein (Punkt 7). Sie muß die festgelegten Grundsätze und Lehrsätze (die ‚Alten Landmarken'[72]) und die Gebräuche des Handwerks befolgen und darauf bestehen, daß sie innerhalb ihrer Logen befolgt werden (Punkt 8)."[73]

---

72 LENNHOFF, POSENER und BINDER schreiben hierzu in: Die „Alten Landmarken", in: Freimaurerlexikon, 27-31, 30 f.: „Der Begriff Landmarken [hat] in Europa nur mehr den Wert eines Topos. Man bezeichnet damit allgemein die alten Überlieferungen in Brauchtum, Einrichtung und Übungen, ohne dabei an etwas bestimmtes zu denken. Wogegen in Amerika mit dem Worte ‚Landmark' ein bestimmter Satz von Bestimmungen verstanden wird, der von jeder Großloge mehr oder weniger willkürlich konstruiert wurde. Man kann abschließend sagen, daß es Landmarken der Freimaurerei überhaupt nicht gibt."

73 Basic Priciples [sic!] for Grand Lodge Recognition (1989), in: Frei-

1.3 Freimaurerei in Deutschland

Eine vertiefte Darstellung der bewegten Geschichte der Freimaurerei in Deutschland, insbesondere während der Zeit des Nationalsozialismus und der Deutschen Demokratischen Republik kann der Umfang der vorliegenden Arbeit nicht leisten. Im Folgenden ist zunächst auf die erste Loge auf deutschem Boden zu verweisen und aufgrund ihrer Bedeutung für das zu untersuchende Verhältnis zwischen katholischer Kirche und Freimaurerei, die Zusammensetzung der Vereinigten Großlogen (VGL), mit deren Abgesandten die Deutsche Bischofskonferenz von 1974 bis 1980 Gespräche führte, darzustellen. Da die Ritualistik *das* Konstitutivum der Freimaurerei ist und zugleich heftig von der Deutschen Bischofskonferenz in ihrer Stellungnahme kritisiert wurde, wird ihrer exemplarischen Darstellung breiter Raum gegeben.

1.3.1 Absalom zu den drei Nesseln (1737) – Anfänge der Freimaurerei in Deutschland

20 Jahre nach dem Zusammenschluss von vier bzw. fünf englischen Logen zur ersten englischen Großloge, für den bedauerlicherweise keine Gründungsurkunde überliefert ist, fasste die Freimaurerei erstmals Fuß auf deutschem Boden. Am 6. Dezember 1737 gründen Freimaurer, die bereits in britischen Logen initiiert wurden, im Gasthaus Taverne d'Angleterre die Loge d'Hambourg, die seit 1764 unter dem

---

maurerlexikon 33 f; in englischer und deutscher Fassung abgedruckt in: Humanität Jg. 15 (1989) Nr. 5, 16 f.

Namen *Absalom zu den drei Nesseln*[74] bis heute besteht. Dank der hervorragenden Quellenlage sind die Gründer der ersten deutschen Loge namentlich bekannt: der niedersächsische Baron Georg Ludwig Freiherr von Oberg, der Arzt Peter Casper, Peter Stüven, zunächst Advokat und später braunschweigischer Legionatsrat, sowie der Importkaufmann Johann Daniel Krafft, Johann Daniel Schultze, und der Besitzer der Taverne d'Angleterre, Jens Arbien. Zu den Gründern gehörte zudem der spätere Stuhlmeister der Berliner Loge „Zu den drei Weltkugeln" (aus der die heutige Große National-Mutterloge „Zu den drei Weltkugeln" hervorging), Charles Sarry, der weithin als Vater der deutschen Freimaurerei bezeichnet wird[75]. Die *Societé des acceptés maçons libres de la ville de Hambourg*, wie sich die Loge d'Hambourg zunächst nannte, unterstand organisatorisch der Großloge von England und arbeitete entsprechend nach ihrem Ritual.[76]

1.3.2 Freimaurerei in Deutschland heute

Der Rahmen der vorliegenden Arbeit lässt eine Auseinandersetzung mit allen Vereinigungen, die sich als freimaurerisch definieren, nicht zu. Zwar ist die kirchenrechtliche Einordnung der Mitgliedschaft in solchen Vereinigungen von hoher Relevanz für die Betroffenen[77]. Allerdings liegt

---

74 Zur Deutung des Namens der Loge, vgl. STEFFENS, Manfred, Freimaurer in Deutschland. Bilanz eines Vierteljahrtausends, Bonn ²1966, 114f.
75 Vgl. PÖHLMANN, Freimaurer in Deutschland, 37; STEFFENS, Bilanz, 576-581.
76 Vgl. PÖHLMANN, Freimaurer in Deutschland, 37.
77 So ließe sich etwa nach der kirchenrechtlichen Einordnung rosen-

es nahe, sich thematisch auf die reguläre, d.h. die durch die United Grand Lodge of England anerkannte, Freimaurerei zu beschränken, die ohnehin prozentual den größten Teil der Freimaurerei ausmacht. Die Gespräche der Deutschen Bischofskonferenz (DBK) mit Vertretern der Freimaurerei in den Jahren 1974-1980 fanden zudem ausschließlich mit Abgesandten regulärer Großlogen statt. Da auch diese Gespräche Bestandteil der vorliegenden Untersuchung sind, soll der Fokus wesentlich auf den Vereinigten Großlogen von Deutschland, insbesondere der darin vertretenen *Großloge der Alten Freien und Angenommenen Maurer von Deutschland* (AFAM) liegen. In den den Gesprächen zwischen DBK und Freimaurerei folgenden Diskussionen brachte Sebott zur Sprache[78], dass „das Festhalten am Gottesglauben als unerläßlicher Bedingung zur Initiation […] für die Freimaurerei gefährlich und dazu unnötig"[79] sei. Die Frage des Gottesglaubens in der Freimaurerei ist historisch betrachtet die Ausgangsproblematik[80] zwischen UGLE und dem Grand Orient de France (GOdF), der zahlenmäßig größten und zugleich irregulären Spielart der Freimaurerei in Frankreich. Auf Initiative von Frédéric Desmons, einem protestantischen Geistlichen, wurde der Gottesbezug aus dem Ritual gestri-

---

kreuzerischer Vereinigungen fragen, die sich zur Freimaurerei bzw. zu der die Freimaurerei zumindest punktuell in einer gewissen Perichorese, insbesondere einige Elemente der Hochgrade betreffend, befindet.

78 SEBOTT, Reinhold, Der Kirchenbann gegen die Freimaurer ist aufgehoben, in: StdZ 201 (1983), 411-421, 420.
79 SEBOTT, Kirchenbann, 420.
80 Die kürzlich eingeführte Praxis des GOdF, auch Frauen den Weg durch die Initiationsgrade zu ermöglichen, führte zu weiteren Spannungen mit der Großloge von England.

chen und zwar mit der Begründung, die Freimaurerei müsse – wenn sie die von ihr propagierte Toleranz ernst nimmt – auch die negative Religionsfreiheit innerhalb ihrer Reihen gewähren. Als Konsequenz für die Ritualgestalt ergab sich z.B. hieraus die Ablösung der Bibel durch ein Buch mit unbedruckten Seiten. Fragt man also nach der Kompatibilität von Freimaurerei und Kirche, wird man das weltanschauliche Profil der zu bewertenden Großloge bzw. des Großorients berücksichtigen müssen. Der Grand Orient de France ist aufgrund seiner hohen Mitgliederzahl eine Ausprägung irregulärer Freimaurerei, deren gesonderte Betrachtung lohnenswert und angemessen wäre. Diese Arbeit hat allerdings weder den GOdF noch andere, auch in Deutschland, in numerisch insignifikantem Maße auftretende, Erscheinungsformen irregulärer Freimaurerei zum Inhalt.

Die in Deutschland vertretenen Großlogen sind zusammengefasst in den Vereinigten Großlogen von Deutschland[81] (VGLvD bzw. VGL) deren Gründung am 19.06.1949 stattfand. Derzeit sind in der VGLvD fünf Großlogen vertreten. Diese sind die:

1. Großloge der Alten Freien und angenommenen Maurer von Deutschland (A.F.u.A.M.v.D bzw. AFAM).

2. Große Landesloge der Freimaurer von Deutschland, auch Freimaurerorden (GLvD bzw. FO).

3. Große National-Mutterloge „Zu den drei Weltkugeln" (3WK).

4. American Canadian Grand Loge (ACGL).

---

81 1958 gab sich die VGL eine sogenannte Magna Charta, die sie 1979 und 1982 überarbeitete. Sie regelt das Zusammenwirken der verschiedenen Großlogen. Vgl. hierzu: PÖHLMANN, Freimaurer in Deutschland, 116 f.

5. Grand Lodge of British Freemasons in Germany (GLBF).[82]

Die Große Landesloge der Freimaurer von Deutschland versteht sich als christliche Ausprägung der Freimaurerei. Während die 3WK sich auf ein preußisches Erbe zurückführt, handelt es sich bei den beiden englischsprachigen Großlogen, der ACGL und der GLBF, um ursprünglich aus der militärischen Vertretung der entsprechenden Länder in Deutschland zurückgehende freimaurerische Vereinigungen. Von den etwa 15.000 Mitgliedern regulärer Freimaurerlogen in Deutschland stellt die humanitär geprägte AFAM fast 10.000 Mitglieder.[83] Ihr Einheitsritual bildet die Grundlage der folgenden Darstellungen und Überlegungen.

---

82 Vgl. Pöhlmann, Freimaurer in Deutschland, 120-128.
83 Vgl. Kottmann, Freimaurer und katholische Kirche, 103-105.

2 Das Ritual

Das Ritual ist – zumindest was die Grade des Lehrlings, des Gesellen und des Meisters betrifft – übereinstimmendes Identitätsmerkmal aller Spielarten der Freimaurerei. In ihren gemeinsamen Gesprächen wurde den Vertretern der DBK von den Abgesandten der VGL Einblick in die Ritualtexte der ersten drei Grade gewährt. Bevor im zweiten Teil dieser Arbeit auf die Gespräche und insbesondere die Bedenken der DBK in Bezug auf die Ritualistik der Freimaurerei eingegangen wird, soll im Folgenden das Ritual der Aufnahme, Beförderung und Erhebung skizziert werden. Bezug genommen wird dabei primär auf die Rituale der AFAM, die sich in den wesentlichen Punkten – hierin liegt überhaupt das verbindende Moment zwischen verschiedenen Selbstverständnissen der Freimaurerei – überschneiden mit den Ritualen anderer Großlogen.

Sofern nicht anders angegeben, beziehen sich die Aussagen über das Ritual stets auf das Ritual der AFAM. Dieses Vorgehen ist zielführend, da der Versuch, nur jene Ritualmomente zur Sprache zu bringen, die sich in den Ritualen aller Großlogen übereinstimmend finden, zwangsläufig nur einen abstrakten und wenig konkreten und somit zurecht anfechtbaren Eindruck vermitteln könnte. Die Beschränkung auf das Ritual nur *einer* Großloge hat die Unterrepräsentanz anderer Rituale zur Folge. Eine Gegenüberstellung der umfassenden Divergenzen zwischen Großlogen verschiedener Obödienz kann im Rahmen dieser Untersuchung allerdings nicht geleistet werden[84]. Jedenfalls ist der Verfasser dieser Arbeit durch die starke Bezugnahme auf die Großloge der Alten Freien und Angenommenen Maurer von Deutschland und ihr Ritual bemüht, einen realistischen und konkreten Eindruck dessen zu vermitteln, wie Freimaurerei in Erscheinung tritt. Zwar wird insbesondere der Alte und Angenommene Schottische Ritus (AASR)[85] als das Hochgradsystem der AFAM bezeichnet[86], allerdings kommen weder dieses, noch andere Hochgradsysteme im Folgenden ausführlich

---

84 An dieser Stelle sei darauf verwiesen, dass die Lehrgespräche I-III eine umfangreiche Synopse von Ritualtexten verschiedener Obödienzen enthalten. Eine tiefgreifende Untersuchung der Unterschiede im Ritualdesign des FO und der AFAM leistet Snoek, Jan A. M., Ein Vergleich der Rituale der Johannisgrade der AFAM und des FO. Vortrag auf der 40. Arbeitstagung der Forschungsloge Quatuor Coronati in Frankfurt am Main am 8. Oktober 2011, in: QC Jahrbuch für Freimaurerforschung 49 (2012) 47-61.

85 Der AASR ist ein weltweit verbreitetes Hochgradsystem das insgesamt 33 Grade umfasst. Allerdings werden die Grade 1-3 üblicherweise nicht vom AASR, sondern von den jeweiligen Großlogen bearbeitet. Seinem Selbstverständnis nach ist der AASR keine Vervollständigung der Johannismaurerei, sondern eine Vertiefung; vgl. Art. Schottischer Ritus (vom XXXIII. und letzten Grad), Alter und Angenommener, in: Freimaurerlexikon, 753-756. Eine ausführliche Darstellung der Rituale des 4. bis einschließlich des 33. Grades findet sich in Kiszely, Gabor, Freimaurer-Hochgrade. Der Alte und Angenommene Schottische Ritus, Innsbruck 2008.

86 Vorwiegend deswegen, weil die beiden anderen deutschsprachigen Großlogen in Deutschland, die GLLvD und die 3WK jeweils ein unmittelbar eigenes Hochgradsystem haben und insofern wenig Bedarf haben, sich dem schottischen Ritus anzuschließen. Das System des schottischen Ritus ist nicht Teil der Struktur der AFAM. Allerdings gibt es ein Konkordat zwischen dem Deutschen Obersten Rat des A.A.S.R und der AFAM, in welchem der AASR zusichert, die Grade der Johannis-Maurerei nicht zu bearbeiten. Den Einstieg in den schottischen Ritus bildet somit der vierte Grad.

zur Sprache. Die Rituale des AASR wurden den Vertretern der DBK im Rahmen der Gespräche mit Vertretern der VGL nicht zur Verfügung gestellt[87].

2.1 Vorbemerkungen

Vorab ist anzumerken, dass die der DBK vorgelegten Texte teilweise unwesentliche Überarbeitungen erfuhren und in neuen Auflagen vorliegen. Es ist angemessen, im Folgenden Struktur und Inhalt freimaurerischer Ritualistik so detailliert und präzise wie möglich am Beispiel einer Tempelarbeit des ersten Grades des AFAM-Rituals in seiner aktuellen Fassung wiederzugeben. Einerseits, weil das Ritual *das* Konstitutivum der Freimaurerei ist und sie ohne Ritual nicht verstehbar ist, zum anderen weil es für die theologische und kirchenrechtliche Einordnung – insbesondere die Stellungnahme der DBK nach sechsjährigen Gesprächen mit Vertretern der VGL zwischen 1974 und 1980 – dienlich ist, vor Augen zu haben, worauf die kirchliche Kritik sich bezog bzw. bezieht und den Sachlichkeitsanspruch dieser Kritik auch kritisch hinterfragen zu können. Vorab ist außerdem darauf hinzuweisen, dass die sogenannten *Tempelarbeiten* sich gewissermaßen aus Bausteinen zusammensetzen. Solche Bausteine sind auch Aufnahme, Beförderung und Erhebung. Steht keines dieser drei Ereignisse an, kann und wird dennoch eine Tempelarbeit in einem der drei Grade abgehalten, wobei das Ereignis der Aufnahme, Beförderung oder Erhebung dabei ausgelassen

---

87 Vgl. STIMPFLE, Josef, Die Freimaurerei und die Deutsche Bischofskonferenz. Zu dem Artikel von Reinhold Sebott, in: StdZ 199 (1981) 409-422, 420.

wird. In aller Regel werden die meisten Tempelarbeiten regulärer Johannislogen im ersten Grad abgehalten. Dies liegt schlichtweg daran, dass alle Brüder, unabhängig von ihrem Grad, partizipieren können, während Tempelarbeiten des zweiten Grades Maurern des zweiten und dritten, Tempelarbeiten des dritten Grades ausschließlich Brüdern des dritten Grades vorbehalten sind. Insofern ist die Tempelarbeit im ersten Grad naturgemäß diejenige, die Brüder verschiedenen Grades als gemeinschaftsstiftend empfinden können. In diesem Zusammenhang ist zu erwähnen, dass der Ritualgehalt der verschiedenen Grade auch innerhalb der Loge gegenüber Brüdern eines niedrigeren Grades der Arkandisziplin unterliegt. Der strukturelle Rahmen der TA wird gebildet durch Wechselgespräche verschiedener Akteure, die jeweils ein Amt innehaben.

2.2 Kleiderordnung

Die vorausgehenden Bemerkungen zum Ritual der AFAM begnügen sich mit dem Hinweis, dass festliche Kleidung anzulegen ist und verweist im Übrigen auf die Bekleidungsordnung der Großloge[88]. Zwar ist ein schwarzer Anzug mit weißem Hemd und weißer Krawatte[89] üblich. Hiervon kann,

---

88 Ritualhandbuch I der Großloge A.F.u.A.M. von Deutschland, Bonn 2002, 9. Für die genaueren Bestimmungen der freimaurerischen Bekleidung, siehe AFAM, Freimaurerische Ordnung, 45-47. Darin findet sich u.a. der Hinweis, dass der Schurz bei Veranstaltungen mit Profanen nicht getragen werden soll.
89 Unzutreffend beschreibt Kottmann, die schwarze Krawatte gehöre üblicherweise zum Ornat des Freimaurers; vgl. hierzu KOTTMANN, Freimaurer und katholische Kirche, 122.

wenn es die Umstände nahelegen, abgewichen werden. Den einzelnen Logen der AFAM es ist überlassen, ob sie zu Tempelarbeiten einen Zylinder, den sogenannten *hohen Hut*, tragen, der als egalitäres Symbol eine andauernde Tradition innerhalb der Freimaurerei hat.

Entgegen der Darstellung von Kottmann ist der Degen weder in Deutschland noch in England oder den USA üblicherweise ein Bestandteil der maurerischen Kleidung[90]. Dies mag punktuell gelten für die mitgliederärmeren Großlogen, etwa der GLLvD, allerdings nicht für die etwa 60 Prozent aller regulären Freimaurer in Deutschland beheimatende Großloge AFAM, deren Ritual wesentlich von den Reformbestrebungen Friedrich Ludwig Schröders[91] geprägt ist, auf den die Beseitigung des Degens als Merkmal der *Strikten Observanz*[92] zurückgeht.

Gemeinsam ist allen Johannislogen der Maurerschurz, eine Imitation der Bekleidung operativer Maurer, über dessen Form es „keine allgemein verbindlichen Vorschriften"[93] gibt. Üblicherweise bestehen sie aus Baumwolle, gegebenenfalls allerdings auch aus Leder.. Zudem gehören weiße

---

90 Vgl. Kottmann, Freimaurer und katholische Kirche, 128: „Jeder Freimaurer trägt zudem ein Schwert." Wenn überhaupt, tragen Freimaurer des schwedischen Systems und daran angelehnten Obödienzen ein Schwert. Diese sind aber, relativ betrachtet, rar. Das Tragen eines Schwertes bzw. eines Degens ist nicht einmal als Möglichkeit in der Freimaurerischen Ordnung der AFAM vorgesehen.
91 Vgl. Art. Schröder, in: Freimaurerlexikon, 759 f.
92 Siehe hierzu Richert, Thomas, Ordo Sacratissimi Templariorum vulgo Strikte Observanz, in: Quatuor Coronati Jahrbuch für Freimaurerforschung 48 (2011) 127-154.
93 Vgl. Ritualhandbuch I, 9.

Handschuhe und das Bijou[94] zur rituellen Bekleidung eines Freimaurers.

2.3 Ritualstruktur

Die Tempelarbeiten aller drei Grade stimmen in folgenden Ritualmodulen weitgehend überein. Kursiv und in Klammern gesetzt sind dabei jene rituellen Handlungsabläufe, die ausschließlich bei der tatsächlichen Aufnahme eines *Suchenden* zum Freimaurer-Lehrling vollzogen werden. Die im Folgenden skizzierte Grundstruktur gilt zwar spezifisch für den Grad des Lehrlings, findet sich aber mit jeweils modifizierten Inhalten in den Ritualen des 2. und 3. Grades in vergleichbarer Form wieder. Entsprechend wird auf diese weitgehend konstanten Strukturelemente des Rituals bei der Beschreibung des 2. und 3. Grades nicht eigens eingegangen.

1. *(Vorbereitung eines Suchenden)*
2. Eintritt des Meisters vom Stuhl in den Tempel
3. Eintritt der Beamten
4. Einführung der (übrigen) Brüder
5. Prüfung der Sicherheit
6. Festliche Einleitung
7. Werklehre vor Öffnung der Loge
8. Einrichtung und Öffnung der Loge
9. *(Rituelle Prüfung und Einkleidung des Suchenden in der Dunklen Kammer)*

---

94 Ein aus dem 18. Jahrhundert kommender Begriff für das Logenabzeichen. Ursprünglich aus dem Englischen stammend, wurde er in die Terminologie der deutschsprachigen Freimaurerei übernommen; vgl. hierzu: Art. Bijou, in: Freimaurerlexikon.

10. *(Eintritt des Suchenden)*
11. *(Aufnahmehandlung)*
12. Zeichnung[95]
13. Regularien
14. Werklehre vor Schließung
15. Schließung der Loge
16. Auszug der Brüder
17. Austritt der Beamten.[96]

Zu unterscheiden ist der Gebrauch des Begriffs *Loge* im Kontext des Rituals. Zwar meint Loge sowohl den eingetragenen Verein an sich, als auch gegebenenfalls die Räumlichkeiten in denen die rituellen Arbeiten durchgeführt werden. Im engeren, rituellen Sinne aber meint *Loge* den ideell konstruierten Raum während der Tempelarbeit. Betrachtet man die Grundstruktur des Rituals – das AFAM-Ritual gilt hier als repräsentativ – fällt auf, dass die Öffnung der Loge nicht am Beginn der rituellen Arbeit steht, sondern auf ein wiederum rituelles Präludium folgt. Tempelarbeiten finden in der Regel einmal monatlich statt. Mitnichten haben Logen allerdings zwangsläufig monatlich Aufnahmen, Beförderungen oder Erhebungen, sodass in einigen Fällen das Ritual ohne die entsprechende Initiationshandlung stattfindet. Im Folgenden sind einige signifikante Momente der der Aufnahme vorausgehenden Phase sowie der drei Grade der Johannismaurerei zu skizzieren.

---

95 In Anlehnung an die Bauhütten-Tradition werden innerhalb von Logen gehaltene Vorträge gemeinhin aufzulegende „Zeichnungen" genannt.
96 Vgl. Ritualhandbuch I, 18-69.

2.4 Die drei Grade der Johannismaurerei

2.4.1 Antizipation – Der Suchende

Üblicherweise liegt zwischen dem Erstkontakt und der Aufnahme der Zeitraum eines Jahres, in dem zunächst durch Gespräche mit Brüdern aus der Aufnahmekommission stattfinden, deren Zweck ein zweifacher ist: Einerseits soll der Interessent die Möglichkeit haben, Fragen zur Freimaurerei im Allgemeinen als auch zur entsprechenden Loge im Speziellen zu stellen. Andererseits nutzen Logen diese Gespräche, um die Beweggründe und Eignung eines Interessenten zu prüfen. Um familiäre Konfliktsituationen zu vermeiden, wird der Interessent darauf aufmerksam gemacht, dass die Partnerin bzw. der Partner der Freimaurerei nicht ablehnend gegenüber stehen sollte. Die Anforderung der *Charges*, ein Freimaurer möge ein „freier Mann von gutem Ruf"[97] sein, wird dahingehend gedeutet, dass der Kandidat frei von allzu groben Vorurteilen, als auch frei in wirtschaftlicher Hinsicht sein sollte. Bisweilen findet sich der Hinweis, der gute Ruf werde durch einen Leumund nachgewiesen. Der gute Ruf zielt auch auf die Straffreiheit des Kandidaten ab, weswegen einem Aufnahmegesuch in der Regel ein polizeiliches Führungszeugnis beizufügen ist.

Ist das Aufnahmegesuch eingereicht, wird ein Termin zur *Kugelung* anberaumt, im Rahmen welcher die Mitglieder der

---

97 Vgl. ANDERSON, FRANKLIN, Constitutions of the Free-Masons, 49: „The Persons admitted Members of la Lodge must be good and true Men, free-born, and of mature and discreet Age, no Bondmen, no Women, no immoral or scandalous Men, but of good Report."

Loge über die Aufnahme des Suchenden abstimmen. Üblicherweise wird mittels schwarzer und weißer Kugeln, die in eine entsprechende Schachtel zu legen sind, abgestimmt. Besteht das Ergebnis ausschließlich aus weißen Kugeln ist es „hell leuchtend"[98] und einer Aufnahme steht nichts mehr im Wege. Sofern das Ergebnis einer Kugelung negativ[99] ist – was in der Praxis selten vorkommen dürfte, da eventuelle Bedenken bereits zuvor zur Sprache gebracht werden – ist der Kandidat für den Zeitraum eines Jahres gesperrt, innerhalb dessen er nicht aufgenommen werden kann.[100]

2.4.2 Aufnahme – Der Lehrling

Die begriffliche Unterscheidung von Aufnahme, Beförderung und Erhebung ist bedeutsam, wird aber oft nicht eingehalten[101]. In Bezug auf die Grade blauer Logen[102] bezeichnet der Begriff der Aufnahme stets die rituelle Aufnahme eines Nicht-Freimaurers zum Freimaurer-Lehrling. Ziel dieses Abschnittes ist, die wesentlichen Elemente der Aufnahmehandlung zu skizzieren und näher zu erläutern, wo

---

98 AFAM, Freimaurerische Ordnung, 36.
99 Negativ ist eine Kugelung je nach Satzung einer Loge bei drei oder mehr schwarzen Kugeln; vgl. hierzu AFAM, Freimaurerische Ordnung 36 f.
100 Vgl. AFAM, Freimaurerische Ordnung, 34-37.
101 So gebraucht KOTTMANN den Begriff *Aufnahme* unpräzise auch in Bezug auf die Beförderung in den Grad des Gesellen und die Erhebung in den Grad des Meisters; vgl. hierzu KOTTMANN, Freimaurer und katholische Kirche 129, 133.
102 Als „blau" werden all jene Logen bezeichnet, welche die (ersten) drei Grade des Lehrlings, Gesellen und Meisters bearbeiten. „Rote" Logen sind jene, die höhere Grade bearbeiten.

die Schwerpunkte des Lehrlingsgrades liegen. Sobald das positive Ergebnis der Kugelung feststeht, wird es, gemeinsam mit den kalendarischen Daten des Aufnahmetermins, dem Suchenden mitgeteilt[103]. Am Tag der Aufnahme wird dem Suchenden i.d.R. von seinem Bürgen ein Bogen mit unmittelbar vor der Aufnahme schriftlich zu beantwortenden Fragen übergeben. Inhalt wie Wortlaut der Fragen variieren zwischen den verschiedenen Erscheinungsformen der Freimaurerei. Binder gibt die zu beantwortenden Fragen wie folgt wieder:

> „Was sagt Ihnen der Begriff des Großen Baumeisters aller Welten? Was erwarten Sie von Ihrer Aufnahme für Ihr künftiges Leben? In welcher Weise glauben Sie, zur Verwirklichung der Idee der Freimaurerei beitragen zu können?"[104]

Die AFAM hingegen fragt:

> „1. Was ist die Bestimmung des Menschen? 2. Was erwarten Sie von dem Bund der Freimaurer für Ihren Geist, für Ihr Herz und für Ihr zeitliches Glück? 3. Was kann der Bund der Freimaurer von Ihnen erwarten?"[105]

Noch vor Beginn der eigentlichen Aufnahmehandlung werden die schriftlichen Antworten des Suchenden durch den Sekretär verlesen. Der Suchende wird sodann in einen abgedunkelten, mit einer Sanduhr, einer Bibel, einer Kerze und einem Schädel eingerichteten Raum geführt, die so-

---

103 Vgl. Ritualhandbuch I, 15.
104 BINDER, Dieter A., Die Freimaurer, 194.
105 Ritualhandbuch I, 15.

genannte *Dunkle Kammer*[106], die er nicht sehenden Auges verlassen wird[107]. Der *Vorbereitende Bruder*[108] und sein Begleiter[109] suchen nun den Aufzunehmenden in der Dunklen Kammer auf, um ihm nochmals einige prüfende Fragen[110] zu stellen und seine Bekleidung dem Ritual anzupassen, d.h. im Einzelnen: Jackett und Krawatte bzw. Fliege ablegen, die obersten Knöpfe des Hemdes öffnen, das linke Hosenbein bis zum Knie hinaufschieben und dort fixieren, den rechten Schuh durch einen Pantoffel austauschen, sowie das Ablegen von Schmuck bzw. metallischen Gegenständen und das Anlegen einer Augenbinde[111], die den Suchenden spüren lässt,

---

106 Vgl. Art. Kammer, Dunkle, in: Freimaurerlexikon, 451.
107 Vgl. Ritualhandbuch I, 30; KOTTMANN, Freimaurer und katholische Kirche, 124. Zur näheren Deutung, vgl. IMHOF, Gottlieb, Kleine Werklehre der Freimaurerei. I. Das Buch des Lehrlings, Lausanne 2005, 63-65. Die Kammer wird dort als „Kammer des stillen Nachdenkens" bezeichnet. Imhof deutet die Kammer dem Motto des Lehrlingsgrades (Schau in dich!) entsprechend als Aufforderung, in die Tiefen der eigenen Seele hinabzusteigen.
108 KOTTMANN spricht von „Redner und Zeremonienmeister". KOTTMANN, Freimaurer und katholische Kirche, 124. Dies trifft für das Ritual der AFAM nicht zu.
109 Der begleitende Bruder übernimmt an der Seite des Vorbereitenden Bruders die Einkleidung des Suchenden. Es handelt sich dabei meist um den zuletzt aufgenommenen Lehrling, der so die Möglichkeit erhält, seine eigene Initiation nochmals in besonderer Form zu reflektieren.
110 Ziel und Inhalt der Fragen ist die Prüfung der Entschlossenheit des Suchenden; vgl. hierzu Ritualhandbuch I, 30 f.
111 Vgl. Ritualhandbuch I, 31 f. Zur näheren Erläuterung vgl. IMHOF, Werklehre I, 65 f. Einzelne Aspekte der ritualgemäßen Bekleidung des Aufzunehmenden werden innerhalb der Freimaurerei verschieden gedeutet, vgl. hierzu SCHERPE, Wolfgang, Das Unbekannte im Ritual. Versuch einer Darstellung von Instruktionen für Ritual, Symbolik und Logenordnungen in der Großloge AFuAMvD, Braunschweig 1981, 147.

dass er auf seinem Weg auf die Unterstützung anderer angewiesen ist. Des Weiteren wurde und wird dem Suchenden in manchen Ausprägungen der Freimaurerei ein Strick um den Hals gelegt[112].

Zur wesensbestimmenden Grundstruktur der Aufnahmehandlung gehören i.d.R. drei sogenannte *Reisen*, die kreisförmig[113] von Westen über Norden und Osten wieder in den Westen verlaufen[114]. Der Lehrling umkreist den im Zentrum des Logenraumes liegenden Teppich und die darum stehenden Säulen und passiert ebenfalls dreimal den Sitz des Meisters vom Stuhl im Osten.

Im Ritual der AFAM wird der Suchende auf seiner ersten Reise u.a. sinnbildlich auf die Gefahren der Leidenschaft, des Vorurteils und der Unwissenheit aufmerksam gemacht. Zudem wird er mit Feuer konfrontiert, dessen Bedeuntgsspekt-

---

112 Imhof deutet den Strick im Kontext einer Geburtssymbolik als Sinnbild der Nabelschnur; vgl. hierzu IMHOF, Werklehre I, 66.
113 Andererseits spricht man im angelsächsischen Raum vom sogenannten *squaring*, legt also Wert darauf, dass der Aufzunehmende in einem exakten Rechteck im Tempel umhergeführt wird, vgl. hierzu IMHOF, Werklehre I, 71. Imhof gibt wieder, dass die Reisen im strengen Rechteck um den Teppich führen. BINDER, Die Freimaurer, 198 zitiert die – zumindest in Bezug auf das Ritual der AFAM – passendere Variante, in welcher dem Suchenden gesagt wird: „Ich führe Sie in einem Zirkel. Das menschliche Leben ist ein Zirkel, dessen Mittelpunkt die Verehrung des höchsten Baumeisters ist. Diese erste Lehre widerlegt die unverschämte Beschuldigung der Atheisterey und Irreligion, die man den Freymäurern macht"; Rituel der Lehrlinge zum Gebrauch der Loge Wahrheit und Einigkeit zu 3 gekrönten Säulen im Orient Prag, 1791, 36-42.
114 KOTTMANN behauptet in Bezug auf die AFAM unzutreffend, die Reisen enden im Osten, um den Prozess der „Lichtwerdung aus der Finsternis zum Licht" zu veranschaulichen; vgl. hierzu KOTTMANN, Freimaurer und katholische Kirche, 126.

rum sich weit von einer kathartischen Deutung[115] bis hin zur Vierelementelehre erstreckt.[116]

Die zweite Reise, die abermals vom Westen über Norden und Osten durch den Süden führt, beinhaltet wiederum zunächst eine – etwas unspezifische – Bedrohung im Norden. Dem Aufzunehmenden wird gesagt, ihn bedränge Bosheit, der er schutzlos ausgeliefert wäre ohne den „Arm des Freundes"[117]. Der Suchende wird zudem mit dem Element des Wassers konfrontiert, dass ihm als Symbol für die Reinheit der Seele gedeutet wird.[118]

Die dritte und letzte Reise beginnt wiederum im Westen. Ein weiteres Mal wird der Suchende im Norden auf eine Gefahr aufmerksam gemacht, diesmal allerdings jene, die von ihm selbst ausgeht, namentlich „Eitelkeit und Geltungsbedürfnis"[119]. Und erhält sodann den Auftrag, sich selbst zu erkennen.[120] Im Süden wird die Hand des Suchenden in ein Gefäß mit Erde gedrückt. Abgesehen von dem abermals hergestellten Bezug zu den vier Elementen wird hier durch die Erläuterung des Zweiten Aufsehers die Thematik der Vanitas aufgegriffen[121]. Am Ende seiner dritten

---

115 Vgl. Imhof, Werklehre I, 71: „Das Feuer scheidet die Schlacke vom edlen Metalle, das ganz Verdorbene nur wird völlig von ihm verzehrt." Die angelsächsischen Rituale enthalten derartige Elemente nicht; Ritualhandbuch I, 35; 39; Binder, Die Freimaurer, 206.
116 Vgl. Binder, Die Freimaurer, 206; Imhof, Werklehre I, 70.
117 Ritualhandbuch I, 39.
118 Vgl. Ritualhandbuch I, 40.
119 Ritualhandbuch I, 41.
120 Ritualhandbuch I, 41.
121 Das Ritual der AFAM erläutert die Erde dem Suchenden gegenüber folgendermaßen: „Ihre Hand berührt Erde. Von ihr ist unser Körper genommen und in ihren Schoß kehrt er zurück, wenn unsere Stunde gekommen ist." Ritualhandbuch I, 41.

Reise angekommen, wird der Suchende mit dem letzten der vier Elemente konfrontiert, indem ihm durch einen Fächer oder einen anderen geeigneten Gegenstand Luft entgegengeblasen wird. Diesbezüglich ist anzumerken, dass historisch die sogenannte *Windprobe* ursprünglich Teil einer vierten Reise war. Während manche Systeme die vierte Reise mitsamt dem Moment der Luft bzw. des Windes gestrichen haben, bewahrte die AFAM letzteres trotz der Reduzierung auf nur drei Reisen[122].

Dem Gelöbnis geht ein an den Großen Baumeister aller Welten gerichtetes Gebet voraus. Es soll an dieser Stelle vollständig wiedergegeben werden, da sich die in Teil II dieser Arbeit kritisch zu würdigende *Erklärung der Deutschen Bischofskonferenz zur Frage der Mitgliedschaft von Katholiken in der Freimaurerei* vom 12. Mai 1980[123] auf den Religions- und Gottesbegriff der Freimaurerei und deren Verhältnis zur Offenbarung sowie die Spiritualität der Freimaurerei bezieht. Insbesondere das Ziel der Vervollkommnung des Menschen und dessen Verhältnis zur Gnade haben die Deutschen Bischöfe kritisiert.

> „Großer Baumeister aller Welten! Wir bewundern Deine Weisheit und Größe im Weltall; wir bewundern sie vorzüglich im Menschen, der allein, obgleich nur unvollkommen, Dich erkennen und anbeten kann. Segne den Bund der Freundschaft, den wir mit dem Suchenden schließen wollen. Verleihe ihm und uns al-

---

122 Vgl. Imhof, Werklehre I, 70, der sich insbesondere auf das Schottische Rektifizierte System bezieht.
123 Erklärung der Deutschen Bischofskonferenz vom 12. Mai 1980 zur Frage der Mitgliedschaft von Katholiken in der Freimaurerei, in: AfkKR 149 (1980) 164-174.

len Licht und Kraft, das Gute zu erkennen und mit Eifer und Standhaftigkeit zu üben, damit der Zweck der Freimaurerei erfüllt werde."[124]

Dieses Gebet darf insofern als repräsentativ für den Rahmen möglicher Gottesvorstellungen gelten (denn eine tatsächliche Definition des *Großen Baumeisters aller Welten* gibt es, wie bei anderen Symbolen, nicht), als es unmittelbar vor dem Gelöbnis des Aufzunehmenden, durch das er sich erst an die Bruderschaft bindet, vorausgeht. Es gehört somit zum Kontext einer der zentralsten rituellen Handlungen der Freimaurerei überhaupt.

„Ich gelobe bei meiner Ehre und meinem Gewissen: Mich der Humanität aus vollem Herzen und mit ganzer Kraft zu widmen. Demgemäß meine Pflichten gegenüber meiner Familie, meiner Gemeinde, meinem Land und der Gemeinschaft aller Menschen zu erfüllen.
Das Brauchtum der Freimaurer in Ehren zu halten, die inneren Angelegenheiten meiner Loge nicht nach außen zu tragen und verschwiegen zu bewahren, was mir ein Bruder anvertraut.
Den Gesetzen der Bruderschaft und dem Hammerschlag des Meisters maurerischen Gehorsam zu leisten. Die Arbeit meiner Loge nach Kräften zu fördern, ihr Zeit und Arbeitskraft zu widmen und sie nie ohne gültige Ursache zu verlassen.
Meinen Brüdern mit Rat und Tat zur Seite zu stehen und die Zusage auf Maurerwort so gewissenhaft zu halten wie einen heiligen Eid."[125]

---

124 Vgl. Ritualhandbuch I, 45 f.
125 Ritualhandbuch I, 46 f.

Ist das Gelöbnis geleistet, nimmt der Meister vom Stuhl „in Ehrfurcht vor dem großen Baumeister aller Welten, im Namen der Großloge der Alten Freien und Angenommenen Maurer von Deutschland, kraft [s]eines Amtes als Meister vom Stuhl der gerechten und vollkommenen Freimaurerloge N. N. im Orient von N.N." [126] den Neophyten als Freimaurerlehrling auf und an. Erst jetzt wird dem Neophyten die Augenbinde abgenommen. Der neue Bruder überschreitet den Teppich vom Westen aus zum Osten hin, mit den Schritten des Lehrlings[127]. Er unterzeichnet dann das zuvor mündlich geleistete Gelöbnis.

Im Folgenden wird der Neophyt instruiert in den Erkennungszeichen des Lehrlingsgrades. Eine zentrale Stellung nehmen dabei Zeichen, Wort und Griff[128] ein, die in jedem

---

126 Vgl. Ritualhandbuch I, 47.
127 Weder Kottmann noch Imhof erwähnen die Überschreitung des Teppichs im Rahmen der Aufnahme. Dem Ritual der AFAM folgend ist die Überschreitung des Teppichs im Rahmen einer Tempelarbeit eine Einzigartigkeit, die nur eine einzige Ausnahme kennt: Der Großmeister hat das Recht, beim Besuch einer Loge diese Schritte über den Teppich zu wiederholen. Es handelt sich bei der Überschreitung des Teppichs, auf dem eine Vielzahl freimaurerischer Lehrbilder dargestellt sind, um eine symbolische Willenserklärung; vgl. hierzu Lehrgespräche I, 21.
128 Das Zeichen des Lehrlings ist das *Gutturale*, eine Reminiszenz an die in früheren Eidesformeln geforderte Bereitschaft, sich eher die Kehle durchschneiden zu lassen, als zum Verräter zu werden. Nur in geöffneter Loge und gegebenenfalls. bei Prüfungen – etwa beim Besuch anderer Logen – wird es gegeben. Das Erkennungswort bezieht sich, wie auch das Wort des zweiten Grades, auf die Namen der Säulen im Vorhof des Salomonischen Tempels vgl. hierzu 1 Kön 7, 15-22. Zudem wird dem Lehrling jenes Passwort mitgeteilt, das der Wachhabende üblicherweise vor einer Tempelarbeit den eintretenden Brüdern abverlangt. Den Zeichen zuzuordnen ist auch das Notzeichen, dessen Bedeutung sich erst im dritten Grad vollends erschließt. Wird

Fall der Verschwiegenheit unterliegen[129]. Es folgt die maurerische Einkleidung des Neophyten mit Schurz und Handschuhen sowie dem Bijou der Loge. Die häufig wiedergegebene Behauptung, alle Freimaurer trügen einen Degen oder ein Schwert als Zeichen der Egalität, trifft nicht zu[130]. Dem Neophyten wird zudem ein Paar Frauenhandschuhe überreicht, die er der „Gefährtin [s]eines Lebens" geben soll[131].

Der weitere Verlauf entspricht dem unter 4.3 dargestellten Schema und bedarf folglich an dieser Stelle keiner weiteren Vertiefung.

---

es gegeben, verpflichtet es jeden Bruder zum Beistand. Gelegentlich wird insbesondere in der amerikanischen Freimaurerei behauptet, das Notzeichen wäre im amerikanischen Unabhängigkeitskrieg, in dem britische amerikanischen Freimaurern gegenüberstanden, bisweilen zum Einsatz gekommen und habe manchem das Leben gerettet.

129 Vgl. AFAM, Freimaurerische Ordnung, 44.
130 KOTTMANN, Freimaurer und katholische Kirche, 128 sowie BÉRESNIAK, Daniel, Symbole der Freimaurer, Wien/München, 64, behaupten unzutreffend, der Degen gehöre zur Ausstattung aller Freimaurer. Weder Brüder der AFAM noch, wie aufgrund einer schriftlichen Anfrage bei der UGLE in Erfahrung zu bringen war, der UGLE tragen üblicherweise Degen oder Schwert.
131 Vgl. Ritualhandbuch I, 53. In diesem Kontext ist auf die Schwierigkeit hinzuweisen, die sich durch die Aufnahme homosexueller Brüder ergeben kann. Mit der Übergabe der Damenhandschuhe und der Aufforderung, sie der Gefährtin des Lebens zu überreichen, setzt das Ritual eine Beziehungskonstellation voraus, die im Falle eines homosexuellen Bruders nicht gegeben wäre. Für derartige Fälle wird auf Alternativformulierungen zurückgegriffen, wie etwa „der Frau, die deinem Herzen am nächsten ist". Eine einheitliche Lösung dieser Unstimmigkeit hat die AFAM bislang nicht vorlegen können.

2.4.3 Beförderung – Der Geselle

In aller Regel wird etwa ein Jahr zwischen der Aufnahme und der Beförderung zum Gesellen liegen[132]. Der Arbeitsteppich des zweiten Grades ist weitgehend identisch mit dem Teppich des ersten Grades, bis auf den Buchstaben *B*, welcher auf der, auf dem Teppich abgebildeten, rechten Säule liegt[133].

Üblicherweise werden, um das für den Gesellengrad richtungsweisende Moment der Geselligkeit deutlicher zum Vorschein kommen zu lassen, Beförderungen mit zwei oder mehr Lehrlingen durchgeführt. Bezüglich der Inneneinrichtung des Tempels finden sich nur geringfügige Unterschiede: Neben der Ergänzung des Arbeitsteppichs um ein B, sind weitere Unterschiede der im Osten meist über dem Meister vom Stuhl befestigte *Flammende Stern*[134] sowie der kubische

---

132 Der von der AFAM zur Verfügung gestellten Mustersatzung ist zu entnehmen, dass Beförderung und Erhebung nicht ohne Anhörung des Bürgen und des Vorbereitenden Bruders vorgenommen werden sollen, und dass eine Beförderung oder Erhebung in jedem Fall voraussetzt, dass der zu Befördernde bzw. zu Erhebende eine Zeichnung gehalten und mindestens für den Zeitraum eines Jahres als Lehrling bzw. Geselle gearbeitet hat; vgl. hierzu AFAM, Freimaurerische Ordnung, 85 f.
133 Das *B* weist auf den Namen der rechten Säule hin. Sie gilt als Säule der Gesellen, die an ihr ihren Lohn erhalten.
134 Es handelt sich bei dem Flammenden Stern um ein nach oben gerichtetes Pentagramm, in dessen Mitte sich ein *G* befindet. Aus den jeweils nach innen gerichteten Ecken des Sterns entspringen Flammen. Die zentrale Bedeutung des Flammenden Sterns lässt sich bereits der Tatsache entnehmen, dass die AFAM in ihrem Ritual für die Beförderung eine Zeichnung empfiehlt, die sich ausschließlich mit der Erläuterung des Flammenden Sterns beschäftigt; vgl. hierzu Ritualhandbuch II der Großloge A.F.u.A.M. von Deutschland, Bonn

Stein, der den rauen Stein des ersten Grades ersetzt. Die der eigentlichen Beförderung vorausgehenden rituellen Handlungen (Eintritt in den Tempel, Einführung der Brüder, Prüfung der Sicherheit, Einleitung, Werklehre, Einrichtung und Öffnung der Loge) entsprechen weitgehend dem unter 4.3 dargestellten Schema.

Die eigentliche Beförderung besteht ebenfalls aus Reisen, welche die Lehrlinge allerdings sehenden Auges beschreiten. Unmittelbar vor Beginn der ersten Reise wird ihnen anhand eines zerbrechlichen Holzstabes und eines unzerbrechlichen Bündels der gleichen Stäbe veranschaulicht, wie schwach der Einzelne und wie stark die Gemeinschaft ist[135]. Während ihrer Reise werden sie nicht mehr wie bei ihrer Aufnahme von einem Bruder geführt, sondern dem Wortlaut des Rituals zufolge lediglich begleitet[136].

Den zu Befördernden stellen sich auf Ihren Reisen Winkel und Zirkel in den Weg, die, so die Interpretation der AFAM, der Rechtschaffenheit und den Grenzen der Pflicht symbolisch Ausdruck verleihen sollen.[137] Winkelmaß und Zirkel,

---

2010, 51-55, dort insbesondere 55: „Der Flammende Stern gilt uns als Symbol des erwachten und reifenden Geistes. [...] Es mahnt uns, unser Leben nicht mit Nichtigkeiten zu verlieren, sondern das Wesentliche zu betrachten."

135 Vgl. Ritualhandbuch II, 36.
136 Vgl. Ritualhandbuch II, 36.
137 Hier ist anzumerken, dass das Beförderungsritual in verschiedenen Großlogen stark variiert. Oft werden die Versuchungen von Reichtum, Ruhm und Macht im Zuge der Gesellenreisen veranschaulicht, durch Gold, Lorbeer und Schwert; vgl. hierzu Kottmann, Freimaurer und katholische Kirche, 131. Imhof führt aus, dass die Gesellen nicht zwei, sondern drei Reisen vollziehen und jeweils mit einer Goldmünze (als Symbol materiellen Reichtums), einem Ehrenkranz (als Symbol des Ehrgeizes) und einem Dolch (als nicht zu gebrauchendes Werkzeug der Rache und des Neides), konfrontiert werden;

deren symbolische Bedeutung mit der Auslegung im Ritual der Beförderung nicht restlos ausgeschöpft ist, sind hier eingebettet in den Versuch, dem eher sozial konnotierten Gehalt des Gesellengrades, Ausdruck zu verleihen.

Dem Gelöbnis, das von den neuen Gesellen zu leisten ist, geht zunächst die Mahnung des Meisters vom Stuhl voraus, nicht bei dem Erreichten stehen zu bleiben, sondern stets das, im Gesellengrad durch den *Flammenden Stern*[138] dargestellte Ziel im Blick zu haben. Die an die werdenden Gesellen ergehenden Mahnungen sollen hier zumindest auszugsweise wiedergegeben werden, um zu verdeutlichen, dass es sich im Wesentlichen um Handlungsmaximen der Ethik und des Anstands handelt:

> „Lasst nicht Eigenliebe und Bequemlichkeit Euch zu gefährlichen Vergleichen mit jenen verleiten, denen Ihr Euch überlegen fühlt. Richtet Euren Blick auf die, die Euch Vorbild sein können."[139]

Wie bereits im Aufnahmeritual geht dem Gelöbnis ein Gebet voraus, dessen Wortlaut ebenfalls wegen seiner Bedeutsamkeit für eine theologische Einordnung, insbesondere hinsichtlich der Frage, welche Bedeutung die Gnade angesichts des Anspruchs der Selbstoptimierung hat, zitiert werden soll:

---

vgl. hierzu IMHOF, Gottlieb, Kleine Werklehre der Freimaurerei II. Das Buch der Gesellen, Lausanne 1983, 30-36.
138 Den Gesellen wird Ritualhandbuch II, 46 zufolge, der Flammende Stern als Symbol „der menschlichen Vernunft, des logischen Denkens, des Wahrheit suchenden Geistes" gedeutet.
139 Ritualhandbuch II, 40 f.

„Großer Baumeister aller Welten! Dein Segen sei mit uns in dieser Stunde, da wir den Bund mit unseren Brüdern bekräftigen und vertiefen wollen. Gib ihnen die Kraft, nicht mehr vom Ziel abzuirren und lasse den Flammenden Stern leuchten auf all ihren Wegen."[140]

Es folgt das Gelöbnis, das, wie im ersten Grad, nach Verlesen durch den Sekretär von den angehenden Gesellen lediglich bestätigt und nicht nachgesprochen wird. Sein Wortlaut ist an dieser Stelle wegen seiner zentralen Stellung wiederzugeben:

„Ich gelobe auf Maurerwort: Meinen bei der Aufnahme übernommenen Pflichten mit erhöhtem Eifer nachzukommen. Bereitwillig neue, zusätzliche Aufgaben zu übernehmen. Selbstbeherrschung zu üben und unablässig an meiner Vervollkommnung zu arbeiten. Verschwiegenheit zu bewahren über das Brauchtum der Gesellen. Freundschaft und Brüderlichkeit in unserem Bund zu wahren und zu fördern."[141]

Hiernach werden den Gesellen die Erkennungszeichen ihres Grades erläutert[142].

---

140 Ritualhandbuch II, 42.
141 Ritualhandbuch II, 43.
142 Das Gesellenzeichen ist das *Pectorale*. Es ist eine Reminiszenz der in alten Eidesformeln geforderten Bereitschaft, sich eher das Herz aus der Brust reißen zu lassen, als Verrat zu üben. Das Wort der Gesellen bezieht sich wie das Wort der Lehrlinge auf die in 1 Kön 7, 15-22 erwähnten Säulen im Vorhof des salomonischen Tempels. Des Weiteren werden der Griff der Gesellen, sowie die Gesellenschritte, mit denen Gesellen eine Tempelarbeit des zweiten Grades betreten, erläutert. Zudem wird das Passwort der Gesellen – ein aus Richter 12, 1-6 entnommenes, hebräisches Wort für Kornähre, den Gesellen mitgeteilt.

2.4.4 Erhebung – Der Meister

Ohne eine nähere Betrachtung des dritten und letzten Grades der Johannismaurerei[143] ist das Wesen der Freimaurerei nicht zu erfassen. Im Zentrum steht dabei die Thematik des Todes sowie die Legende des ermordeten Baumeisters Salomos, *Hiram*. Die AFAM, die sich der „freiheitlich-humanitären Tradition"[144] verbunden fühlt und insofern weder ein religiöses noch ein esoterisches Selbstverständnis hat, sagt dennoch in Bezug auf den Grad des Meisters:

> „Die Aufhebung eines Toten und das Aufsuchen eines verlorengegangenen Wortes kann unmöglich in den Rahmen einer rein moralischen Pflichtenlehre gepreßt werden. Dieses Mysterium ragt über die Moral hinaus in eine andere Sphäre hinein. Wer also in der Freimaurerei nur eine ethische Vereinigung sieht, für die der Große Baumeister und das Buch des Heiligen Gesetzes auf dem Altar nicht mehr als ehrfürchtige Prinzipien darstellen, der wird mit der Legende vom Tode des Meisters Hiram und von seiner Auferstehung in dem jungen Meister nicht viel anzufangen wissen."[145]

---

143 Die Bezeichnungen *Johannisloge* und *Blaue Loge* werden synonym gebraucht. Der Begriff der Johannisloge leitet sich von dem mutmaßlichen Gründungsdatum der Freimaurerei ab, dem 24.06.1717, dem Festtag des Hl. Johannes des Täufers. Die Hochgradsysteme erachten Johannes den Täufer nicht als ihren Patron, da sie sich auch nicht unmittelbar auf die englische Freimaurerei und deren Gründungsdatum zurückführen lassen.
144 So in der Präambel der Verfassung der Großloge der Alten Freien und Angenommenen Maurer von Deutschland, in: AFAM, Freimaurerische Ordnung, 5.
145 Lehrgespräche III, 19 f.

Der dritte Grad wird insofern zu Recht als Herzstück der Freimaurer bezeichnet[146]. Obgleich sowohl von freimaurerischer als auch nichtfreimaurerischer Seite bisweilen behauptet wird, im dritten Grad ginge es um die Unsterblichkeit der Seele, so ist diese Vermutung doch unpräzise[147]. Einerseits ließe sich einwenden, die Behauptung einer unsterblichen Seele sei in sich eine dogmatische oder zumindest voraussetzungsstarke Aussage, und allein daher schon inkompatibel mit dem adogmatischen Selbstverständnis der Freimaurerei. Andererseits ist das eschatologische Theorem einer unsterblichen Seele konkret nicht mit dem christlichen Glauben vereinbar, zumindest dann nicht, wenn dabei die Leiblichkeit zurückgelassen oder zur Bedeutungslosigkeit abgestreift wird[148]. Wenn auch nicht alle Großlogen sich in dieser Problematik verständig gezeigt haben, so belässt es die AFAM in ihren Katechismusfragen dabei, dass der dritte Grad zum Ausdruck bringt, dass „allem Lebendigen Unsterbliches innewohnt"[149], und betont:

---

146 Vgl. Lehrgespräche III, 20.
147 So Kottmann, Freimaurer und katholische Kirche, 131: „In diesem letzten Grad geht es daher nun nicht mehr um das Leben, sondern um den Tod, um Verwandlung durch Befreiung der unsterblichen Seele." Insbesondere die Begrifflichkeit der *Befreiung* lässt sich als gnostischer Beigeschmack verstehen, der der Freimaurerei nicht grundsätzlich zu eigen ist.
148 Die christliche Überlieferungsgeschichte hat stets den Glauben an die Leibhaftigkeit der Auferstehung betont. Die spiritualistische Position, dass der Geist Vollendung findet, der Körper aber belanglos zurückgelassen wird, ist nie von der katholischen Theologie vertreten worden; vgl. hierzu Schneider, Theodor (Hg.), Handbuch der Dogmatik, Bd. 2, Düsseldorf 2006, 456 f.
149 Lehrgespräche III, 36-38; Ritual III der Großloge der Alten Freien und Angenommenen Maurer von Deutschland, Bonn 41995, 20.

> „Die Freimaurerei sagt nichts Endgültiges darüber aus, worin diese Unsterblichkeit besteht. Sie überläßt dies dem individuellen Glauben und der Überzeugung des einzelnen Bruders. Diese Zurückhaltung […] ist eines ihrer größten Besitztümer."[150]

Die Glaubensfreiheit ihrer Mitglieder wird also auch und gerade in Bezug auf die genuin religiöse Frage des Lebens nach dem Tod durch die Ritualdeutung der AFAM nicht eingeschränkt. Sie entspricht auch in der Konzeption des Rituals der Erhebung ihrem Grundsatz, dass die Glaubensfreiheit eines der höchsten Güter der Freimaurerei ist[151].

Von besonderer Bedeutung für die Ritualhandlung ist, dass auf dem Meisterteppich ein schwarzer Sarg steht, bzw. auf dem Meisterteppich abgebildet ist. Zudem Sinnbilder des Todes, üblicherweise Totenschädel an verschiedenen Stellen des Raums zu platzieren.[152]

Eintritt der Beamten und Brüder, Prüfung der Sicherheit, festliche Einleitung und Werklehre vor Öffnung der Loge sowie Öffnung der Loge entsprechen mit wenigen Abweichungen dem unter 4.3 dargestellten Schema.

Bevor der zu erhebende Geselle durch den Vorbereitenden Bruder zum Tempel geführt wird, deutet dieser ihm die Thematik der Erhebung an, indem er Psalm 90 zitiert:

> „Denn tausend Jahre sind vor Dir wie der Tag, der gestern vergangen ist, und wie eine Nachtwache. Lehre uns bedenken, daß wir sterben müssen, auf daß wir klug werden."[153]

---

150 Lehrgespräche III, 20.
151 Vgl. AFAM, Freimaurerische Ordnung, 6.
152 Vgl. Ritual III, 7.
153 Ritual III, 27.

Im Folgenden wird der Geselle zwar sehenden Auges, allerdings rückwärts, in den Tempel geführt. Im Zentrum des dritten Grades steht der performative Nachvollzug der Hiramslegende, in dem der zu Erhebende die Rolle Hirams übernimmt.

Dem Gelöbnis des dritten Grades geht ein Gebet voraus. Da der Meistergrad und die darin enthaltene Hiramslegende ein Konstitutivum der Freimaurerei bilden, ist das Gebet, das dem Gelöbnis des angehenden Meisters vorausgeht, entsprechend durch die Wiedergabe des vollständigen Wortlautes zu würdigen:

> „Großer Baumeister aller Welten! Hilf uns in dieser Stunde, da wir das Werk der Meister fortsetzen wollen, die uns vorangegangen sind. Gib, daß dieser Geselle ein Nachfolger Hirams werde, der seine Pflicht ernst nimmt, der Bruderschaft dient, und dem Gesetz treu bleibt."[154]

Es folgt das knappe Gelöbnis des Meisters:

> „Ich gelobe auf Maurerwort: Mich in unserer Gemeinschaft als Bruder und Meister zu bewähren. Die Kunst des Schweigens zu üben. An mein vergängliches Leben den Maßstab des Ewigen anzulegen."[155]

Erst an dieser Stelle erfolgt die Inszenierung der Hiramslegende[156], in welcher der zu Erhebende die Rolle des Hiram

---

154 Ritual III, 37.
155 Ritual III, 37.
156 Es gibt verschiedene Fassungen der Hiramslegende. Ihrer zentraler Stellung wegen soll sie hier in der AFAM-Fassung vollständig wieder-

gegeben werden. Abgesehen von einzelnen Abweichungen, die der Neuauflage geschuldet sind, stimmt sie überein mit der von Kottmann wiedergegebenen Fassung; vgl. hierzu KOTTMANN, Freimaurer und katholische Kirche, 134 f., dort Fn. 459.

„Mein Bruder! Von Deiner Arbeit als Lehrling und Geselle ist Dir bekannt, daß das grundlegende Motiv der maurerischen Symbolik der Bau des Salomonischen Tempels ist. Hiram Abif, der Sohn einer Witwe aus dem Stamme Naphtali, war der Baumeister, dem König Salomo die Aufsicht über den Bau anvertraut hatte. Fünfzehn Gesellen vom Bau des Tempels sahen, daß das Werk fast vollendet war, ohne daß sie bislang das Meisterwort erhalten hatten. Sie begehrten, es vor der rechten und gesetzmäßigen Zeit zu erlangen, um in anderen Ländern für Meister angesehen zu werden und Meisterlohn zu empfangen. Sie taten sich zusammen, um es ihrem Meister mit Gewalt abzufordern. Zwölf von ihnen bereuten ihren Vorsatz, drei beschlossen, ihn auszuführen. Alle kannten Hirams Gewohnheit, um Mittag, wenn die Arbeiter zur Erholung gerufen waren, in den Tempel zu gehen und zu beten. So stellten sich die Verschwörer eines Tages um diese Zeit an den drei Toren im Osten, Süden und Westen auf, um ihm beim Verlassen das Meisterwort abzuzwingen. Als Hiram an das östliche Tor kam, vertrat ihm der erste den Weg und forderte drohend das Wort. Ruhig erwiderte der Meister, daß er es auf diese Weise nicht erlangen werde. Nur die Zeit und seine geduldige Arbeit können es ihm verschaffen. Unzufrieden mit dieser Antwort, schlug ihm der Geselle mit dem Maßstab quer über die Gurgel. Erschreckt wandte sich Hiram zum südlichen Tor. Dort wurde er in gleicher Weise von dem zweiten aufgehalten, dem er dieselbe Antwort gab. Aufgebracht versetzte ihm der Geselle mit dem Winkelmaß einen Schlag auf die linke Brust, der ihn taumeln ließ. Schwer getroffen, floh Hiram zu dem Tor im Westen. Dort stellte sich ihm der dritte Verschwörer in den Weg und forderte das Meisterwort von ihm. Den Tod vor Augen blieb der Meister standhaft und empfing mit dem Spitzhammer den tödlichen Schlag auf die Stirn. Die drei Gesellen trugen Hirams Körper aus dem westlichen Tor des Tempels und verbargen ihn unter Bauschutt. Um Mitternacht, als alle Arbeiter zur Ruhe gegangen waren, schleppten sie ihn fort und begruben ihn am Hang eines Berges. Um die Stelle wiederzufinden, steckten sie den Zweig einer Akazie in die Erde. Hiram wurde bald vermißt, und Salomo ließ Nachforschungen über sein Verbleiben anstellen.

einnimmt. Während die Hiramslegende verlesen wird, tragen der Erste und Zweite Aufseher sowie der Zeremonienmeister zur Inszenierung bei, indem sie die Rollen der drei böswilligen Gesellen übernehmen.

Unmittelbar, nachdem der dritte Schlag ausgeführt ist, wird die in der verlesenen Legende thematisierte Bestattung und Wiederauffindung Hirams an dem angehenden Meister symbolisch vollzogen, indem die beiden Aufseher den Ge-

---

Da wurden die zwölf Gesellen, die von dem verbrecherischen Plan zurückgeschreckt waren, von ihrem Gewissen getrieben. Mit weißen Handschuhen als Zeichen ihrer Unschuld angetan, traten sie vor den König und entdeckten ihm, was sie wußten. Er sandte sie aus, die drei Mörder, die die Flucht ergriffen hatten, zu verfolgen. Drei gingen nach Osten, drei nach Süden, drei nach Westen und drei nach Norden. Einer von ihnen hörte, als er an einer Felswand ausruhte, aus einer nahegelegenen Schlucht Stimmen an sein Ohr dringen: ‚O daß meine Gurgel durchschnitten, meine Zunge ausgerissen und ich im Sande des Meeres zur Zeit der Ebbe verscharrt werde, eines Kabeltaus Länge vom Ufer, wo Ebbe und Flut zweimal in vierundzwanzig Stunden wechseln.' Eine andere Stimme klagte: ‚O daß mein Herz aus meiner Brust gerissen und eine Speise der Raubvögel werde!' Und eine dritte Stimme rief: ‚Ich schlug ihn stärker als ihr, ich tötete ihn! O daß mein Körper in zwei Teile zerteilt, meine Knochen verbrannt und meine Asche in die vier Wände vertreut werde!' Der lauschende Geselle holte seine Gefährten heran. Sie stiegen hinab in die Schlucht, griffen und banden die Mörder und brachten sie vor den König Salomo. Danach sandte der König neun Meister aus, um den Körper Hirams zu suchen, damit er an heiliger Stätte begraben werde. Das Meisterwort aber war mit Hiram verloren. Darum bestimmte Salomo, das erste bei der Auffindung Hirams gesprochene Wort solle das neue Meisterwort sein." Ritual III, 39-41. Obgleich es sich bei der Erhebung um das Kernstück der Freimaurerei handelt, führt Kottmann an keiner Stelle aus, *wie* das Mysterienspiel des Todes Hiram rituell inszeniert wird. Zudem lässt er den eigentlichen Akt der Erhebung unerwähnt, obgleich er selbst Teil der Hiramslegende ist. Vgl. KOTTMANN, Freimaurerei und katholische Kirche, 134 f.

sellen auf den zuvor überschrittenen Teppich niederwerfen, und ihn mit einem Tuch bedecken.[157]

Der Auftrag Salomos, den toten Hiram zu suchen, wird durch jene Brüder, die zuvor die mörderischen Gesellen spielten, erfüllt, indem sie den am Boden Liegenden dreimal umschreiten.[158]

Schließlich tritt der Meister vom Stuhl vor den noch immer Liegenden um ihn mit den *fünf Punkten der Meisterschaft* – „Fuß gegen Fuß, Knie gegen Knie, Hand in Hand, Brust gegen Brust und die linke Hand um den Nacken"[159] – zu erheben[160]. Dieser Moment könnte im Schema der *rites des passage* als Transformation eingeordnet werden. Nachdem der Meister vom Stuhl dem Erhobenen das Meisterwort in das linke wie das rechte Ohr gesagt hat, wird er vor den Altar geführt und erhält dort den Schurz des Meisters und wird somit in die Gemeinschaft reintegriert. Dem Neuen Meister werden wiederum Zeichen, Wort und Griff des Meisters

---

157 Vgl. Ritual III, 40. Der Sarg, der sich zu Beginn des Rituals gegebenenfalls auf dem Teppich befand, wurde zwischenzeitlich beiseite geräumt. Vgl. auch BINDER, Die Freimaurer, 260. Dieser Teil des Erhebungsrituals weist eine gewisse Ähnlichkeit mit der „mystischen Beerdigung", die Benediktiner u.U. anlässlich der Ewigen Profess an dem Professen vollziehen. Es handelt sich dabei allerdings um einen fakultativen Ritualbestandteil. Vgl. hierzu unpräzise, aber teilweise zutreffend: BANKL, Hans, Hiram. Biblisches – Sagenhaftes – Historisches, Eichstätt 1992, 143. Zur Veranschaulichung: MYSTICAL BURIAL, Videoaufnahme.
158 Vgl. BINDER, Die Freimaurer, 261.
159 BINDER, Die Freimaurer, 262; wörtlich übereinstimmend auch Art. Meisterschaft, Fünf Punkte der, in: Freimaurerlexikon, 558.
160 Die „fünf Punkte der Meisterschaft" gehen historisch möglicherweise zurück auf eine aus der Bauhütten-Tradition stammende Anweisung, wie ein vom Baugerüst Gestürzter aufzuheben sei; vgl. hierzu BANKL, Hiram, 148.

mitgeteilt[161]. Nach einer Zeichnung erfolgen Werklehre und Schließung der Loge dem Schema unter 4.3 entsprechend.

2.5 Das freimaurerische Ritual – Ertrag unter Vorbehalt

Die unerschöpfliche Vielfalt masonischer Ritualdesigns einerseits und die Vielzahl hineinlegbarer Deutungen andererseits machen es nahezu unmöglich, einen Kern herauszuschälen[162]. In Anlehnung an Hans-Hermann Höhmann sind einige Grundeigenschaften freimaurerischer Rituale zu benennen, die im Übrigen nicht exklusiv für die Freimaurerei gelten.

Da das freimaurerische Ritual eine spezifische Verwirklichung eines verbalen und performativen Kommunikationsvorgangs ist, lässt sich eine interaktive bzw. soziale Dimension benennen. Kommunikationstheoretisch betrachtet bedarf eine solche Dimension immer zumindest zweier Akteure, nämlich eines *Senders* und eines *Empfängers*. In Bezug

---

161 Der Meistergrad kennt drei für ihn spezifische Zeichen: Erkennungszeichen, Notzeichen und Schreckenszeichen. Das Erkennungszeichen steht im Kontext der Erkennungszeichen des Lehrlings und des Gesellen. Es handelt sich dabei um das *Stomachale* und geht auf die im alten Eid geforderte Bereitschaft, sich eher zweiteilen zu lassen als Verrat zu üben, zurück. Der Meistergriff ist im Ritual der AFAM identisch mit dem Griff, mit dem der neue Meister erhoben wurde, vgl. Ritual III, 45. Binder gibt eine Version des Meistergriffes wieder, in der drei an die Ermordung Hirams erinnernde Schläge wiedergegeben werden. Dieser Griff ist nahezu identisch mit dem Griff der Lehrlinge. Hierzu und zur näheren Erläuterung der Meisterzeichen und Passwörter vgl. BINDER, Die Freimaurer, 264-267.
162 Ein Ertrag „unter Vorbehalt" legt sich demnach nahe.

auf das freimaurerische Ritual wäre insbesondere zu fragen, ob das als *Großer Baumeister aller Welten* Bezeichnete, Empfänger einzelner als *Gebet* in Erscheinung tretender Texte ist. Anders gefragt: Hat ein freimaurerisches Ritual die Züge eines Gottesdienstes oder beansprucht es lediglich eine zwischenmenschliche Kommunikationskonstellation?[163]

Als weiteres Merkmal des freimaurerischen Rituals lässt sich der gewohnheitsmäßige Vollzug benennen. Freimaurerische Rituale sind gewissermaßen die Wiederholung von immer Gleichem, das nur in einzelnen Punkten innerhalb eines festgesetzten Rahmens Variationen zulässt. Das freimaurerische Ritual ist zudem eine *performance,* insofern es als Drama inszeniert wird. Dies gilt insbesondere für den dritten Grad, innerhalb dessen es durch die Verlesung und die Nachbildung der Hiramslegende zu einer performativen Zweischichtigkeit kommt. Zudem ist die Multimedialität, also das Ineinandergreifen von Musik, Gestik, Worten, Bewegung u.a. ein Merkmal freimaurerischer Ritualistik. Um die erhofften Wirkungen des Rituals, sowohl auf die Gemeinschaft als auch den Einzelnen, zu ermöglichen, muss das Ritual ästhetisch durchgeführt werden. Neben der Ästhetik ist insbesondere die Symbolik ein Identitätsmerkmal freimaurerischer Ritualistik. In diesem Zusammenhang sind die bereits erwähnten

---

163 Vgl. HÖHMANN, Analysen, 227. Auf diese Fragestellung den Versuch einer Antwort zu geben, würde den Rahmen der vorliegenden Arbeit sprengen. Exemplarisch sei auf folgende Werke verwiesen, die sich dieser Problematik annähern: GRÜN, Klaus-Jürgen, Über das unglückliche Verhältnis zwischen Freimaurerei und Religion. Eine Einführung in das Thema der 40. Arbeitstagung der Freimaurerischen Forschungsgesellschaft QC in Frankfurt a. M., 8. bis 9. Oktober, in: QC Jahrbuch für Freimaurerforschung, 31-46; HÖHMANN, Analysen, 179-197.

Elemente der *rites des passage* zu nennen, die am deutlichsten erkennbar im Ritual des dritten Grades sind.[164]

Der Zweck der Freimaurerei ist, den Anderson'schen Constitutions zufolge, Freundschaft zu stiften zwischen Menschen, die unter anderen Umständen einander nicht begegnet wären[165]. Der Freimaurerischen Ordnung der AFAM gemäß, erstreben Freimaurer „durch überkommene rituelle Handlungen menschliche Vervollkommnung"[166].

Diese tradierten Ritualhandlungen sind multimedial inszenierte Handlungsabläufe, die sich einerseits aus symbolischen Akten (z.B. der Entzündung der Kerzen um den Teppich) und statisch zur Schau gestellten Symbolen (z.B. Buch des Heiligen Gesetzes, Winkelmaß und Zirkel) andererseits zusammensetzen. Die Symbolik der Johannismaurerei lässt sich in folgende drei Gruppen gliedern: Die Symbolik des Lichts, die Symbolik des Wanderns und die Symbolik des Tempelbaus[167]. Diese drei in der obigen Darstellung der Rituale der AFAM mit verschiedenen Nuancen begegnenden Symbolfelder sind an dieser Stelle überblicksweise zu skizzieren[168]. Dabei wird weitgehend auf Höhmann rekurriert, dessen Symboldeutung sich von anderen vor allem darin unterscheidet, dass sie weder ideologielastig, noch betont esoterisch ist und

---

164 Vgl. HÖHMANN, Analysen, 227-229.
165 Vgl. ANDERSON, FRANKLIN, Constitutions of the Free-Masons, 48.
166 AFAM, Freimaurerische Ordnung, 6.
167 Vgl. HÖHMANN, Analysen, 232.
168 Sowohl in der masonischen als auch der profanen Literatur findet sich inzwischen eine unüberblickbare Fülle von Erläuterungen zu freimaurerischen Symbolen. Exemplarisch sei verwiesen auf: PÖHLMANN, Freimaurer in Deutschland, 82-89; Freimaurerlexikon (darin unzählige Artikel zu einzelnen Symbolen); BINDER, Die Freimaurer, 282-302; IMHOF, Werklehre I-III; HÖHMANN, Analysen, 232-239.

insofern dem Selbstverständnis der AFAM nach Auffassung des Verfassers dieser Arbeit am ehesten entspricht. Ein Anspruch auf Vollständigkeit wird mitnichten erhoben und läge der Absicht eines Ertrags „unter Vorbehalt" fern.

2.5.1 Symbolik des Lichts

Von den drei genannten Gruppen dürfte die Symbolik des Lichts die außerhalb der Freimaurerei verbreitetste sein. Gemessen am Ritualtext der AFAM lässt sich eine ambivalente Symbolik des Lichts feststellen: Im Hinblick auf das rituelle Präludium vor Öffnung der Loge, das mit dem Eintritt des Meisters vom Stuhl in den noch unerleuchteten Raum beginnt und mit der schrittweisen Erleuchtung des Raumes fortfährt, finden sich Anklänge an eine religiöse, über die Immanenz hinausweisende, Bedeutung von Licht[169]. Die in der auszugsweise wiedergegebenen Instruktion der AFAM zur Tempelarbeit des ersten Grades weist inhaltliche Bezüge zu Mircea Eliade auf, der die Schaffung von (sakralem) Raum als Imitation göttlichen Handelns deutet[170]. Diese quasireligiöse Konnotation der masonischen Lichtsymbolik liegt dem rituellen *Framing*[171], also der Rahmenhandlung des Rituals

---

169 Vgl. HÖHMANN, Analysen, 232.
170 Vgl. ELIADE, Mircea, Das Heilige und das Profane. Vom Wesen des Religiösen, Frankfurt a. M. 1990, 23-58. Der Hinweis auf den verschiedentlich zu Tage tretenden Bezug zu Mircea Eliade findet sich auch bei PÖHLMANN, Freimaurer in Deutschland, 83: „Für die Symbolkenntnis und zur symboltheoretischen Untermauerung stützen sich die freimaurerischen Beiträge vor allem auf die Arbeiten Carl Gustav Jungs und Mircea Eliades."
171 Zum Begriff des *Framings* vgl. SNOEK, Jan A. M., Framing Maso-

(insbesondere die schrittweise Erleuchtung des Raumes nach Eintritt des Meisters vom Stuhl und die Rückführung des Lichts am Ende des Rituals)[172] zugrunde.

Darüber hinaus ist Licht insbesondere in der Aufnahme eines Suchenden in den Stand des Lehrlings ein Symbol für Aufklärung[173]. Exemplarisch sei verwiesen auf die erste Reise des Suchenden, auf der ihm gesagt wird:

> „Die Binde vor Ihren Augen ist ein Sinnbild der Leidenschaft, des Vorurteils und der Unwissenheit. Sie verbirgt uns die Gefahren, die uns auf unserem Lebensweg drohen."[174]

Diese Konnotation der masonischen Lichtsymbolik ist im Kern eine Mahnung, sich um ein rechtes Verhältnis zur Wahrheit zu bemühen und nicht „als Wahrheit auszugeben, was eigenes Vorurteil ist"[175].

2.5.2 Symbolik des Wanderns

Wie dargestellt ist das Wandern ein Kernbestandteil freimaurerischer Rituale. Im Ritual der AFAM nimmt die Anzahl der Reisen mit jedem Grad ab: Während der Lehr-

---

nic Ceremonies, in: JUNGABERLE H., WEINHOLD, J. (Hg.), Rituale in Bewegung. Rahmungs- und Reflexivitätsprozesse in Kulturen der Gegenwart, Berlin 2006, 87-108.
172 Vgl. AFAM, Instruktion, 7-12; 54 f.
173 Vgl. HÖHMANN, Analysen, 233.
174 Ritualhandbuch I, 38. Die Lichtgebung, also die Entfernung der Augenbinde, veranschaulicht im Umkehrschluss die Beseitigung von Vorurteil und Unwissenheit symbolisch.
175 HÖHMANN, Analysen, 233.

ling sich auf drei symbolische Reisen begibt und der Geselle zweimal reist, hat der Meister nur eine Wanderung zu beschreiben. Abgesehen vom grundsätzlichen, symbolischen Gehalt der Wanderschaft als Lebensreise verdeutlicht sie, dass die masonischen Rituale keineswegs Offenbarungs- bzw. „Verkündigungsrituale"[176] sind, sondern „Erprobungsrituale"[177], die in der Deutung offen sind und Korrektive in der individuellen Wegbeschreibung zulassen. Der Grundtonus freimaurerischer Rituale zielt insbesondere im dritten Grad auf das Unterwegs-Sein zwischen Geburt und Tod ab, um nicht nur das *Stirb*, sondern auch und insbesondere das *Werde* symbolisch erlebbar zu machen[178]. Insbesondere die drei um den Teppich kreisenden und am Ausgangspunkt, dem Westen, endenden Reisen des Lehrlings veranschaulichen ein Verhaftet-Sein in einem konstanten Zentrum und das gleichzeitige sich in Frage-Stellen bzw. das Einnehmen wechselnder Perspektiven[179]. Die unter 4.7 annäherungsweise zu thematisierende Arkandisziplin lässt sich auch vor dem Hintergrund verstehen, dass z.B. das symbolische Wandern den Kern der Person tangiert und insofern eine gewisse Schützenswertigkeit beanspruchen muss[180].

---

176 Höhmnn, Analysen, 234.
177 Höhmann, Analysen, 234.
178 Vgl. Höhmann, Analysen, 234.
179 Vgl. Höhmann, Analysen, 234.
180 Vgl. Höhmann, Analysen, 234.

2.5.3 Symbolik des Bauens

Die Symbolik des Bauens ist ein historisch bedingtes Spezifikum der Freimaurerei. Nahezu alle Symbole der Johannismaurerei sind Anlehnungen an die historische Verankerung in der Tradition der maurerischen Zünfte. Nicht nur statische Symbole wie Winkelmaß und Zirkel, der vierundzwanzig-zöllige Maßstab, der raue Stein, der Spitzhammer, das Senkblei, die Wasserwaage und die Kelle, sondern auch das Reden vom Tempelbau, die Hiramslegende und schließlich der Große Baumeister aller Welten sind diesem Symbolfeld zuzuordnen. Wie dargestellt spricht das Ritual der AFAM in der festlichen Einleitung des Rituals des ersten Grades davon, dass die zum Bau des Tempels der Humanität nötigen Steine die Menschen sind[181]. Darin ist nicht die Forderung nach einer ideologischen Unterordnung der Menschen als „passives Material"[182], sondern ein Appell an ihre Verantwortung, sich selbst und anderen gegenüber, zu sehen[183]. Zusammenfassend und mit einem pragmatischen Unterton schreibt Höhmann zur masonischen Bausymbolik:

> „Wer helfen will, eine humane Welt zu errichten, muss sich ein realitätsnahes, den Dunstkreisen der Stammtische fernes Bild der Wirklichkeit verschaffen und mit anderen Menschen guten Willens um Erkenntnis dessen ringen, was eine humane Welt angesichts menschenfeindlicher Tendenzen heutzutage bedeuten kann und wie eine solche Welt wenigstens ansatzweise zu erreichen wäre."[184]

---

181 Vgl. Ritualhandbuch I, 22.
182 Höhmann, Analysen, 237.
183 Vgl. Höhmann, Analysen, 237.
184 Höhmann, Analysen, 237.

2.6 Der freimaurerische Gottesbegriff – Ein Annäherung

Die *Basic Principles for Grand Lodge Recognition* aus dem Jahr 1989 benennen unter den Kriterien der Regularität auch, dass Freimaurer „innerhalb ihrer [gemeint ist die jeweilige Großloge, Verf.] Zuständigkeit [...] an ein höchstes Wesen glauben [müssen]"[185]. In der Ritualausgestaltung der AFAM wird dieser Grundsatz durch den im Ritual gebrauchten Begriff des Großen Baumeisters aller Welten verwirklicht. Die Versuche zu spezifizieren, was denn nun mit diesem Begriff gemeint ist, sind unüberschaubar zahlreich. Oft wird darauf verwiesen, dass der GBaW in der Freimaurerei nicht spezifiziert wird, damit der freimaurerischen Toleranz Raum gegeben wird und jeder Bruder in diesen Begriff eine seiner religiösen Überzeugung entsprechende Bedeutung hineinlegen kann. Begrifflich ist die Bezeichnung des GBaW vermutlich Hebr 11,10[186] entnommen. Eine repräsentative Deutung des Begriffes des GBaW gibt es schlichtweg nicht. Eine Vertiefung erübrigt sich gewissermaßen, wenn man davon ausgeht, dass der freimaurerische Gottesbegriff lediglich eine gut gemeinte Worthülse sein soll, in die jeder Bruder seine eigene religiöse Überzeugung hineinlegen kann, da nicht mehr darüber zu sagen wäre.

Daher soll an dieser Stelle der Blick auf einen anderen An-

---

185 The Basic Priciples [sic!] for Grand Lodge Recognition (1989), in: Freimaurerlexikon, 33 f., 34.
186 Hebr 11,10: „Denn er wartete auf die Stadt, die einen festen Grund hat, deren Baumeister und Schöpfer Gott ist."

satz, auf den u.a. Hans-Hermann Höhmann[187] aufmerksam macht, gelenkt werden. Er weist darauf hin, dass die AFAM keinen gemeinsamen Gottesbegriff hat und die „symbolische Präsenz eines Großen Baumeisters aller Welten"[188] im Ritual nicht mit den Gottesvorstellungen verschiedener Religionen zu identifizieren ist. Außerdem wird mit dem GBaW auch nicht eine Minimalforderung der Freimaurerei an ihre Brüder benannt.

> „Das Symbol des ‚Großen Baumeisters' stellt vielmehr das umfassende Sinnsymbol des Bundes dar und ist als solches vom Freimaurer zu respektieren, denn ethisch orientiertes Handeln setzt in masonischer Sicht die Anerkennung eines übergeordneten sinngebenden Prinzips voraus, das Verantwortung begründet und auf das die Ethik des Freimaurers letztlich rückbezogen ist."[189]

In der Konzeption Höhmanns ist der GBaW ein Symbol für den Sinn der freimaurerischen Arbeit überhaupt und deutet lediglich einen Bezug zur Transzendenz an, wobei mit Transzendenz hier nicht in ihrem religiösen Sinn als Überschreitung der Immanenz zu verstehen ist, sondern als Überschreitung des Selbst im Sinne eines „Über-sich-Hinausgehens"[190].[191]

---

187 Hans-Hermann Höhmann bekleidete neben zahlreichen Funktion innerhalb der AFAM auf Ebene der Großloge zudem das Amt des Vorsitzenden der Freimaurerischen Forschungsgesellschaft bzw. der Forschungsloge Quatuor Coronati.
188 HÖHMANN, Analysen, 45.
189 HÖHMANN, Analysen, 45.
190 TUGENDHAT, Ernst, Anthropologie statt Metaphysik, München 2010, 15.
191 Vgl. HÖHMANN, Analysen, 45.

Ein areligiöses Verständnis des Symbols des GBaW könnte auch darauf abheben, symbolisch zu veranschaulichen, dass die Freimaurerei unter einem ethischen Anspruch steht, der sich ihrer Verfügung entzieht und insofern über ihr steht.

Mögen solche Deutungen auch mit dem Selbstverständnis der AFAM durchaus kompatibel sein, so wird sie sich nicht in Einklang bringen lassen mit jenen Großlogen, die explizit auf ein wie auch immer ausgestaltetes christliches Bekenntnis bestehen, wie beispielsweise der FO in Deutschland. Die VGL legte 2006 ein Elaborat von Ferdinand Runkel aus dem Jahr 1932 neu auf, das den spezifisch christlichen Charakter der Freimaurerei bzw. des FO stark betont. Er schreibt darin:

> „Nur wer diese urchristliche Gottes-Offenbarung ohne die hinein verwobenen Anschauungen späterer Zeiten ergriffen hat, wird die Ordenslehre in ihrer vollen, Leben weckenden und erlösenden Kraft empfinden."[192]

Ergänzend führt er aus:

> „Christus ist der Ordensherr, er der für der Menschen Schuld das Kreuz getragen und sie durch sein Blut geheiligt hat […] Er ist der Baumeister des neuen Tempels."[193]

---

192 RUNKEL, Ferdinand, Geschichte der Freimaurerei in drei Bänden. Hg. von den Vereinigten Großlogen von Deutschland, Bd. 2, Bonn 2006, 147.
193 RUNKEL, Geschichte der Freimaurerei 2, 148.

Der FO hat sich von dieser Haltung nie offiziell entfernt[194]. Vor diesem Hintergrund sind auch im wissenschaftlichen Diskurs über Freimaurerei und Religion die unterschiedlichen Selbstverständnisse der jeweiligen Großlogen zu betonen.[195]

2.7 Die Arkandisziplin – zwischen Offenheit und Verschwiegenheit

Die freimaurerische Verschwiegenheit ist zweifältig. Obgleich hier erhebliche Divergenzen sowohl zwischen verschiedenen Großlogen als auch einzelnen Freimaurern bestehen, herrscht Einigkeit darin, dass die Arkandisziplin zunächst eine zwischenmenschliche Komponente hat. Die Verschwiegenheit, die ein angehender Freimaurer bei seiner Aufnahme gelobt, ist zunächst institutionalisiertes Vertrauen, das gewährleistet, dass Brüder einander alles anvertrauen können, ohne Sorge haben zu müssen, dass der Inhalt intimer Gespräche nach außen dringt[196]. Ansichten, inwieweit die Verschwiegenheitspflicht sich auf die Rituale bezieht, divergieren stark. Dies hat zur Folge, dass innerhalb der Freimaurerei große Unsicherheit besteht hinsichtlich der Frage, was Außenstehenden gesagt werden darf, ohne dabei das

---

194 Vgl. GRÜN, Klaus-Jürgen, Über das unglückliche Verhältnis zwischen Freimaurerei und Religion, in: QC Jahrbuch für Freimaurerforschung 49 (2012), 31-46,38.
195 Vgl. HÖHMANN, Analysen, 195-197.
196 Vgl. HÖHMANN, Analysen, 321.

„Kerngeheimnis"[197] zu verletzen[198]. Höhmann, selbst Freimaurer und insofern vor jedem antimasonischen Affekt gefeit, bemerkt kritisch:

> „Die Fähigkeit, gehaltvoll über das Ritual zu sprechen und zugleich das ‚Kerngeheimnis' nicht preiszugeben, ist unterentwickelt, zumal die Ergebnisse der neueren Ritualforschung, die hier zu Kompetenz und Auskunftsfähigkeit verhelfen könnten, bis in die Spitzen der maurerischen Hierarchien hinein weitgehend nicht zur Kenntnis genommen wurden. Ersatzweise begnügt man sich dann zuweilen mit der Mitwirkung an fragwürdigen Fernsehfilmen (besonders abschreckend: die ARD-Produktion ‚Tempel, Logen, Rituale')."[199]

Die freimaurerische Ordnung der AFAM besagt lediglich, dass Zeichen, Wort und Griff, die Erkennungszeichen der jeweiligen Grade, mit der Freimaurer sich einander zu erkennen geben können und die somit auch ein Abbild der zwischenmenschlichen Dimension freimaurerischer Arkandisziplin sind, in jedem Fall der Verschwiegenheit unterliegen[200]. Soziologisch betrachtet dürfte das Bewusstsein, ein gemeinsames Geheimnis zu haben, für das Gruppengefühl nicht unerheblich sein. Das Gelöbnis, Verschwiegenheit zu bewahren, kann als eine Art Gruppenvertrag betrachtet werden[201]. Bezüglich der Ritualtexte weist die Freimaurerische Ordnung der AFAM darauf hin, dass ein Freimaurer „in der

---
197 HÖHMANN, Analysen, 190.
198 Vgl. HÖHMANN, Analysen, 190.
199 HÖHMANN, Analysen, 190.
200 Vgl. AFAM, Freimaurerische Ordnung, 44.
201 Vgl. HÖHMANN, Analysen, 21 f.

Begegnung mit Außenstehenden […] abwägen [muss] zwischen dem Gebot zur Verschwiegenheit und dem Interesse des Außenstehenden"[202] und leitet daraus in Bezug auf *Profane* ab, dass sie „zu gedeckten Arbeiten keinen Zutritt"[203] haben und ihnen „auch der Zutritt zu einem zur Arbeit eingerichteten Tempel untersagt"[204] ist.

Ergänzend gilt die Arkandisziplin auch innerhalb der Freimaurerei. Meister werden angehalten, Lehrlingen oder Gesellen Inhalte des Meistergrades nicht preiszugeben[205]. Dahinter steht im Wesentlichen das Anliegen, die einem Lehrling oder Gesellen noch bevorstehenden Erlebnisse der Beförderung bzw. Erhebung nicht vorwegzunehmen[206]. Selbst in Bezug auf die Hochgradmaurerei, die gemeinhin weit weniger öffentlich in Erscheinung tritt als die Johannismaurerei, wird von Freimaurern darauf hingewiesen, dass Rituale, Zeichen und Passwörter von der Antimasonerie aufgedeckt bzw. von Freimaurern selbst öffentlich erörtert worden sind und nicht der gelobten Verschwiegenheit unterliegen können[207]. Als Begründung hierfür wird ergänzend angeführt, dass das eigentliche Geheimnis die persönliche Verinnerlichung des in den Ritualen Erlebten und seiner Natur nach unaussprechlich sei[208]. In dieser Deutung der Arkandisziplin wird dann in Bezug auf die Preisgabe des eigentlich Geheimen von *nicht können* und nicht von *nicht dürfen* gesprochen[209].

---

202 AFAM, Freimaurerische Ordnung, 44.
203 AFAM, Freimaurerische Ordnung, 44.
204 AFAM, Freimaurerische Ordnung, 44.
205 Vgl. Ritual III, 37.
206 Spöttisch, aber nicht restlos unzutreffend nennt Kiszely, Hochgrade, 10, diese Praxis den „Kinderschokolade-Effekt".
207 Vgl. Kiszely, Hochgrade, 9.
208 Vgl. Kiszely, Hochgrade, 9.
209 Vgl. Kiszely, Hochgrade, 9 f.

Vor dem Hintergrund, dass Rituale, Passwörter und Zeichen weitgehend, wenn auch nicht restlos, öffentlich zugänglich sind, stellt sich die Frage nach dem Zweck und den Grenzen der Arkandisziplin. Sie stellt sich in besonderer Schärfe dort, wo Freimaurer über die Freimaurerei Forschung betreiben, dabei mit Außenstehenden in einem Austausch stehen, und dennoch gewissermaßen unter dem Damoklesschwert stehen, innere Angelegenheiten ihrer Loge nicht nach außen tragen zu dürfen. Eine Art Rechtssicherheit gibt es in diesem Bereich nicht.[210]

---

210 Anlässlich 275-jährigen Jubiläums der Freimaurerei in Deutschland wurde am 29. September 2012 eine festliche Tempelarbeit in der Hamburger Michaelskirche abgehalten, deren Beginn die Vertreter der Presse beiwohnen durften. Diese bemüht medienwirksame Öffentlichkeitsarbeit einerseits und das gleichzeitige Einfordern der gelobten Verschwiegenheit andererseits stehen in einem bislang ungelösten Spannungsverhältnis.

Teil 2

Katholische Kirche und Freimaurerei

1   Vorbemerkungen

Die Darstellung des spannungsreichen Verhältnisses von Freimaurerei und Kirche in Vergangenheit und Gegenwart ist nicht nur auf kirchlicher, sondern auch auf freimaurerischer Seite bisweilen einseitig, falsch, tendenziös oder zumindest wenig kontextbezogen. Als Beispiel lässt sich das 1925 erstmals erschienene Elaborat von Arthur Singer „Der Kampf Roms gegen die Freimaurerei" benennen, in dem der Autor behauptet, die „Herausgabe der zweiten päpstlichen Bulle [gemeint ist die Bulle *Providas* durch Benedikt XIV., Verf.] gegen die Freimaurerei fand einen mächtigen Widerhall"[211]. Der Autor simuliert eine Rezeption der päpstlichen Bulle, die es so – sieht man einmal von der iberischen Halbinsel ab – in Europa nicht nachweislich gab[212]. Ein weiteres, frühes, Prachtexemplar persiflierender Geschichtsschreibung aus masonischer Feder ist „Die katholische Geistlichkeit und die Freimaurerei" von Reinhold Taute, das die unhaltbare und wissenschaftlich sonst nicht vertretene Behauptung aufstellt, Benedikt XIV. und sein Nachfolger Pius IX. seien Freimaurer gewesen[213]. Als vergleichbar problematisch auf katholischer Seite kann z.B. Paolo M. Siano gelten, der in einem vermeintlichen Fachartikel einen kausalen Zusammenhang

---

211   SINGER, Arthur, Der Kampf Roms gegen die Freimaurerei, Leipzig/Oldenburg 1925, 27; vgl. DIERICKX, Einsicht und Würdigung, 71.
212   Vgl. DIERICKX, Einsicht und Würdigung, 71.
213   Vgl. TAUTE, Reinhold. Die katholische Geistlichkeit und die Freimaurerei. Ein kulturgeschichtlicher Rückblick, Berlin 1909, 21 f.

zwischen Freimaurerei und der *Kultur des Todes* konstruiert, und u.a. behauptet, Ziel der Initiationsgrade sei die Androgynie des Neophyten, ohne sich dabei auf einen repräsentativen Ritualtext oder die repräsentative Deutung eines solchen beziehen zu können[214].

Bedauernswert ist, dass die spezifisch kirchenrechtliche Einordnung des Verhältnisses zwischen Freimaurerei und katholischer Kirche insbesondere auf freimaurerischer Seite nur teilweise berücksichtigt worden ist und, sofern überhaupt eine Rezeption stattfand, nicht selten simplifiziert wiedergegeben wird. Rolf Appel etwa, eine bedeutende und verdiente Persönlichkeit der deutschen Freimaurerei[215] und Partizipiant jener Gespräche zwischen Freimaurerei und Kirche, die der *Lichtenauer Erklärung* unmittelbar vorausgingen, vertrat die verkürzte Haltung, mit der Streichung des Begriffs *Freimaurerei* aus dem CIC sei es einem Katholiken nun ohne weiteres möglich, Freimaurer zu werden[216]. Selbstverständlich ließe sich vor diesem Hintergrund ebenfalls kritisch anfragen, ob es den Organen der Kirche überhaupt gelang, ihre Position so zur Sprache zu bringen, dass sie dem Anspruch der Kommunikabilität auch wirklich gerecht wurden. Anders formuliert: Wenn es hinsichtlich der kirchlichen Posi-

---

214 Vgl. SIANO, Paolo M., Die Freimaurerei und die „Kultur des Todes", in: Forum Katholische Theologie 24 (2008), 123-141.
215 Zu den zahlreichen Verdiensten Appels gehören u.a. seine Tätigkeit als Zugeordneter Großmeister der AFAM (1964-1967), Erarbeitung des Ritualwerks der AFAM (1979-1982, mit Wolfgang Scherpe und Klaus Horneffer), Redakteur der freimaurerischen Zeitschrift *Humanität* (1990-1995), Aufbau und Erweiterung des Bauhütten-Verlags (1963-1983) u.v.m.
216 Vgl. hierzu den Video-Ausschnitt des 2010 auf DVD erschienenen Gesprächs von KNUT TERJUNG MIT ROLF APPEL.

tion zur Freimaurerei Missverständnisse gab und gibt, könnte dies nicht mitunter auch an der Ungenauigkeit dieser Position selbst liegen?

2 Päpstliche Verurteilungen vor dem CIC/1917

Einer Beleuchtung des Verhältnisses zwischen Kirche und Freimaurerei im Lichte der Codices von 1917 und 1983 hat zunächst eine Darstellung der kirchlichen Verurteilungen vor 1917 vorauszugehen. Dabei dürfen zwei Dinge nicht übersehen werden: Die Initiative, Freimaurerei zu verurteilen, ging keineswegs nur von der katholischen Kirche aus, sondern zunächst von Autoritäten sowohl katholischer als auch protestantischer Staaten. Zudem ist zu berücksichtigen, dass die tatsächlichen Auswirkungen kirchlicher Verurteilungen bisweilen überschaubar waren, da sie nicht verkündet wurden, und Katholiken des entsprechenden Landes von den Verurteilungen entweder überhaupt keine Kenntnis nahmen oder aber sie aufgrund des Rechtsgrundsatzes *lex non promulgata non obligat* als für sie nicht verpflichtend betrachteten[217].

Aufgrund politischer Bedenken erging die erste Verurteilung der Freimaurerei durch die Staaten von Holland und Friesland im Jahre 1735. 1736 verbot der Rat der Zweihundert im calvinistischen Genf die Freimaurerei, da sie eine „Hochschule des Unglaubens"[218] sei. In Paris kam es am 10. September 1737 zu einer Razzia gegen eine freimaurerische Zusammenkunft. Der Premierminister Ludwig XV.,

---

217 Vgl. DIERICKX, Einsicht und Würdigung, 66 f.
218 DIERICKX, Einsicht und Würdigung, 61.

Kardinal Fleury, erlies ein Dekret, demzufolge das freimaurerische Geheimnis ein strafwürdiges Unternehmen sei. Zudem untersagte er Adligen, die der Freimaurerei angehörten, den Zutritt zum königlichen Hof. 1738 forderte der Hamburger Senat den Stuhlmeister der ansässigen Loge auf, sie aufzulösen. Im gleichen Jahr wurde von Friedrich I., dem protestantischen König Schwedens, ein Edikt erlassen, das freimaurerische Zusammenkünfte unter Androhung der Todesstrafe verbot.[219]

Ausschlaggebend für die erlassenen Verbote durch staatliche Autoritäten war die Verschwiegenheitspflicht, die man geradezu als Beleg für konspirierendes, staatsfeindliches Betragen sah.[220]

2.1 Clemens XII. In eminenti apostolatus specula (28.04.1738)[221]

Die Bulle *In eminenti* stellt die erste kirchliche Verurteilung der Freimaurerei dar. Ihre Bedeutsamkeit ergibt sich vor allem daraus, dass staatliche wie kirchliche Autoritäten später oft auf sie rekurrieren werden. Unter Berufung auf seine Pflicht, für die Reinheit der Lehre zu sorgen und Irrtümer abzuwenden, führt der Papst die Gründe seiner Verurteilung aus. Vor dem Hintergrund der aufklärerischen Geisteshaltung des 18. Jahrhunderts und der hiermit bisweilen verbun-

---

219 Vgl. DIERICKX, Einsicht und Würdigung, 61 f.
220 Vgl. BINDER, Die Freimaurer, 40 f.
221 CLEMENS XII., Bulle *In eminenti apostolatus specula* vom 28.04.1738, in: CICfontes I, Nr. 299, 656 f.

denen Neigung zu einem deistischen Gottesbild, irritiert es nicht, dass der Papst sich veranlasst sah, unter Bezugnahme auf die Anderson'schen Konstitutionen und die darin enthaltene Verpflichtung auf die Religion, in der alle Menschen übereinstimmen, eine Verurteilung auszusprechen. Eine Differenzierung zwischen religiösem Indifferentismus – den ein Papst bereits aufgrund seines Selbstverständnisses nicht unkommentiert lassen kann – und religiöser Toleranz etwa in dem Sinne, wie sie im 20. Jahrhundert durch das Zweite Vatikanische Konzil ausbuchstabiert werden sollte, gab es noch nicht.[222]

Ähnlich wie bereits die Verurteilungen durch staatliche Organe, bezieht sich Clemens XII. zudem auch auf die Geheimhaltung, die, wie er in einem dritten Argument ausführt, geeignet ist, die Ruhe des Gemeinwesens zu stören[223]. Zudem schreibt der Papst von „anderen uns bekannten, gerechten und billigen Ursachen"[224], ohne auszuführen, worauf er sich bezieht.

---

222 Vgl. KOTTMANN, Freimaurer und katholische Kirche, 152; DIERICKX, Einsicht und Würdigung, 64 f.
223 Vgl. DIERICKX, Einsicht und Würdigung, 65, Kottmann, Freimaurer und katholische Kirche, 153.
224 Im Wortlaut der Bulle: „[...] aliisque de iustis, ac rationabilius causis nobis notis [...]", CELMENS XII., *In eminenti apostolatus specula* vom 28.04.1738, in: CIC-Fontes, I, Nr. 299, 656. Mellor vermutet, der Papst beziehe sich hier auf die auf dem Festland bestehenden Gruppen der Stuart-Gegner, um deren Einfluss zu schwächen und den Thronprätendenten der Stuarts zu unterstützen. Dierickx weist diese Vermutung zurück und hält es für wahrscheinlicher, dass der Papst hier die Mitgliedschaft einiger bedeutender Katholiken bzw. Kleriker in Freimaurerlogen im Sinn hat, die Problematik aber nicht weiter ausführen will; vgl. hierzu DIERICKX, Einsicht und Würdigung, 66; MELLOR, Alec, Unsere getrennten Brüder, die Freimaurer. Aus dem Französischen übersetzt von Gerolf Coudenhove, Graz 1964, 177 f.

Von besonderer kirchenrechtlicher Relevanz ist die in der Bulle verhängte Strafe der dem Papst vorbehaltenen Exkommunikation, und zwar sowohl für Mitgliedschaft in einer Freimaurerloge als auch für die Unterstützung einer solchen Vereinigung, etwa in Gestalt von Zurverfügungstellung von Räumlichkeiten[225]. Diese Differenzierung zwischen Mitgliedschaft und Förderung (die eine Mitgliedschaft ja keineswegs voraussetzt) findet sich im CIC wieder.

Zur Kenntnis genommen wurde diese erste, die Freimaurerei verurteilende, Bulle nur wenig. Dies ist darauf zurückzuführen, dass die absolutistischen Regierungen des 18. Jahrhunderts päpstlichen Dokumenten das Exequatur verweigern konnten und dies auch taten, mit der Konsequenz, dass ein Erstarken in Rechtskraft in den entsprechenden Gebieten ausblieb[226]. Nur in Portugal, Spanien, Polen und den päpstlichen Gebieten wurde die Bulle Clemens XII. tatsächlich verkündet[227].

---

225 Vgl. KOTTMANN, Freimaurer und katholische Kirche, 151, dort Fn. 500.
226 Kardinal Fleury, zu diesem Zeitpunkt Premierminister unter Ludwig XV., verhinderte die Bekanntmachung der Bulle in Frankreich. Er begründete dies mit den bereits vom König verhängten Maßnahmen gegen die Freimaurerei, die ausreichend seien; vgl. hierzu LIGOU Daniel, La Réception en France des Bulles Pontificales condamnant la Franc Maçonnerie, in: Koeppel, Philippe (Hg.), Papes et Papauté au XVIIIe siècle. VIe colloque Franco-Italien organisé par la Société française d'étude du XVIIIe siècle, Paris 1999, 205-217, 208 f.
227 Vgl. KOTTMANN, Freimaurer und katholische Kirche, 153.

2.2 Benedikt XIV. Providas Romanorum Pontificum (18.05.1751)[228]

Mit Benedikt XIV. bestieg ein vielseitiger, gebildeter und für seine Zeit nicht unmoderner Mann den Stuhl Petri. Er schloss zahlreiche Konkordate mit europäischen Staaten und erkannte Friedrich II.[229] als König von Preußen an. Als Intellektueller seiner Zeit war er durchaus respektiert. Voltaire etwa widmete ihm das Werk *Mahomet le Prophète*. Zudem war Benedikt XIV. der erste Papst, der sich des Instruments der Enzyklika[230] bediente.[231]

Hartnäckig hielt sich in Bezug auf Benedikt XIV. das Gerücht, er sei selbst in Bologna in die Freimaurerei initiiert worden, bevor sie verboten worden ist. Die Tatsache, dass die Freimaurerei zum Zeitpunkt der vermeintlichen Initiation in Italien noch gar nicht Fuß gefasst hatte, widerlegt dieses Gerücht.[232]

---

228 BENEDIKT XIV., Bulle *Providas Romanorum Pontificum* vom 18.05.1751, in: CICfontes II, Nr. 412, 315-318.
229 Friedrich II. war selbst seit 1738 Freimaurer und legte durch eine Logengründung in Rheinsberg den Grundstein für die spätere, seit 1946 wieder bestehende Große National-Mutterloge „Zu den drei Weltkugeln".
230 Das Instrument der Enzyklika im Sinne eines gedruckten, an den Episkopat sowie die übrigen Gläubigen, u. U. auch alle Menschen guten Willens gerichteten Rundschreibens wurden von Benedikt XIV. erstmals gebraucht. Enzykliken enthalten keine Normen der kanonischen Rechtsordnung; vgl. hierzu MAY, Georg, Art. Enzyklika, in: LThK 3, 697 f.
231 Vgl. DIERICKX, Einsicht und Würdigung, 69; BAUTZ, Friedrich Wilhelm, Art. Benedikt XIV. (Papst), in: BBKL I, Hamm 1975, 490 f.; SCHWAIGER, Georg, Art. Benedikt XIV., in LThK 2 209 f.
232 Vgl. KOTTMANN, Freimaurer und Kirche, 155, dort Fn. 515. Zum Ge-

Benedikt XIV. wiederholt zunächst wörtlich einige Sätze aus der Bulle seines Vorgängers. Er wendet sich zudem gegen das Missverständnis, die Verurteilung der Freimaurerei durch Clemens XII. sei nicht mehr in Kraft, da er, sein Nachfolger, diese Verurteilung nicht bestätigt habe. Schließlich führt Benedikt XIV. fünf Gründe für die Verurteilung der Freimaurerei an:

1. Die Gefährdung der Reinheit der katholischen Religion durch Zusammenschlüsse von Menschen verschiedener Religionen und Sekten.
2. Die Geheimhaltung, die auf tadelnswertes Treiben bei den Versammlungen schließen lässt.
3. Der Eid, durch den das Recht des Staates, sich gegebenenfalls nach staatsgefährdenden Handlungen zu erkundigen, untergraben wird.
4. Die Tatsache, dass zu freimaurerischen Versammlungen kein freier Zutritt besteht, was der bürgerlichen und kirchlichen Versammlungsfreiheit entgegenstehe.
5. Der Umstand, dass die Freimaurerei bereits von mehreren Regierungen verboten worden ist.[233]

---

rücht, Benedikt XIV. sei selbst Freimaurer gewesen, vgl. DUCHAINE, Paul, La Franc-maçonnerie belge au XVIIIième siècle, Brüssel 1911 473 f. Zur Widerlegung der Behauptung vgl. Van der SCHELDEN, Bertrand, La Franc-Maçonnerie belge sous le régime autrichien (1721 – 1794). Étude hist. et crit., Louvain 1923, 42-45.

233 Vgl. DIERICKX, Einsicht und Würdigung, 69 f.; Kottmann, Freimaurer und katholische Kirche,154-157.

Der von dem freimaurerischen Autor Singer behauptete „mächtige Wiederhall"[234], den diese zweite päpstliche Bulle gegen die Freimaurerei angeblich in Europa verursachte, lässt sich nicht bestätigen. Zwar wurde die Inquisition auf der iberischen Halbinsel der Bulle entsprechend tätig, allerdings gab es aus den übrigen europäischen Ländern nahezu keine Reaktionen.[235]

2.3 Pius VII. Ecclesiam a Iesu Christo (21.09.1821[236])[237]

Mit Pius VII. wurde ein reformfreudiger, der modernen Kultur nicht abgeneigter Theologe zum Nachfolger Petri gewählt.[238]

---

234 SINGER, Kampf, 27. Dierickx setzt sich kritisch mit Singer auseinander und benennt dessen sachliche Fehler; vgl. hierzu DIERICKX, Einsicht und Würdigung, 71 f.
235 Vgl. DIERICKX, Einsicht und Würdigung, 70.
236 Diese Angabe findet sich bei AUBERT, Roger, Art. Pius VIII., in: LThK 8, 328. Kottmann hingegen gibt als Datum den 13.09.1821 an; vgl. hierzu KOTTMANN, Freimaurer und katholische Kirche, 158.
237 PIUS VII. Konstitution *Ecclesiam a Iesu* vom 13.09.1821, in: CICfontes II, Nr. 479, 721-724.
238 Pius VII. ernannte Ercole Consalvi zum Staatssekretär. Zu seinen Verdiensten gehören Konkordate mit Napoléon I., die trotz einiger Zugeständnisse der Kirche wichtige Vorteile brachten. Den päpstlichen Primat rückte er durch seine Forderung nach Rücktritt aller Bischöfe des Ancien régimes deutlich ins Bewusstsein. Er weigerte sich, in der kriegerischen Auseinandersetzung zwischen Frankreich und England Stellung zugunsten Frankreich zu beziehen, woraufhin Napoléon Rom besetzte. Pius VII. reagierte mit der Exkommunikation Napoléons, woraufhin dieser den Papst – von seinen Beratern getrennt – in Savonna gefangensetzte. Pius VII. zog 1814 nach

Der Entstehung der für das Verhältnis der Kirche zur Freimaurerei einschlägigen Konstitution *Ecclesiam a Iesu Christo* ging bereits 1814 eine Verordnung für den Kirchenstaat voraus, in der – unter Bezugnahme auf die Ausführungsbestimmungen zur Bulle *In eminenti* – festgelegt wurde, dass es unter Androhung körperlicher Züchtigungen und Vermögenseinziehung verboten sei, freimaurerischen Vereinigungen bzw. den Carbonari[239] (die Papst Pius VII. als identisch mit den Freimaurern betrachtete) anzugehören oder diese zu fördern. Zudem sah die Verordnung eine Denunziationspflicht vor, der zufolge der Denunzierende einen angemessenen Anteil des eingezogenen Vermögens erhalten sollte.[240]

In der Konstitution *Ecclesiam a Iesu Christo* vom 21.09.1821 dehnte Pius VII. die Maßnahmen gegen die Freimaurerei auch auf nichtpäpstliche Gebiete aus. Angehörige der Freimaurerei werden, wie bereits in den vorausgehenden Bullen Clemens' XII. und Benedikts XIV., mit der dem Heiligen

---

dem Sturz Napoléons wieder in Rom ein. Der Kirchenstaat wurde durch den Wiener Kongress wiederhergestellt und von Consalvi neu organisiert. Pius VII. bemühte sich um Erneuerungen im geistlichen Leben, etwa durch Volksmissionen, Förderung des Wallfahrtswesen u.v.m.); vgl. hierzu AUBERT, Roger, Art. Pius VII., in: LThK 8, 327-329.

239 Zwar weisen die Carbonari in ihrer Ritualistik und Gradstruktur Ähnlichkeiten mit der Freimaurerei auf. Allerdings hatten sie das spezifisch politische Programm, das Risorgimento, also das Bestreben nach einem unabhängigen, liberalen und geeinten Italien, mit Gewalt zu fördern. Hierin liegt auch der wesentliche Unterschied zur Freimaurerei: Bei ihr steht eine abstrakte Idee im Zentrum, bei den Carbonari ein konkretes politisches Ziel; vgl. hierzu DIERICKX, Einsicht und Würdigung, 77; Art. Carbonari, in: Freimaurerlexikon, 169 f.

240 Vgl. SIX, Franz A., Freimaurerei und Christentum. Ein Beitrag zur politischen Geistesgeschichte, Hamburg 1940, 43 f.

Stuhl vorbehaltenen Exkommunikation bedroht. Die bereits in der Verordnung für den Kirchenstaat enthaltene Denunziationspflicht übernimmt die Konstitution. Zudem wird ebenfalls unter Androhung der Exkommunikation verboten, masonische Schriften zu lesen oder zu besitzen. Sie waren der kirchlichen Obrigkeit zu übergeben.[241]

2.4 Leo XII.
Quo graviora (13.03.1825)[242]

Papst Leo XII.[243] wandte sich in seiner Konstitution *Quo graviora* allgemein gegen Geheimbünde, zu denen er die Freimaurerei sowie die Carbonari zählt. Er verweist zudem auf den vorausschauenden Charakter der Bulle *In eminenti* und bestätigt die Einschätzung der Freimaurerei als staatsgefährdend. Zudem wird die angedrohte Strafe der Exkommunikation für Mitglieder der genannten Geheimbünde bestätigt.[244]

---

241 Vgl. KOTTMANN, Freimaurer und katholische Kirche, 159, dort insbesondere Fnn. 535 f.
242 LEO XII., Konstitution *Quo graviora* vom 13.03.1826, in: CICfontes II, Nr. 481, 727-733.
243 LEO XII. war Papst von 28.09.1823 bis 10.02.1829 und zeitweise Gegenspieler von Consalvi, übernahm allerdings dessen Konkordatspolitik. Zu seinen Verdiensten gehören u.a. die Förderung von Akademien und Bibliotheken sowie Reformen der Kurie und der Orden; vgl. hierzu KÖHLER, Oskar, Art. Leo XII., in: LThK 6, 827 f.
244 Vgl. KOTTMANN, Freimaurer und katholische Kirche, 160; Dierickx, Einsicht und Würdigung, 77 f.

2.5 Pius VIII.
Traditi humilitati nostrae
(24.05.1829)[245]

Mit Pius VIII. verfasst ein Papst erstmals im Modus der Enzyklika eine Verurteilung der Freimaurerei. In *Traditi humilitati nostrae* legt der Papst das Programm seines Pontifikates dar. Abgesehen von der Behauptung, das Seelenheil insbesondere junger Menschen sei gefährdet durch das Wirken subversiver Geheimgesellschaften in Schulen, die sie zu einem lasterhaften Leben verleiten, findet sich eine weitgehende argumentative Übereinstimmung mit den Verurteilungen der vorausgehenden Päpste, namentlich *In eminenti*, *Providas Romanorum*, *Ecclesiam a Iesu*, und *Quo graviora*, auf die Pius VIII. explizit verweist.[246]

---

245 Pius VIII., Enzyklika *Traditi humilitati nostrae* vom 24.05.1829, in: Magnum Bullarium Romanum, Continuatio, Tomus XVIII, Pii VIII., hg. v. Andreas Barbèri, bearbeitet von Segreti, Rainaldi, Rom 1856, photomechanischer Nachdruck, Graz 1964, 17-20.
246 Vgl. Kottmann, Freimaurer und katholische Kirche, 161, Pius VIII., Enzyklika *Traditi humilitati nostrae*, in: Magnum Bullarium Romanum, Continuatio, Tomus XVIII, Pii VIII., hg. v. Andreas Barbèri, bearbeitet von Segreti, Rainaldi, Rom 1856, photomechanischer Nachdruck, Graz 1964, 19.

2.6 Gregor XVI.
Mirari vos arbitramur
(15.08.1832)[247]

Obgleich die Bulle *Mirari vos arbitramur* die Freimaurerei nicht als solche nennt, ist doch der Bezug auf selbige deutlich, wenn die Enzyklika von bestimmten geheimen Gesellschaften spricht. Dass religiöser Indifferentismus bzw. die Trennung von Staat und Kirche inzwischen Eingang gefunden hatte in die Verfassungen verschiedener Nationalstaaten führt Gregor XVI. auf das Wirken der genannten Geheimgesellschaften zurück. *Mirari vos* wendet sich in erster Linie gegen politische Strömungen, namentlich den Nationalismus und den Liberalismus. Wenngleich das Rekurrieren auf nur abstrakt genannte geheime Gesellschaften und deren Wirken als eine übertreibende, verschwörungstheoretische Elemente aufnehmende Darstellung erscheinen mag, so ist nicht von der Hand zu weisen, dass es zumindest inhaltliche Überschneidungen zwischen den Prinzipien der Freimaurerei, namentlich der Toleranz, der Religions- und Gewissensfreiheit und dem erstarkenden Liberalismus gab. Vor diesem Hintergrund ist zumindest nachvollziehbar, warum Gregor XVI. hier einen Zusammenhang sieht. Dass er mit seiner Einschätzung nicht restlos falsch lag, wird deutlich durch den fünf Jahre nach *Mirari vos* aufgekommenen Kulturkampf in Belgien, in welchem die Freimaurerei eine nicht unwesentliche Rolle spielte[248].

---

247 GREGOR XVI., Enzyklika *Mirari vos arbitramur* vom 15.08.1832, in: CICfontes II, Nr. 458, 744-752.
248 Vgl. DIERICKX, Einsicht und Würdigung, 80-83. Hier ist insbesondere zu beachten, dass die Beteiligung des belgischen Großorients

2.7 Pius IX. (16.06.1846 – 07.02.1878)

Auch wegen seiner Länge[249] ist das Pontifikat Pius IX. für eine Untersuchung der päpstlichen Verurteilungen der Freimaurerei ertragreich. Ähnlich wie bereits Benedikt XIV. sah sich Pius IX. dem Gerücht ausgesetzt, er sei selbst in die Freimaurerei initiiert worden[250].

In dem als *Antrittsenzyklika* bezeichneten Dokument[251] *Qui pluribus* vom 09.11.1846[252], das sich u.a. gegen den

---

am politischen Geschehen nur möglich war, weil er sich von seinen eigenen Grundsätzen lossagte und sie ins Gegenteil verkehrte. Als Theodore Verhaegen, Stifter der freien Universität von Brüssel, zum Großmeister gewählt wurde, wurde der bei der Gründung des belgischen Großorients verkündete Artikel 135 aufgehoben, der besagte, dass die Logen „sich keinesfalls mit politischen und religiösen Fragen beschäftigen" sollen. 1856 wurde der Artikel umgekehrt, und die ausdrückliche Pflicht zu politischer Beteiligung erklärt. De facto sagte sich der belgische Großorient von den Grundsätzen der Anderson'schen Konstitutionen los; vgl. hierzu DIERICKX, Einsicht und Würdigung 83; SINGER, Kampf, 77, der zudem darauf hinweist, dass z.B. die deutsche Freimaurerei jeglichen Kontakt mit dem belgischen Großorient abbrach.

249 Mit einer Dauer von über 31 Jahren ist das Pontifikat Pius IX. die längste nachweisbare Amtszeit eines Papstes bislang.

250 Kottmann und Singer berichten von dem Gerücht, Pius IX. sei als Nuntius in Philadelphia in Pennsylvania in eine Loge aufgenommen worden. Dieses Gerücht wird bereits durch die Tatsache widerlegt, dass Pius IX. (bzw. Giovanni M. Mastai-Feretti), niemals Nuntius, sondern lediglich Auditor mit einer päpstlichen Gesandtschaft in Chile war. Ein Aufenthalt in Philadelphia wird – abgesehen von diesem Gerücht – sonst nirgends behauptet; vgl. hierzu KOTTMANN, Freimaurer und katholische Kirche, 163; SINGER, Kampf 79 f., dort Fn. 57.

251 Vgl. SINGER, Kampf, 81; KOTTMANN, Freimaurer und katholische Kirche, 163.

252 PIUS IX., Enzyklika *Qui pluribus* vom 09.11.1846, in: CICfontes, II, Nr. 504, 807-817.

Kommunismus wendet und ihn als widernatürlich benennt, wird die Freimaurerei namentlich nicht erwähnt. Allerdings bezieht er sich im Kontext wiederholt genannter *geheimer Sekten* auf *Providas* und die Konstitution *Ecclesiam a Iesu*, also jene Schreiben, die bereits zuvor explizit die Freimaurerei verurteilt hatten[253]. Neben dem Kommunismus wendet sich Pius IX. in dieser Enzyklika auch gegen geheime Sekten, die gegen Staat und Kirche agieren, womit sicher nicht nur, aber auch die Freimaurerei gemeint ist. Unter anderem aus dem Grund, dass es dem Zweck einer Enzyklika nicht angemessen wäre, finden sich in *Qui pluribus* keine kirchenrechtlichen Normen[254].

In der Ansprache *Quibus quantisque* vom 20.04.1849[255], die Pius IX. kurz nach der Ausrufung der römischen Republik am 09.02. des gleichen Jahres hielt, nimmt er Bezug auf die Enzyklika *Qui pluribus* und wiederholt die Ächtung jener geheimen Sekten – die Freimaurerei wird als solche wiederum namentlich nicht genannt – die nicht nur dem Seelenheil, sondern auch dem Wohle der bürgerlichen Gesellschaft schaden.[256]

Weder die Enzyklika *Quanta Cura* vom 08.12.1864[257], noch der in einem Anhang angefügte *Syllabus errorum*[258]

---

253 Vgl. Pius IX., Enzyklika *Qui pluribus* vom 09.11.1846, in: CICfontes, II, Nr. 504, 807-817, 817.
254 Vgl. Kottmann, Freimaurer und katholische Kirche, 165.
255 Pius IX., Allokution Quibus *quantisque malis* vom 20.04.1849, in: CICfontes II, Nr. 507, 823-837
256 Vgl. Pius IX., Allokution *Quibus quantisque malis* vom 20.04.1849, in: CICfontes II, Nr. 507, 823-837; Kottmann, Freimaurer und katholische Kirche, 165; Singer, Kampf, 82.
257 Pius IX., Enzyklika *Quanta Cura* vom 08.12.1964, in: ASS III (1867/68), 163-166.
258 Pius IX., Syllabus complectens praecipuos nostrae aetatis errores qui

nennen die Freimaurerei beim Namen, bezeichnen aber unter anderem Ideen als Irrtümer, die für die Freimaurerei konstitutiv sind. Beispielsweise führt der *Syllabus errorum* die Religionsfreiheit, wie sie auch von der Freimaurerei vertreten wird, als Irrtum auf:

> „Es ist jedem Menschen freigestellt, jene Religion anzunehmen und zu bekennen, die er mit dem Lichte der Vernunft als die wahre erachtet."[259]

Des Weiteren nimmt der Syllabus in § 4 neben Kommunismus und Sozialismus Bezug auf *societates clandestinae* und verweist auf päpstliche Dokumente, in denen diese Vereinigungen verurteilt wurden.[260]

Namentlich nennt Pius IX. die Freimaurerei erstmals in der Allocutio *Multiplices inter* vom 25.09.1865[261]. Auch Pius IX. stellt einen Zusammenhang zwischen den Carbonari und der Freimaurerei her[262]. Zudem findet sich hier eine Formu-

---

notantur in Encyclicis aliisque apostolicis literris sanctissimi Domini nostri PII Papae IX., in: ASS III (1867), 168-176.

259 Pius IX., Syllabus, in: ASS III (1867), 168-176, 170. Deutsche Übersetzung hier zitiert nach Dierickx, Einsicht und Würdigung, 85.

260 Verwiesen wird u.a. auf die Enzyklika *Qui pluribus* und die Allokution *Quibus quantisque* und deren negative Haltung zu nicht näher spezifizierten Geheimgesellschaften; vgl. hierzu Pius IX., Syllabus, in: ASS III (1867) 168-176, 170 f.

261 Pius IX., Allokution *Multiplices inter* vom 25.09.1865, in: ASS I (1865/66) 193-196.

262 Pius IX., Allokution *Multiplices inter* vom 25.09.1865, in: ASS I (1865/66) 193-196, 194: „Iamvero quum improborum furor minime conquiescent, recens ortam *Carbonariorum* sectam in Italia praesertim longe lateque propagatam Pius VII Praecessor Noster anathemate perculit, parique incensus animarum studio Leo XII tum superiores quas memoravimus clandestinas societates, tum quascumque alias

lierung, die für die Genese der späteren Normen von *Apostolicae Sedis*, des can. 2335 CIC/1917 und schließlich des c. 1374 des CIC wegen des ähnlichen Wortlauts von Belang ist:

> „[...] Massonicam illam, aliasque eiusdem generis Societates quae specie tenus diversae in dies coalescunt, quaeque contra Ecclesiam vel legitimas potestates seu palam, seu clandestine machinentur [...]"[263]

Inhaltlich knüpft Pius IX. in *Multiplices inter* an die Verurteilungen der Freimaurerei durch seine Vorgänger Clemens XII., Pius VII. und Leo XII. an und bestätigt sie[264]. Etwas modifiziert findet sich die oben wiedergegebene Formulierung auch in der, das kirchliche Strafrecht vereinfachenden und somit praktikabler machenden Konstitution *Apostolicae Sedis*[265] vom 12.10.1869. Den einführenden Worten der Konstitution zufolge erachtete Pius IX. eine Revision des Strafrechts für notwendig, da Unklarheiten und Skrupel jene,

---

quovis tandem nomine appellatas, quae contra Ecclesiam, civilemque potestatem conspirarent, Apostolicis suis Litteris condemnavit, atque universis fidelibus sub gravissima excommunicationis poena prohibuit."

263 Pius IX., Allokution *Multiplices inter* vom 25.09.1865, in: ASS I (1865/66) 193-196, 195.

264 Vgl. z.B. Pius IX., Allokution *Multiplices inter* vom 25.09.1865, in: ASS I (1865/66) 193-196, 193: „Enimvero Clemens XII Praedecessor Noster Apostolicis suis Litteris eamdem sectam proscripsit improbavit, ac fideles universos ab illa nedum ineunda, sed vero etiam quovis modo promovenda iuvandaque deterruit, indicta excommunicationis poena ipso facto incurrenda, et per Romanum dumtaxat Pontificem relaxandu."

265 Pius IX. Konstitution *Apostolicae Sedis* vom 12.10.1869, in: ASS V (1869) 305-331, ebenfalls abgedruckt in: CICfontes III, Nr. 552, 24-31.

die die Sorge für die Seelen tragen, davon abhalten, die strafrechtlichen Normen der Kirche entsprechend ihrem Zweck anzuwenden. Zu Beginn der Konstitution weist Pius IX. zudem darauf hin, dass die bestehenden kanonischen Strafen in ihrer bisherigen Form in Kraft bleiben, ausgenommen jene, die in der Konstitution behandelt werden.[266]

Die Konstitution *Apostolicae Sedis* bezieht sich nur auf von selbst eintretende *(per modum latae sententiae ipsoque facto incurrendae)* Beugestrafen (Exkommunikation, Suspension, Interdikt), und benennt insgesamt 45 Tatbestände, die die Exkommunikation, 19 welche die Suspension und fünf, die das Interdikt nach sich ziehen.[267]

In *Apostolicae Sedis* wird unter § 2 Art. 4 die Mitgliedschaft in der Freimaurerei zu jenen Delikten gezählt, durch die der Täter sich die in dem apostolischen Stuhl vorbehaltene Tatstrafe der Exkommunikation zuzieht:

> „Excommunicationi latae sententiae Romano Pontifici reservatae subiacere declaramus: [...] Nomen dantes sectae Massonicae, aut Carbonariae, aut aliis eiusdem generis sectis quae contra Ecclesiam vel legitimas potestates seu palam, seu clandestine machinantur, nec non iisdem sectis favorem qualemcumque praestantes; earumve occultos coriphaeos ac duces non denunciantes, donec non denunciaverint."[268]

---

266 Vgl. Pius IX. Konstitution *Apostolicae Sedis* vom 12.10.1869, in: ASS V (1869) 305-331, 305 f.; Kottmann, Freimaurer und katholische Kirche, 171, dort Fn. 586.
267 Vgl. Kottmann, Freimaurer und katholische Kirche, 171, Fn. 586.
268 Pius IX. Konstitution *Apostolicae Sedis* vom 12.10.1869, in: ASS V (1869) 305-331, 310 f.

Pius IX. wandte sich in der Enzyklika *Etsi multa luctuosa* vom 21.11.1873[269] abermals gegen die Freimaurer. Die Enzyklika wandte sich u.a. gegen die Altkatholiken und ihren ersten Bischof Joseph Hubert Reinkens, den die Enzyklika namentlich nennt, als Pseudo-Bischof bezeichnet und dessen Exkommunikation sie erklärt.[270]

Mit scharfer Rhetorik nimmt die Enzyklika Bezug auf die Freimaurerei. Pius IX. bezeichnet sie als *Synagoge Satans*[271] und hebt darüber hinaus hervor, dass die kirchlichen Verurteilungen der Freimaurerei selbstverständlich auch für die amerikanische Freimaurerei[272] gelten, was sicher darauf zurückzuführen ist, dass die Freimaurerei in den USA damals wie heute vor allem als karitativ ausgerichtete Vereinigung in Erscheinung tritt und zudem fernab vom politischen Treiben der Carbonari war, sodass nicht in restloser Klarheit feststand, ob sie von den päpstlichen Verurteilungen ebenso betroffen war.

---

269 Pius IX. Enzyklika *Etsi multa luctuosa* vom 21.11.1873, in: ASS VII (1872/73) 465-497.

270 Vgl. Pius IX. Enzyklika *Etsi multa luctuosa* vom 21.11.1873, in: ASS VII (1872/73) 465-497, 495 f.

271 „Verum quisquis probe noverit indolem, studia, propositum sectarum, sive masonicae dicantur, sive alio quovis nomine veniant, eaque conferat cum indole, ratione, amplitudine huius concertationis, qua ferme ubique terrarum Ecclesia impetitur, ambigere non poterit, quin praesens calamitas fraudibus et machinantionibus earumdem sectarum potissimum accepta referenda sit. Ex his namque coalescit synagoga Satanae quae contra Ecclesiam Christi suas instruit copias, infert signa, et manum conserit." Pius IX. Enzyklika *Etsi multa luctuosa*, in: ASS VII (1872/73) 465-497.

272 „Exponite iis saepe, et altius animis defigite Pontificas hac de re constitutiones et edocete, non unos ab iis parcelli masonicos coetus in Europa institutos, sed omnes quotquot in America, aliisque totius orbis plagis habentur." Pius IX., Enzyklika *Etsi multa luctuosa* vom 21.11.1873, in: ASS VII (1872/73) 465-497, 478.

Obgleich einzelne Teilnehmer des Ersten Vatikanischen Konzils (08.12.1869 – 20.10.1870) das Thema *Freimaurerei* zur Sprache brachten[273], spielte es weder im Verlauf noch in den Ergebnissen des Konzils eine nennenswerte Rolle. Wenngleich das Erste Vatikanum u.a. wegen der Dogmatisierung der päpstlichen Unfehlbarkeit und des Jurisdiktionsprimates sowie seinen Aussagen zum Verhältnis zwischen Vernunft und Glaube von herausragender Bedeutung war und ist, so ist eine Betrachtung seiner Texte im Kontext des hier zu behandelnden Zueinanders von Kirche und Freimaurerei nicht von bemerkenswerter Bedeutung.[274]

Ein Ansatz, die Aussagen des Ersten Vatikanums in positiver Weise auf die Freimaurerei zu beziehen, könnte im Kontext der Würdigung der Vernunft durch das Konzil geschehen. In Kapitel 2 der dogmatischen Konstitution *Dei Filius*[275] ist unter Bezugnahme auf Röm 1, 20 festgehalten, dass „Gott, der Ursprung und das Ziel aller Dinge, mit dem natürlichen Licht der menschlichen Vernunft aus den geschaffenen Dingen gewiß erkannt werden kann"[276]. Je nach Aus-

---

273 So etwa durch Mainzer Bischof Wilhelm Emmanuel Freiherr von Ketteler (1811-1877), der den Vorschlag einbrachte, die Befolgung und Umsetzung der bereits bestehenden Verurteilungen der Freimaurerei in den Bistümern einzufordern. Vgl. hierzu: Kottmann, Freimaurer und katholische Kirche, 177. Für den Wortlaut des Vorschlags siehe Mansi, Johannes Dominicus, Sacrorum conciliorum nova et amplicissima collectio 31, Florenz/Venedig 1757-1798, Neudruck und Fortsetzung, hg. von Petit, L./Martin, J. B., 60 Bände, Paris 1899-1927, hier: Bd. 53 (1927), 356-378.
274 Vgl. Kottmann, Freimaurer und katholische Kirche 176-178.
275 I. Vatikanisches Konzil, Dogmatische Konstitution *Dei Filius* vom 24.04.1870, in: ASS 5 (1869/70) 462-471; DH 3000-3075.
276 I. Vatikanisches Konzil, Dogmatische Konstitution *Dei Filius* über den katholischen Glauben, Cap. 2 De revelatione: „Eadem sancta mater Ecclesia tenet et docet, Deum, rerum omnium principium

richtung einer Großloge ließe sich unter Umständen sagen, dass die Freimaurerei sich nur im Bereich der menschlichen Vernunft bewegen kann und will, und somit – im Bewusstsein ihrer eigenen Unvollkommenheit – keineswegs dazu nötigt, sich der übernatürlichen Offenbarung zu verschließen. Ihr Proprium sieht die AFAM u.a. in der Selbstbescheidung hinsichtlich Fragen des Glaubens. Vor diesem Hintergrund ließe sich das für die reguläre Freimaurerei konstitutive Symbol des GBaW als Anerkennung der vernünftigen Erkennbarkeit Gottes verstehen.

2.8 Leo XIII. (20.02.1878 – 20.07.1903)

Die Enzyklika *Humanum genus* vom 20.04.1884[277] ist das erste von insgesamt sieben Dokumenten aus dem Pontifikat Leos XIII.[278], in welchen die Freimaurerei scharf und teilweise unter Bezugnahme auf haltlose masonophobe Gerüchte, etwa der Unbekannten Oberen, denen der einzelne Bruder

---

et finem, naturali humanae rationis lumine e rebus creatis certo cognosci posse; […]"; Wortlaut entnommen aus DH 3004.
277 Leo XIII., Enzyklika *Humanum genus* vom 20.04.1884, in: CICfontes III, Nr. 591, 221-234.
278 Aufgrund der Annexion des Kirchenstaates 1870 war Rom als Ort für das Konklave unter den wählenden Kardinälen umstritten. Es fand schließlich am 18.02.1878 dennoch im Rom unter Anwesenheit fast aller Kardinäle statt. Am Vormittag des 20.02.1878 wurde Vincenzo Gioacchino Pecci zum Papst gewählt, der seinen Amtsantritt allen, auch nichtkatholischen Staatsoberhäuptern anzeigte, mit Ausnahme der italienischen Regierung. Er führte die Kirche in eine durch die industrielle Revolution stark umgeformte Welt und legte mit der Enzyklika *Rerum novarum* die Grundlage der katholischen Soziallehre; vgl. hierzu Köhler, Oskar, Art.: Leo XIII, in: LThK 6, 828-830.

uneingeschränkten Gehorsam schuldet, oder, dass Freimaurer, die gegen die Arkandisziplin verstoßen, von ihren Brüdern hingerichtet würden, verurteilt wurde.²⁷⁹

Die Enzyklika ist vor dem Hintergrund sozio-politischer Entwicklungen ihrer Zeit zu sehen, insbesondere des wachsenden und aggressiven Antiklerikalismus in Frankreich²⁸⁰ und Entwicklungen in Folge der Annexion des Kirchenstaates durch den Einmarsch italienischer Truppen. Alec Mellor²⁸¹ zufolge erfasst der Papst die politischen Ziele der italienischen Freimaurerei durchaus richtig, nämlich „die gesamte religiöse und staatliche Ordnung, nämlich wie sie das Christentum begründet hat, von Grund aus zu stür-

---

279 „Revera si qui prodidisse disciplinam, vel mandatis restitisse iudicentur, supplicium de iis non raro sumitur, et audacia quidem ac dexteritate tanta, ut speculatricem ac vindicem scelerum iustitiam sicarius persaepe fallat. – Atqui simulare, et velle in occulto latere; obligare sibi homines, tamquam mancipia, tenacissimo nexu, nec satis declarata caussa: alieno addictos arbitrio ad omne facinus adhibere: armare ad caedem dextras, quaesita impunitate peccandi, immanitas quaedam est, quam rerum natura non patitur. Quapropter societatem, de qua loquimur, cum iustitia et naturali honestate pugnare, ratio et veritas ipsa convincit." LEO XIII., Enzyklika *Humanum genus* vom 20.04.1884, in: CICfontes III, Nr. 591, 221-234, 223 f.

280 Im Ergebnis führte der Antiklerikalismus zu einer drastischen Beschneidung kirchlicher Tätigkeitsfelder. Katholischen Universitäten in Frankreich wurde das Prüfungsrecht und das Recht, akademische Würden zu verleihen, entzogen, der Religionsunterricht aus dem Lehrplan gestrichen, Ordensschulen zwangsweise aufgelöst. Selbst die Wahrnehmung ihrer Kernkompetenzen, z.B. die Gefängnis- und Krankenhausseelsorge, wurden der Kirche verboten. Diese Entwicklung schrumpfender kirchlicher Mitgestaltung des gesellschaftlichen Lebens bilden den Hintergrund der päpstlichen Verurteilungen; vgl. hierzu KOTTMANN, Freimaurer und katholische Kirche, 178 f., Fn. 613.

281 Vgl. MELLOR, Unsere Brüder, 331.

zen und nach ihrem Gutdünken eine neue zu schaffen auf Grund der Anschauungen und Gesetze des Naturalismus"[282]. Gleich zu Beginn der Enzyklika teilt Leo XIII. die Welt in zwei Reiche, das Reich Gottes auf Erden und das Reich des Satans. Letzteres, so Leo XIII., werde unterstützt von den Freimaurern. Die Enzyklika rekurriert auf die zahlreichen Verurteilungen der Freimaurerei durch die Vorgänger Leos XIII. und verweist zudem darauf, dass in Holland, Österreich, in der Schweiz, Spanien, Bayern, Savoyen und Ländern Italiens die Freimaurerei für staatsgefährlich erklärt wurde[283].

Im Unterschied zu seinen Vorgängern, die aus der Geheim-

---

282 „Eo vel magis, quod ipsius naturam ab honestate dissidentem alia quoque argumenta eademque illustria redarguunt. Ut enim magna sit in hominibus astutia celandi consuetudoque mentiendi, fieri tamen non potest, ut unaquaeque caussa ex iis rebus, quarum caussa est, qualis in se sit non aliqua ratione appareat. Non potest arbor bona malos fructus facere; neque arbor mala bonos fructus facere. (Matth. VII, 18) Fructus autem secta Massonum perniciosos gignit maximaque acerbitate permixtos. Nam ex certissimis indiciis, quae supra commemoravimus, erumpit illud, quod est consiliorum suorum ultimum, scilicet evertere funditus omnem eam, quam instituta christiana pepererunt, disciplinam religionis reique publicae, novamque ad ingenium suum extruere, ductis e medio Naturalismo fundamentis et legibus." Leo XIII., Enzyklika Humanum genus vom 20.04.1884, in: CICfontes III, Nr. 591, 221-234, 223 f. Deutsche Übersetzung hier zitiert nach Ulitzka, Carl (Hg.), Lumen de caelo. Praktische Ausgabe der wichtigsten Rundschreiben Leo XIII. und Pius XI. in deutscher Sprache mit Übersicht und Sachregister, Ratibor 1934, 253-271, 256 f.

283 „In quo Pontificibus valde assentiri plures viri principes rerumque publicarum rectores visi sunt, quibus curae fuit societatem Massonicam vel apud Apostolicam Sedem arguere, vel per se, latis in id legibus, noxae damnare, ut in Hollandia, Austria, Helvetia, Hispania, Bavaria, Sabaudia aliisque Italiae partibus." Leo XIII., Enzyklika Humanum genus vom 20.04.1884, in: CICfontes III, Nr. 591, 221-234, 222 f.

haltung der Freimaurerei auf deren kirchen- und staatsfeindliches Betragen schlossen, stellt Leo XIII. fest, dass die Freimaurerei nun öffentlich als solche in Erscheinung tritt, ihre eigenen Publikationsorgane besitzt, aber dennoch den Charakter einer Geheimgesellschaft habe[284]. Leo XIII. betrachtet den Naturalismus als ideelle Grundlage der Freimaurerei, weswegen er sich in *Humanum genus* energisch gegen diesen wendet und unterstellt in diesem Zusammenhang, die Freimaurerei untergrabe das Lehramt der Kirche und die Autorität des Staates[285].

Richtig stellt Leo XIII. fest, dass die Freimaurerei ihren Mitgliedern keineswegs explizit abverlangt, den katholischen Glauben zu leugnen. Allerdings leitet er daraus ab, dass gerade die religiöse Indifferenz der Freimaurerei zur Ausbreitung des Irrtums beitrage, demzufolge es keinen Unterschied zwischen den verschiedenen Religionen gebe, obgleich der

---

[284] „Quae quamvis nunc nolle admodum videantur latere in tenebris, et suos agant coetus in luce oculisque civium, et suas edant ephemeridas, nihilominus tamen, re penitus perspecta, genus societatum clandestinarum moremque retinent." Leo XIII., Enzyklika Humanum genus vom 20.04.1884, in: CICfontes III, Nr. 591, 221-234, 223 f.

[285] „Nunc vero in iis rebus, que religionem attingunt, spectetur quid agat, praesertim ubi est ad agendi licentiam liberior, secta Massonum: omninoque iudicetur, nonne plane re exequi Naturalistarum decreta velle videatur. Longo sane pertinacique labore in id datur opera, nihil ut Ecclesiae magisterium, nihil auctoritas in civitate possit: ob eamque caussam vulgo praedicant et pugnant, rem sacram remque civilem esse penitus distrahendas. Quo facto saluberrimam religionis catholicae virtutem a legibus, ab administratione reipublicae excludunt: illudque est consequens, ut praeter instituta ac praecepta Ecclesiae totas constituendas putent civitates." Leo XIII., Enzyklika Humanum genus vom 20.04.1884, in: CICfontes III, Nr. 591, 221-234, 223.

katholische Glaube als der allein wahre nicht anderen Religionen gleichgestellt werden kann.[286]

Zudem weist Leo XIII. in *Humanum genus* darauf hin, dass die Freimaurerei ihren Mitgliedern große Freiheit bezüglich ihrer Meinung über das Dasein Gottes lasse und aufgrund dieser Freiheit auch Gottesleugner in die Freimaurerei aufgenommen werden. Werde aber die Existenz Gottes in Frage gestellt, so mit ihr auch andere, vernünftig erkennbare Wahrheiten wie die Erschaffung aller Dinge durch Gottes freien Willen, die Unsterblichkeit der Seelen, und das dem irdischen folgende ewige Leben.[287]

---

286 „Quod si, qui adscribuntur in numerum, nequaquam eiurare conceptis verbis instituta catholica iubentur, id sane tantum abest, ut consiliis Massonum repugnet, ut potius adserviat. Primum enim simplices et incautos facile decipiunt hac via, multoque pluribus invitamenta praebent. Tum vero obviis quibuslibet ex quovis religionis ritu accipiendis, hoc assequuntur, ut re ipsa suadeant magnum illum huius temporis errorem, religionis curam relinqui oportere in mediis, nec ullum esse inter genera discrimen. Quae quidem ratio comparata ad interitum est religionum omnium, nominatim ad catholicae, quae cum una ex omnibus vera sit, exaequari cum ceteris sine iniuria summa non potest." Leo XIII., Enzyklika Humanum genus vom 20.04.1884, in: CICfontes III, Nr. 591, 221-234, 226.

287 „Re autem vera initiatis magnam secta licentiam dat, ut alterutrum liceat suo iure defendere, Deum esse, Deum nullum esse: et qui nullum esse praefracte contendant, tam facile initantur, quam qui Deum esse opinantur quidem, sed de e prava sentiunt, ut Pantheistae solent: quod nihil est aliud, quam divinae naturae absurdam quamdam speciem retinere, veritatem tollere. Quo everso infirmatove maximo fundamento, consequens est ut illa quoque vacillent, quae natura admonente cognoscuntur, cunctas res libera creatoris Dei voluntate exitisse: mundum providentia regi: nullum esse animorum intertitum: huic quae in terris agitur, hominum vitae successuram alteram eamque sempiternam." Leo XIII., Enzyklika Humanum genus vom 20.04.1884, in: CICfontes III, Nr. 591, 221-234, 226.

Aus dem religiösen Indifferentismus der Freimaurerei schlussfolgert Leo XIII. sodann ihre sittliche Verderbtheit. Wer, wie die Naturalisten und die Freimaurer, die ewigen Gesetze der Sittlichkeit leugnet, verliert auch die Kriteriologie, anhand derer Recht von Unrecht unterschieden werden kann. Die Freimaurer leugneten außerdem die Erbsünde und suchten ihr Glück in irdischen Gütern, da ihnen die Hoffnung auf himmlische Güter fehle.[288]

---

288 „His autem dilapsis, quae sunt tamquam naturae principia, ad cognitionem usumque praecipua, quales futuri sint privati publicique mores, facile apparet. - Silemus de virtutibus divinioribus, quas absque singulari Dei munere et dono nec exercere potest quisquam, nec consequi: quarum profecto necesse est nullum in iis vestigium reperiri, qui redemptionem generis humani, qui gratiam caelestem, qui sacramenta, adipiscendamque in caelis felicitatem pro ignotis aspernantur. - De officiis loquimur, quae a naturali honestate ducuntur. Mundi enim opifex idemque providus gubernator Deus: lex aeterna naturalem ordinem conservari iubens, perturbari vetans: ultimus hominum finis multo excelsior rebus humanis extra haec mundana hospitia constitutus: hi fontes, haec principia sunt totius iustitiae et honestatis. Ea si tollantur, quod Naturalistae idemque Massones solent, continuo iusti et iniusti scientia ubi consistat, et quo se tueatur omnino non habebit. Et sane disciplina morum, quae Massonum familiae probatur unice, et qua informari adolescentem aetatem contendunt oportere, ea est quam et civicam nominant et solutam ac liberam; scilicet in qua opinio nulla sit religionis inclusa. At vero quam inops illa sit, quam firmitatis expers, et ad omnem auram cupiditatum mobilis, satis ostenditur ex iis, qui partim iam apparent, poenitendis fructibus. Ubi enim regnare illa liberius coepit, demota loco institutione christiana, ibi celeriter deperire probi integrique mores: opinionum tetra portenta convalescere: plenoque gradu audacia ascendere maleficiorum. Quod quidem vulgo conqueruntur et deplorant: idemque non pauci ex iis, qui minime vellent, perspicua veritate compulsi, haud raro testantur." Leo XIII., Enzyklika Humanum genus vom 20.04.1884, in: CICfontes III, Nr. 591, 221-234, 227 f.

Humanum genus stellt politische Entwicklungen, etwa die Möglichkeit der Ehescheidung und die Verdrängung der Kirche aus dem Schulbetrieb, ebenfalls in den Kontext des Naturalismus und der Freimaurerei. Darüber hinaus kritisiert Leo XIII. in *Humanum genus* die Demokratie grundsätzlich, indem er die Behauptung des gleichen Rechts aller sowie der Legitimation der Regierung durch das Volk als naturalistische bzw. freimaurerische Irrtümer bezeichnet. Da die Gesellschaft im Letzten durch Gott begründet werde, sei es nicht akzeptabel, Religion aus dem öffentlichen Leben zu verdrängen und in der bürgerlichen Gesetzgebung auf einen Gottesbezug zu verzichten. Die Freimaurerei mache zudem gemeinsame Sache mit dem Kommunismus und schmeichle sich ein bei Fürsten, um sie für den Kampf gegen die Kirche zu gewinnen.[289]

Leo XIII. bekräftigt in *Humanum genus* außerdem die Bestimmungen seiner Vorgänger, deren Zweck es ist, vor dem Eintritt in die Freimaurerei zu warnen bzw. zum Austritt aus selbiger zu motivieren.[290]

---

[289] „Sequuntur civilis decreta prudentiae. Quo in genere statuunt Naturalistae, homines eodem esse iure omnes, et aequa ac pari in omnes partes conditione: unumquemque esse natura liberum: imperandi alteri ius habere neminem: velle autem, ut homines cuiusquam auctoritati pareant, aliunde quam ex ipsis quaesitae, id quidem esse vim inferre. Omnia igitur in libero populo esse: imperium iussu vel concessu populi teneri, ita quidem, ut, mutata voluntate populari, principes de gradu deiici vel invitos liceat. Fontem omnium iurium officiorumque civilium vel in multitudine inesse, vel in potestate gubernante civitatem, eaque novissimis informata disciplinis. Praeterea atheam esse rempublicam oportere: in variis religionis formis nullam esse caussam, cur alia alii anteponatur: eodem omnes loco habendas." Leo XIII., Enzyklika Humanum genus vom 20.04.1884, in: CICfontes III, Nr. 591, 221-234, 228.

[290] „Vos autem, Venerabiles Fratres, rogamus, flagitamus, ut collata No-

In Folge der Enzyklika *Humanum genus* sah sich das Hl. Offizium dazu veranlasst, mit der Instruktion *Ad gravissima avertenda* vom 10.05.1884[291] zu präzisieren, dass die Tatstrafe der dem Papst vorbehaltenen Exkommunikation für alle Mitglieder der Freimaurerei oder anderer, gegen die Kirche agierender Sekten, galt. Das Hl. Offizium berief sich dabei auf *Apostolicae Sedis*. Zusätzlich führte die Instruktion aus, dass bereits die Mitgliedschaft in der Freimaurerei per se ausreiche, um sich die Tatstrafe der Exkommunikation zuzuziehen. Auch sprachlich rekurriert die Instruktion auf den Wortlaut der Konstitution *Apostolicae Sedis*[292]. Um katholi-

> biscum opera, exstirpare impuram hanc luem quae serpit per omnes reipublicae venas, enixe studeatis. Tuenda Vobis est gloria Dei, salus proximorum: quibus rebus in dimicando propositis, non animus Vos, non fortitudo deficiet. Erit prudentiae vestrae iudicare, quibus potissimum rationibus ea, quae obstabunt et impedient, eluctanda videantur. - Sed quoniam pro auctoritate efficii Nostri par est probabilem aliquam rei gerendae rationem Nosmetipsos demonstrare, sic statuite, primum omnium reddendam Massonibus esse suam, dempta persona, faciem: populosque sermone et datis etiam in id Litteris episcopalibus edocendos, quae sint societatum eius generis in blandiendo allicciendoque artificia, et in opinionibus pravitas, et in actionibus turpitudo. Quod pluries Decessores Nostri confirmarunt, nomen sectae Massonum dare nemo sibi quapiam de caussa licere putet, si catholica professio et salus sua tanti apud eum sit, quanti esse debet. Ne quem honestas assimulata decipiat: potest enim quibusdam videri, nihil postulare Massones, quod aperte sit religionis morumve sanctitati contrarium: verumtamen quia sectae ipsius tota in vitio flagitioque est et ratio et caussa, congregare se cum eis, eosve quoquo modo iuvare, rectum est non licere." Leo XIII., Enzyklika Humanum genus vom 20.04.1884, in: CICfontes III, Nr. 591, 221-234, 228 f.

291 S.C.S. Off., Instruktion *Ad gravissima avertenda* vom 10.05.1884, in: ASS XVII (1884/85), 43-47.

292 „Ne quis vero errori locus fiat, cum diudicandum erit, quaenam ex his perniciosis sectis censurae, que vero prohibitioni tantum obn-

sche Freimaurer zum Austritt aus der Freimaurerei zu motivieren bzw. ihnen den Austritt zu erleichtern, suspendierte die Instruktion für den Zeitraum eines Jahres die päpstliche Reservation der Exkommunikation sowie die Denunziationspflicht gegenüber den Leitern freimaurerischer Vereinigungen, für diejenigen, die aus den verbotenen freimaurerischen oder anderen Gruppierungen austreten wollten.[293]

In einem bereits am 07.03.1883 – also vor *Humanum genus* – verfassten Dekret[294] führt das Hl. Offizium aus, dass zur Befreiung von der Tatstrafe der Exkommunikation nötig sei, dass der Betroffene die Freimaurerei weder finanziell – etwa durch das Zahlen von Mitgliedsbeiträgen – noch anderweitig unterstützen darf, seinen Namen aus dem Mitgliederverzeichnis zu streichen und – soweit möglich – Wiedergutmachung zu leisten hat.[295]

In den Jahren 1890 und 1892 wandte sich Leo XIII. in drei Schreiben[296] an das Volk bzw. den italienischen Episkopat, in denen er aus der Beobachtung, dass seine bisherigen Ver-

---

oxiae sint, certum imprimis est, excommunicatione latae sententiae mulctari masonicam aliasque euis generis sectas, quae […] contra Ecclesiam vel legitimas potestas machinantur, sive id clam sive palam fecerint, sive exegerint sive non a suis asseclis secreti servandi iuramentum." S.C.S. Off., Instruktion *Ad gravissima avertenda* vom 10.05.1884, in: ASS XVII (1884/85), 43-47, 44.
293 Vgl. Kottmann, Freimaurer und katholische Kirche,185.
294 S.C.S. Off., Dekret vom 07.03.1883, in: CICfontes IV, Nr. 1080, 412.
295 Vgl. Kottmann, Freimaurer und katholische Kirche,186.
296 Leo XIII., Enzyklika *Dall'alto dell'Apostolico seggio* vom 15.10.1890, in: ASS XXIII (1890/91) 193-206; Leo XIII., Enzyklika *Inimica vis* vom 08.12.1892, in: ASS XXV (1892/93) 274-277; Leo XIII., Enzyklika *Custodi di quella fede* vom 08.12.1892, in: CICfontes III, Nr. 616, 387-392; Hiervon die deutsche Übersetzung in AfkKR 69 (1893) 148-157.

urteilungen der Freimaurerei nicht die erhoffte Umkehr auf masonischer Seite nach sich zog, ableitet, nun den Kampf gegen sie beginnen zu müssen. Als Begründung führt er zudem an, dass dieser Kampf aufgrund der von den Freimaurern angestrebten politischen Umwälzungen auch im Interesse des italienischen Volkes sei.[297]

In der Enzyklika *Custodi di quella fede* bescheinigt Leo XIII. der Freimaurerei eine „satanische Absicht"[298] und beschreibt eine Vielzahl gesellschaftlicher Phänomene, die er auf den religiösen und sozialen Verfall und in letzter Konsequenz auf die Freimaurerei zurückführt, darunter der mangelnde Respekt vieler Kinder vor der Autorität ihres Vaters, die Ehescheidung, erhöhte Kriminalitäts- und Suizidraten[299]. Wie bereits in seiner Enzyklika *Humanum genus* stilisiert Leo XIII. den Konflikt zwischen Freimaurerei und Kirche zu einem prinzipiellen Kampf zwischen Gut und Böse[300].

Das Schreiben *Praeclara gratulationis publicae* vom 20.06.1894[301], in dem Leo XIII. sich für zuvor von zahlreichen weltlichen Fürsten erhaltene Beglückwünschungen anlässlich des Jubiläums seiner Bischofsweihe bedankte, nutzt er zugleich, um den negativen Einfluss der Freimaurerei abermals zu thematisieren. Er weist darauf hin, dass insbesondere katholische Nationen von der Freimaurerei

---

297 Vgl. KOTTMANN, Freimaurer und katholische Kirche, 187.
298 LEO XIII., Enzyklika *Custodi di quella fede* vom 08.12.1892, in: AfkKR 69 (1893), 148-157, 149.
299 LEO XIII., Enzyklika *Custodi di quella fede* vom 08.12.1892, in: AfkKR 69 (1893), 148-157, 151 f.
300 LEO XIII., Enzyklika *Custodi di quella fede* vom 08.12.1892, in: AfkKR 69 (1893), 148-157, 156.
301 LEO XIII. Apostolisches Schreiben *Praeclara gratulationis publicae* vom 20.06.1894, in: CICfontes III, Nr. 625, 441-450.

angegriffen worden seien und behauptet unter anderem, die Freimaurerei verneine die Offenbarung, lehne alles Fromme als Aberglaube ab und sei bestrebt, das christliche Eheverständnis zu eliminieren.[302]

Vor dem Hintergrund politischer Entwicklungen in Italien zu Ungunsten der Kirche, wie z.B. der Schließung von Klöstern und der Einführung der Militärpflicht für Kleriker, die Leo XIII. in der auf Italienisch abgefassten Enzyklika *Spesse volte* vom 05.08.1898[303] kritisch kommentiert, schlägt er eine inhaltliche Brücke zur Freimaurerei, indem er darauf hinweist, dass – während die Kirche allerlei Unterdrückung zu erleiden hat – freimaurerische Vereinigungen große Freiheiten erhalten hätten.[304]

---

302 „Per speciem vindicandi iuris humani civilisque societatis instaurandae, christianum nomen hostiliter petit: traditam a Deo doctrinam repudiat: officia pietatis, divina sacramenta, tales res augustiores, tamquam superstitiosa vituperat: de matrimonio, de familia, de adolescentium institutione, de privata omni et publica disciplina, christianam formam detrahere nititur, omnemque humanae et divinae potestatis reverentiam ex animo evellere populorum. Praecipit vero colendam homini esse naturam, atque huius unius principiis aestimari ac dirigi veritatem, honestam, iustitiam oportere." LEO XIII. Apostolisches Schreiben *Praeclara gratulationis publicae* vom 20.06.1894, in: CICfontes III, Nr. 625, 441-450, 447; vgl. außerdem KOTTMANN, Freimaurer und katholische Kirche, 188, dort insbesondere Fn. 651.

303 LEO XIII. Enzyklika *Spesse volte* vom 05.08.1898, in: ASS XXXI (1898/1899) 129-137.

304 „Dopo rovesciato il principato civile dei Papi, si vennero in Italia togliendo gradatamente alla Chiesa cattolica i suoi elementi di vita e di azione, la sua naturale e secolare influenza nei pubblici e sociali ordinamenti. Con atti progressivi e coordinati a sistema si chiusero monasteri e conventi; si dissipò, colla confisca dei beni ecclesiastici, la massima parte del patrimonio della Chiesa: s'impose ai chierici il servizio militare; s'inceppò la libertà, dell' ecclesiasti-

Am 19.03.1902, etwa ein Jahr vor seinem Tod, verfasste Leo XIII. das Apostolische Schreiben *Annum ingressi sumus*[305], in dem er auf sein Pontifikat zurückblickt. Unter anderem kommt er dabei wieder – zum letzten Mal – auf die Freimaurerei zu sprechen, die er in gewohnt scharfem Ton als tödliche, der Gesellschaft ihre Lebenskraft raubende Krankheit bezeichnet. Leo XIII. rekurriert auf seine Enzyklika *Humanum genus* und fügt ihr inhaltlich nichts hinzu.[306]

> co ministero con disposizioni arbitrarie ed ingiuste; si mirò con isforzi perseveranti a cancellare da tutte le pubbliche istituzioni l'impronta religiosa e cristiana ; si favorirono i culti dissidenti, e mentre si concedeva la più ampia libertà alle sette massoniche, si riserbavano odiose intolleranze e vessazioni a quell'unica religione, che fu sempre gloria, presidio e forza degli italiani." Leo XIII. Enzyklika Spesse volte, vom 05.08.1898, in: ASS XXXI (1898/1899), 129.

305 Leo XIII., Apostolisches Schreiben *Annum ingressi sumus* vom 19.03.1902, in: ASS XXXIV (1901/02) 513-532 (dort in italienischer Sprache).

306 „Siffatte e simili accuse muovono dunque da pretto maltalento. E in quest'opera perniciosa e sleale va innanzi agli altri una setta tenebrosa, che la società porta da lunghi anni nei suoi fianchi, come un morbo letale che ne contamina la sanità, la fecondità e la vita. Personificazione permanente della rivoluzione, costituisce una specie di società a rovescio, il cui scopo è un predominio occulto sulla società riconosciuta, e la cui ragione di essere consiste nella guerra a Dio ed alla sua Chiesa. Non sarebbe d'uopo neppur nominarla ; che tutti raffigurano a questi contrassegni la *massoneria,* della quale parlammo di proposito nella Nostra Enciclica *«Humanum genus»* del 20 Aprile 1884, denunziandone le malefiche tendenze, le false dottrine, le opere nefaste. Questa setta che abbraccia nell'immensa rete quasi tutte le nazioni e si collega con altre sette che muove con occulti fili, allettando i suoi affigliati con l'esca dei vantaggi che loro procura, piegando i reggitori ai suoi disegni or con promesse, or con minacce, è giunta ad infiltrarsi in tutti gli ordini sociali ed a formare quasi uno Stato invisibile ed irre- sponsabile nello Stato legittimo. Piena dello spirito di Satana che, come diceva l'Apostolo, sa all'uopo trasfigurarsi

2.9 Freimaurerei und kirchliches Strafrecht vor dem CIC/1917 – Ergebnissicherung[307]

Während 1717 als Gründungsjahr der spekulativen Freimaurerei gilt, kann das Jahr 1738, in welchem Clemens XII. die erste antimasonische Bulle *In eminenti* verfasste, als Geburtsstunde eines spannungsreichen Verhältnisses zwischen katholischer Kirche und Freimaurerei bezeichnet werden. Keines der päpstlichen Dokumente zeichnet sich durch eine nähere Differenzierung zwischen verschiedenen Ausprägungen der Freimaurerei in verschiedenen Kulturkreisen aus. Wo Päpste, insbesondere Leo XIII., sich auf, aus ihrer Sicht unerwünschte, weil für die Kirche schädliche, politische Entwicklungen beziehen, diente die undifferenziert ins Spiel gebrachte Freimaurerei als Projektionsfläche, mit der die Umbrüche und Probleme der Zeit einem leicht zu benennenden, ideologischen Überbau zugeordnet werden konnten. Andererseits ist zu berücksichtigen, dass den päpstlichen Verurteilungen der

---

in angelo di luce (2 Kor 11,14), vanta fini umanitari, ma tutto sfrutta ad intento settario, e mentre dichiara di non aver mire politiche, esercita larga azione nel movimento legislativo e amministrativo dello Stato; mentre professa rispetto alle autorità imperanti e perfino alla religione, mira come a scopo supremo (ed i suoi stessi regolamenti lo affermano) allo sterminio dell'impero e del sacerdozio, considerati da essa come nemici della libertà." Leo XIII., Apostolisches Schreiben *Annum ingressi sumus* vom 19.03.1902, (ursprünglich in italienischer Sprache abgefasst), in: ASS XXXIV (1901/02) 513-532, 526 f.

307 Für die Entwicklungen zwischen Freimaurerei und Kirche auf partikularkirchlicher Ebene siehe Kottmann, Freimaurer und katholische Kirche, 190-194.

Freimaurerei Verurteilungen durch staatliche Autoritäten vorausgingen. Päpste, wie etwa Clemens XII. und Benedikt XIV. waren auch Kinder ihrer Zeit, als sie bereits bestehende Bedenken gegenüber der Freimaurerei übernahmen und sie um theologische Argumente ergänzten.

Die Rechtslage vor Promulgation des CIC/1917 lässt sich wie folgt zusammenfassen:

Clemens XII. verbat die Mitgliedschaft in der Freimaurerei bzw. die Unterstützung selbiger unter Androhung der dem Papst vorbehaltenen Exkommunikation. Seine Nachfolger Benedikt XIV. und Pius VII. übernahmen bzw. wiederholten dieses Urteil unverändert, wobei Pius VII. die Rechtslage um eine Denunziationspflicht für Freimaurer ergänzte und explizit die Lektüre und den Besitz masonischer Literatur verbietet. Pius IX. schloss sich zunächst dem Verbot der Mitgliedschaft in der Freimaurerei unter Androhung der dem Heiligen Stuhl vorbehaltenen Exkommunikation an. In der Konstitution *Apostolicae Sedis,* die in den Vorarbeiten zum Ersten Vatikanischen Konzil entstand und die zunehmend unübersichtlich gewordene Anhäufung von Strafandrohungen beseitigte bzw. neu ordnete, ist in Bezug auf die Mitgliedschaft in der Freimaurerei von *Excommunicatio latae sententiae Romano Pontifici reservatae* die Rede. Die Konstitution *Apostolicae Sedis* beinhaltete eine Zusammenstellung jener Beugestrafen, die mit Begehen der Tat eintreten, ohne dass es des Einschreitens einer kirchlichen Autorität bedürfte und ordnet die Exkommunikation für den Eintritt in die Freimaurerei jenen Tatstrafen zu, deren Absolution dem Papst vorbehalten ist.

Durch die Instruktion *Ad gravissima avertenda* vom 10.05.1884 aus dem Pontifikat Leo XIII. wurde sodann präzisiert, dass die konkrete Betätigung des Einzelnen innerhalb der Freimaurerei für das Eintreten der Strafe nicht bedeutend war. Bereits die Mitgliedschaft per se genügte, um sich die Tatstrafe der Exkommunikation zuzuziehen. Entsprechend war die explizite, mindestens dem Beichtvater gegenüber geleistete, Lossagung von der Freimaurerei notwendig für eine gültige Absolution[308].

Des Weiteren waren von der Tatstrafe der Exkommunikation jene Katholiken bedroht, die, ohne selbst Freimaurer zu sein, wussten, wer die tragenden Funktionäre innerhalb der Freimaurerei waren und auf eine Anzeige gegenüber der kirchlichen Autorität innerhalb einer einmonatigen Frist ab Bekanntwerden verzichteten. Wer durch eine Denunziation schwerwiegende negative Folgen für sich zu befürchten hatte, war von der Anzeigepflicht befreit[309].

Nur wenn ein katholischer Freimaurer vor seinem Tod Anzeichen der Umkehr gesetzt hatte, konnte ihm ein kirchliches Begräbnis gewährt werden. Zwar sollte eine Eheschließung mit einem Freimaurer möglichst verhindert werden. Allerdings konnte ein Priester solchen Eheschließungen beiwohnen, sofern er zuvor die Erlaubnis seines Bischofs eingeholt hatte.[310]

---

308 Vgl. KOTTMANN, Freimaurer und katholische Kirche, 198.
309 Vgl. KOTTMANN, Freimaurer und katholische Kirche, 198, dort Fn. 675; HINSCHIUS, Paul, Das Kirchenrecht der Katholiken und Protestanten und Deutschland. System des katholischen Kirchenrechts mit besonderer Rücksicht auf Deutschland, Bd. 5, Berlin 1895, 849; ARNDT, Augustin, Die Absolution der Freimaurer, in: ThQ 69 (1916) 737.
310 Vgl. KOTTMANN, Freimaurer und katholische Kirche, 199.

3 Freimaurerei und Kirche im CIC/1917

Der 1917 unter Papst Benedikt XV. erlassene, erstmals die in verschiedenen Sammlungen veröffentlichten Normen kirchlichen Rechts in *einer* Kodifikation zusammenführende CIC/1917 äußert sich an verschiedenen Stellen zur Freimaurerei[311]. Anders als sein Nachfolger[312] beansprucht der CIC/1917, der ihm zugrundeliegenden Ekklesiologie entsprechend, Verbindlichkeit für alle, also auch für nicht katholisch getaufte, lateinische Christen[313]. Die ausschließliche Gleichsetzung der Kirche Christi mit der katholischen Kirche hat das Zweite Vatikanum aufgegeben[314].

---

311 Vgl. KOTTMANN, Freimaurer und katholische Kirche, 200.
312 Vgl. C. 11 CIC/1983: „Durch rein kirchliche Gesetze (legibus mere ecclesiasticis) werden diejenigen verpflichtet, die in der katholischen Kirche getauft oder in diese aufgenommen worden sind, hinreichenden Vernunftgebrauch besitzen und, falls nicht ausdrücklich etwas anderes im Recht vorgesehen ist, das siebte Lebensjahr vollendet haben."
313 Vgl. KOTTMANN, Freimaurer und katholische Kirche, 200.
314 Vgl. Rees, Strafgewalt der Kirche, 83; *Lumen gentium* Art. 8 Abs. 2.

3.1 Einzelne Normen zu verbotenen, geheimen bzw. freimaurerischen Vereinigungen

Der CIC bezieht sich in mehreren Normen, die ihrerseits ihren Platz in verschiedenen Büchern haben, auf die Freimaurerei. Einschlägig sind die cann. 2335, 1065, 1240 § 1 n. 1, 693 § 1, 1453 § 1, 1399 n. 8 (i.V.m. can. 1398) CIC/1917. Zu beachten ist, dass in einigen Fällen nicht von Freimaurerei, sondern allgemeiner von, von der Kirche verbotenen oder geheimen, Gesellschaften (*secta damnata, societatibus secretis ab Ecclesia damnatis*) die Rede ist. Aufgrund seiner herausragenden Bedeutung und seiner Maßgeblichkeit für die Nachfolgenorm c. 1374 CIC ist can. 2335 CIC/1917 nach den im Folgenden dargestellten Normen separat zu behandeln.

Can. 1065 § 1 CIC/1917 zufolge sind Gläubige davon abzuhalten, eine Ehe einzugehen mit Personen, die Vereinigungen angehören, die zu den von der Kirche verurteilten Gesellschaften zu zählen sind[315]. Can. 1065 § 2 CIC/1917 besagt, dass bei Vorliegen dringender, schwerwiegender Gründe der Ortsordinarius die Erlaubnis zu einer Eheschließung erteilen kann, sofern die katholische Erziehung aller Kinder und die freie Glaubenspraxis des anderen Partners gewährleistet sind.

Can. 1240 § 1 n. 1 CIC/1917 ist zu entnehmen, dass Mitgliedern der Freimaurerei das kirchliche Begräbnis nicht zu

---

315 Can. 1065 § 1 CIC/1917: „Absterreantur quoque fideles a matrimonio contrahendo cum iis qui notorie aut catholicam fidem abiecerunt, etsi ad sectam acatholicam non transierint, aut societatibus ab Ecclesia damnatis adscripti sunt."

gewähren ist, wenn dem Tod keine Zeichen der Reue vorausgingen. Can. 1241 CIC/1917 entsprechend sind zudem mit dem Begräbnis in Zusammenhang stehende Amtshandlungen wie Totenmesse und Jahresgedächtnis für Verstorbene, denen ein kirchliches Begräbnis aus den in can. 1240 § 1 CIC/1917[316] genannten Gründen verweigert wurde, verboten. Neben den cann. 2335 und 1399 n. 8 ist can. 1240 CIC/1917 der einzige, der explizit von Freimaurern bzw. Freimaurerei spricht.[317]

Can. 693 § 1 CIC/1917 zufolge können Freimaurer nicht Mitglied einer kirchlichen Vereinigung werden. Von Freimaurerei ist nicht ausdrücklich die Rede, allerdings wie in can. 1065 CIC/1917 von *damnatae sectae*, unter welche die Freimaurerei zweifellos subsumiert wurde. Zudem können can. 542 n. 1 CIC/1917[318] zufolge Angehörige einer *sectae acatholicae* nicht gültig zum Noviziat zugelassen werden. Von einem Freimaurer diesbezüglich geleistete Gelübde entbehren laut can. 572 CIC/1917[319] der Gültigkeit.[320]

Die Übertragung des Patronatsrechts an Angehörige eines von der katholischen Kirche verurteilten Geheimbundes

---

316 Can. 1241 CIC/1917: „Excluso ab ecclesiastica sepultra deneganda quoque sund tum quaelibet Missa exsquialis, etiam anniversaria, tum alia publica officia funebria." Vgl. außerdem KOTTMANN, Freimaurer und katholische Kirche, 202.

317 Vgl. KOTTMANN, Freimaurerei und katholische Kirche, 202.

318 Can. 542 n. 1 CIC/1917: „Firmo praescripto can. 539-541, aliisque in propriis cuiusque religionis constitutionibus, 1º. Invalide ad novitiatum admittuntur: Qui sectae acatholicae adhaeserunt; [...]"

319 Can. 572 § 1 nn. 1, 3. : „Ad validitatem cuiusvis religiosae professionis requiritur ut: 1.º Qui eam emissurus est, legitimam aetatem habeat ad normam can. 573; [...] 3.º Novitiatus validus ad normam can. 555 praeccesserit."

320 Vgl. KOTTMANN, Freimaurer und katholische Kirche, 203.

(*adscriptos societatibus secretis ab Ecclesia damnatis*) erklärt can. 1453 § 1 CIC/1917[321] für ungültig. § 3 desselben Kanons entsprechend wird das Patronatsrecht, sofern es einem Angehörigen der in § 1 genannten Gruppen zukommt, suspendiert.[322]

Can. 1399 CIC/1917, der gemeinsam mit can. 2318 CIC/1917 seine Gültigkeit 1966 verlor[323] verbietet ipso iure bestimmte Bücher, so in n. 8 jene, die von der Freimaurerei handeln. Das Verbot beinhaltet can. 1398 CIC/1917[324] gemäß, dass entsprechende Bücher nicht veröffentlicht, nicht gelesen, nicht aufbewahrt, nicht in andere Sprachen übertragen und nicht anderen auf irgendeine Weise mitgeteilt werden dürfen.

Kleriker, die einer Vereinigung im Sinne des can. 2335 CIC/1917 angehören, ziehen sich nicht nur die Tatstrafe der Exkommunikation zu, sondern sind darüber hinaus can. 2336 § 2 CIC/1917 zufolge dem Hl. Offizium anzuzeigen. Der Modus der Wahrnehmung dieser gesetzlichen Anzeige-

---

321 Can. 1453 § 1 CIC/1917: „Ius patronatus personale transmitti valide nequit ad infideles, publicae apostatas, haereticos, schismaticos, adscriptos societatibus secretis ab Ecclesia damnatis, nec ad quoslibet excommunicatos post sententiam declaratoriam vel damnatoriam."
322 Vgl. KOTTMANN, Freimaurer und katholische Kirche, 203.
323 Vgl. S.C.D.F., Dekret vom 15.11.1966, in: AAS 58 (1966) 1186. Nach Abschaffung des Index librorum prohibitorum wurde an die Glaubenskongregation die Frage gerichtet, ob damit auch die cann. 1399 und 2318 CIC/1917 aufgehoben seien. Das Dekret der Glaubenskongegation bestätigt dies, erinnert aber zugleich an die bleibende Gültigkeit des Moralgesetzes, demzufolge weder der Glaube, noch die guten Sitten gefährdet werden dürfen.
324 Can. 1398 § 1 CIC/1917: „Prohibitio librorum id efficit ut liber sine debita licentia nec edi, nec legi, nec retineri, nec vendi, nec in aliam linguam verti, nec ullo modo cum aliis communicari possit."

pflicht, von der gerechtfertigte Furcht entbindet, richtet sich nach den cann. 1935-1937.[325]

3.2 Can. 2335 CIC/1917

Von besonderer Bedeutung für die Thematik der vorliegenden Arbeit ist can. 2335 CIC/1917. Er ist, wie sprachlich und inhaltlich unschwer zu erkennen ist, Vorgänger des c. 1374 CIC und ist insofern von hoher Bedeutung für eine sachgemäße Einordnung der geltenden Rechtslage.
Wörtlich lautet can. 2335 CIC/1917:

„Nomen dantes sectae massonicae aliisve eiusdem generis associationibus quae contra Ecclesiam vel legitimas civiles potestates machinantur, contrahunt ipso facto excommunicationem Sedi Apostolicae simpliciter reservatam."

In deutscher Übersetzung lautet der Kanon wie folgt:

„Die, die der Freimaurersekte oder einer anderen Vereinigung dieser Art beitreten, die gegen die Kirche oder die rechtmäßige staatliche Gewalt Böses unternimmt, ziehen sich die dem Apostolischen Stuhl vorbehaltene Tatstrafe der Exkommunikation zu."[326]

---

325 Vgl. KOTTMANN, Freimaurer und katholische Kirche, 215.
326 Übersetzung entnommen aus KOTTMANN, Freimaurer und katholische Kirche, 205.

3.2.1 Rechtssprachliche Erläuterungen zu can. 2335 CIC/1917

3.2.1.1 Nomen dare

Die Formulierung *nomen dare*[327] benennt den objektiven Tatbestand des Einschreibens in das Mitgliederverzeichnis der Vereinigung, dessen Erfüllung die in can. 2335 CIC/1917 normierte Rechtsfolge, die Tatstrafe der Exkommunikation, nach sich zieht. Zu beachten ist jedoch can. 2195 § 1 CIC/1917[328], demzufolge die sittliche Zurechenbarkeit Voraussetzung für das Eintreten einer angedrohten Strafe ist. Zu fragen wäre, ab wann der Tatbestand des *nomen dare* tatsächlich erfüllt ist. Denkbar wäre einerseits der in jedem Fall vor der rituellen Initiation liegende Zeitpunkt der Unterzeichnung des Aufnahmegesuchs[329]. Andererseits wäre zu überlegen, ob der Tatbestand des *nomen dare* erst mit der rituellen Aufnahme erfüllt ist. Aus zwei zusammenhängenden Gründen liegt dies nahe: Einerseits wird erst im Rahmen des Aufnahmerituals die Unterschrift unter das Gelöbnis geleistet, andererseits normiert z.B. die freimaurerische Ordnung der AFAM für alle ihr untergebenen Logen,

---

327 Die Formulierung *nomen dare* findet sich sonst im CIC/1917 in den cann. 141 § 2 und 684, und zwar in Bezug auf das Militär und kirchliche Vereinigungen.
328 Can 2195 § 1: „Nomine delicti, iure ecclesiastico, intelligitur externa et moraliter imputabilis legis violatio cui addita sit sanctio canonica saltem indeterminata."
329 In der Regel handelt es sich bei Aufnahmegesuchen um einen Formularsatz der entsprechenden Großloge, der das im Rahmen der Initiation abzulegende Gelöbnis zur Kenntnisnahme enthält; vgl. hierzu AFAM, Freimaurerische Ordnung, 35.

dass „erst mit der Vollendung der rituellen Aufnahme der Suchende Freimaurer [wird] und […] die Mitgliedschaft der Loge [erwirbt]"[330].

3.2.1.2 Secta massonica

Erstmals gebraucht wird die Formulierung *secta massonica* 1884 von Papst Leo XIII. in seiner Enzyklika *Humanum genus*.[331]

Den Begriff der *secta massonica* wählte der Gesetzgeber, um inklusiv zu definieren, dass die Zugehörigkeit zu einer freimaurerischen Vereinigung zugleich den Tatbestand der Häresie bzw. des Schismas erfüllt. Das geht aus dem sonstigen Gebrauch des Wortes *secta*, etwa *secta haeretica et schismatica*[332] oder *secta acatholica* im CIC/1917 für häretische oder schismatische Gemeinschaften von Christen hervor[333]. Bis zur ekklesiologischen Konzeption des Zweiten Vatikanums war die Kirche Jesu Christi identisch mit der katholischen Kirche. Da das Personsein in der Kirche durch die Taufe konstituiert wird[334], war die logische Schlussfolgerung, dass das *ius mere ecclesiasticum*, sofern der CIC/1917 nicht

---

330 AFAM, Freimaurerische Ordnung, 37.
331 Vgl. KOTTMANN, Freimaurer und katholische Kirche, 207, dort Fn. 708.
332 Vgl. z.B. can. 1060 CIC/1917: „Severissime Ecclesia ubique prohibet ne matrimonium ineatur inter duas personas baptizatas, quarum altera sit catholica, altera vero sectae haereticae seu schismaticae adscripta; quod si adsit perversionis periculum coniugis catholici et prolis, coniugium ipsa etiam lege divina vetatur."
333 Vgl. KOTTMANN, Freimaurer und katholische Kirche, 206 f.
334 Vgl. MÖRSDORF, Klaus, Die Rechtssprache des Codex Iuris Canonici, Paderborn 1967, 143 f.

selbst explizit Ausnahmen machte[335], auch für gültig getaufte Nichtkatholiken galt.

Des Weiteren können zudem auch nichtchristliche Religionsgemeinschaften mit dem Begriff *secta* gemeint sein[336]. Mit der Bezeichnung *secta acatholica* sind sowohl Anhänger nichtkatholischer christlicher Gemeinschaften gemeint als auch sogenannte *sectae atheistae*[337], worin eine gewisser Inkohärenz zur ursprünglichen und üblichen Bedeutung des Wortes *secta* für eine zumindest ansatzweise religiöse Gruppierung festzustellen ist.[338]

In Bezug auf die Frage der Rechtsstellung der Freimaurerei ist also festzuhalten, dass sie einerseits als nichtkatholische Vereinigung verstanden wird und ihr bzw. ihren Mitgliedern andererseits durch den Gebrauch des Begriffes *secta* Häresie bzw. Schisma unterstellt wird. Aufgrund der Implikationen der in ihm gebrauchten Begrifflichkeit ist can. 2335 CIC/1917 als Spezialnorm zu can. 2314 § 1 CIC/1917[339] zu betrachten. Dass es sich bei der Freimaurerei um eine *secta*

---

335 So etwa im eherechtlichen can. 1099 CIC/1917.
336 Vgl. KOTTMANN, Freimaurer und Katholische Kirche, 206, dort Fn. 704.
337 Vgl. hierzu PCI, Antwort auf eine gestellte Frage, vom 30.07.1934, in: AAS XXVI (1934), 494.
338 Vgl. KOTTMANN, Freimaurer und katholische Kirche, 207, dort Fn. 707.
339 „Can 2314 §1. Omnes a christiana fide apostatae et omnes et singuli haeretici aut schismatici:
1° Incurrunt ipso facto excommunicationem;
2° Nisi moniti resipuerint, priventur beneficio, dignitate, pensione, officio aliove munere, si quod in Ecclesia habeant, infames declarentur, et clerici, iterata monitione, deponantur;
3° Si sectae acatholicae nomen dederint vel publice adhaeserint, ipso facto infames sunt et, firmo praescripto can. 188, n. 4, clerici, monitione incassum praemissa, degradentur."

damnata, also eine von der Kirche verurteilte Gruppierung handelt, erschließt sich aus der in can. 2335 CIC/1917 normierten Tatstrafe der Exkommunikation für den Beitritt.

3.2.1.3 Quae contra Ecclesiam vel legitimas civiles potestates machinantur

Da die Formulierung *contra Ecclesiam machina(n)tur*[340] Eingang in den CIC und somit das geltende Recht gefunden hat, gilt ihr besondere Beachtung. Weder der CIC/1917 noch der CIC liefern eine Definition dessen, was mit *machinari* gemeint ist. Verwendung fand das Verb in einem kirchlichen bzw. kirchenrechtlichen Kontext erstmals in dem Apostolischen Schreiben *Multiplices inter*[341] Pius IX. Vom 25.09.1865. Darin findet sich die Formulierung „quae contra Ecclesiam vel legitimas potestates machinantur", und zwar bereits in Bezug auf die Freimaurerei. Der Tatbestand des „contra Ecclesiam machinantur" ist also von Beginn an verwoben mit der kirchlichen bzw. kirchenrechtlichen Einordnung der Freimaurerei. Gemeint ist offenbar eine Agitation gegen die Kirche in Gestalt eines Handelns gegen „Papst, Bischöfe, andere Geistliche, die Verfassung der Kirche oder Orden"[342], die „öffentlich, geheim, schriftlich, mündlich oder mit gewaltsamen Mitteln erfolgen"[343] kann.

Papst Leo XIII. erklärt in der Enzyklika *Humanum genus*,

---

[340] Der CIC/1917 spricht im Plural von *nomen dantes*, der CIC von *qui nomen dat*.
[341] Pius IX., Apostolisches Schreiben *Multiplices inter* vom 25.09.1865, in: CICfontes II, Nr. 544, 1009–1012.
[342] Kottmann, Freimaurerei und katholische Kirche, 208, dort Fn. 716.
[343] Kottmann, Freimaurerei und katholische Kirche, 208, dort Fn. 716.

dass die Freimaurerei „offen und unverhohlen"[344] an der Vernichtung der Kirche arbeitet und dass ihr Ziel die Zerstörung der „gesamte[n] religiöse[n] und staatlichen Ordnung, die das Christentum eingeführt hat"[345], sei.

Eine besondere Beachtung gilt dem durch *quae* eingeleiteten Relativsatz, dessen mögliche Bedeutung eine zweifache ist. Aus dem Wortlaut ist nicht ersichtlich, ob sich der Relativsatz sowohl auf die *sectae massonicae* als auch die *associationes eiusdem generis* bezieht oder nur auf letztere.[346]

Sollte sich der Relativsatz sowohl auf die *sectae massonicae* als auch die *associationes eiusdem generis* beziehen, wäre er so zu interpretieren, dass *quae contra Ecclesiam machinatur* nicht nur deskriptiv ist, sondern auch eine Voraussetzung zur Erfüllung des Tatbestandes ist. Die Tatstrafe der Exkommunikation träte nur dann ein, wenn der *nomen dans* einer Loge beitritt, die oder deren Großloge tatsächlich kirchenfeindlich im Sinne des *contra Ecclesiam machinari* ist.

Sieht man den Relativsatz allerdings nur auf die *associationes eiusdem generis* bezogen, so zöge der Beitritt zu einer Freimaurerloge, unabhängig davon, ob sie kirchenfeindlich agiert oder nicht, die Tatstrafe der Exkommunikation nach sich.

Der Genese des can. 2335 CIC/1917, für welche die päpstlichen Verlautbarungen des 18. und 19. Jahrhunderts

---

344 ULITZKA, Carl, Leo XIII., Der Lehrer der Welt. Neue praktische Ausgabe der wichtigsten Encykliken Leo XIII. in deutscher Sprache mit Übersicht und Index, Breslau 1903, 255.
345 ULITZKA, Encykliken Leo XIII. in deutscher Sprache, 255.
346 Vgl. HIEROLD, Alfred, Katholische Kirche und Freimaurerei. Anmerkungen zu einer Erklärung der Kongregation für die Glaubenslehre, in: MThZ 37 (1986), 87-98, 88; KOTTMANN, Freimaurer und katholische Kirche, 212.

maßgeblich waren, scheint eine Einzelfallprüfung des möglicherweise antikirchlichen Charakters einer Großloge nicht zu entsprechen[347]. Folglich reagierte das Hl. Offizium 1949 auf die Anfrage eines Bischofs, dessen Wahrnehmung zufolge es einzelne Strömungen in der Freimaurerei gebe, die ihre Anhänger zur Ausübung ihres katholischen Glaubens ermutige, mit der Feststellung, dass ungeachtet dieser Haltung einer bestimmten Loge die Normen des Kirchenrechts zu beachten seien[348].

Dennoch schloss sich 1974 die Glaubenskongregation in einem Schreiben an einige Bischofskonferenzen jener Deutung an, die den Relativsatz auch auf die *sectae massonicae* bezieht[349]. Sie folgt darin dem Prinzip, dass eine Strafnorm eng auszulegen ist[350], und die Tatstrafe nur jene Katholiken treffen könne, die tatsächlich einer gegen die Kirche arbeitenden (freimaurerischen) Vereinigung angehören. Nicht die Mitgliedschaft alleine, sondern der antikirchliche Charakter der Vereinigung ist demnach maßgeblich[351].

---

347 Vgl. KOTTMANN, Freimaurer und katholische Kirche, 213.
348 Vgl. S.C.S. OFF., Erklärung vom 20.04.1949, in: Ochoa, Javier (Hg.) Leges ecclesiasticas post Codicem iuris canonici editae II, n. 2044, 2595-2596; KOTTMANN, Freimaurer und katholische Kirche, 216, dort Fn. 741.
349 Vgl. S.C.D.F., Schreiben an einige Bischofskonferenzen vom 19.07.1974, in: AAS LXXIII (1981) 240.
350 Vgl. can. 19 CIC/1917.
351 Vgl. HIEROLD, Anmerkungen, 89.

3.2.1.4 Tatstrafe der Exkommunikation

Can. 2335 CIC/1917 zufolge ziehen sich diejenigen, die einer der genannten Gruppierungen beitreten, die Tatstrafe der Exkommunikation zu. Bei einer Tatstrafe handelt es sich um eine Strafe, die mit Begehen der Tat eintritt, ohne dass es eines Gerichts- oder Verwaltungsverfahrens bedarf. Mit (erfolgreichem) Begehen der Tat spricht der Täter sich gewissermaßen selbst das Urteil und ist im *forum internum* dazu verpflichtet, die Strafwirkungen an sich selbst zu vollziehen, soweit dies ohne Beeinträchtigung seines guten Rufes möglich ist[352]. Die kirchliche Strafe weist in dieser Gestalt eine Ähnlichkeit zur göttlichen Strafe auf: „Wer nicht glaubt, ist bereits gerichtet" (Joh 3,18). Ist die Begangenschaft der sanktionierten Tat offenkundig[353], so entfaltet die Strafe auch vor einer amtlichen Feststellung ihres Eintritts Wirkung im *forum externum*, etwa beim Kirchenbann (excommunicatio)[354].

Die Exkommunikation ist kein Ausschluss aus der Kirche – ein solcher wäre aufgrund des *character indelebilis* der Taufe und dem daraus abgeleiteten Grundsatz *semel catholicus, semper catholicus* gar nicht möglich – sondern eine „Absonderung von der aktiven Kirchengemeinschaft"[355]. Das Person-Sein, also die Rechtsfähigkeit innerhalb der Kirche wird

---

352 Vgl. MÖRSDORF, Klaus, EICHMANN, Eduard, Lehrbuch des Kirchenrechts auf Grund des Codex Iuris Canonici, Bd. III, Straf- und Prozeßrecht, Paderborn 10 1964, 333; SEBOTT, Reinhold, Das Kirchliche Strafrecht. Kommentar zu den Kanones 1311-1399 des Codes Iuris Canonici, Frankfurt a. M. 1992.
353 Vgl. can. 2232 § 1 CIC/1917.
354 Vgl. can. 2259 § 2 CIC/1917; MÖRSDORF, EICHMANN, Lehrbuch des Kirchenrechts III, 334.
355 MÖRSDORF, EICHMANN, Lehrbuch des Kirchenrechts III, 382.

somit nicht tangiert[356]. Die Funktion der Exkommunikation ist hier eine zweifache: Einerseits wird der Täter isoliert, um ihn zur Aufgabe seiner Verhärtung zu bewegen, andererseits wird die kirchliche Gemeinschaft vor „verderblicher Ansteckung"[357] geschützt.

Der CIC/1917 unterscheidet im Gegensatz zu dem ihm vorausgehenden Recht nicht mehr zwischen großer und kleiner Exkommunikation[358]. Dennoch lässt sich je nach Umstand zwischen schwächeren und stärkeren Wirkungen unterscheiden. Wie auch im CIC ergibt sich ein nicht unwesentlicher Unterschied zwischen einer nur eingetretenen und einer verhängten oder festgestellten Exkommunikation. Fehlt die erst durch Verhängung oder Feststellung zustande kommende Publizität, ist der von der Tatstrafe der Exkommunikation Betroffene in *foro externo* von allen entehrenden Strafwirkungen entschuldigt. Erst, wenn sowohl Tatbegangenschaft als auch sittliche Zurechenbarkeit für die Tat außer Zweifel stehen, sind alle Wirkungen der Exkommunikation, die nicht explizit von der Feststellung oder Verhängung abhängig sind, einzuhalten. Im Falle einer nur eingetretenen Tatstrafe der Exkommunikation kann der Betroffene beispielsweise durchaus die Patenschaft bei Taufe oder Firmung übernehmen, wenn auch nicht erlaubt. Erst durch Verhängung oder Feststellung des Eintritts durch die zuständige Autorität kann der Betroffene nicht mehr gültig dieses Amt wahrnehmen.[359]

---

356 Vgl. can. 87 CIC/1917.
357 MÖRSDORF, EICHMANN, Lehrbuch des Kirchenrechts III, 382.
358 Vgl. MÖRSDORF, EICHMANN, Lehrbuch des Kirchenrechts III, 384.
359 Vgl. MÖRSDORF, EICHMANN, Lehrbuch des Kirchenrechts III, 384.

Des Weiteren gibt es im CIC/1917 die Differenzierung zwischen *excommunicatus toleratus* und *excommunicatus vitandus*[360], die im CIC nicht übernommen wurde. Ein Exkommunizierter ist immer *toleratus*, außer er machte sich des tätlichen Angriffs gegen den Papst schuldig (can. 2343 § 1 n. 1 CIC/1917) oder er wird durch Spruch des Heiligen Stuhls explizit als *vitandus* bezeichnet. Der Unterschied zwischen *excommunicatus toleratus* und *vitandus* besteht in dem Verkehrsverbot, das in Bezug auf den *vitandus* besteht: Gesellschaftlicher Umgang mit ihm ist nicht erlaubt, außer für Ehegatten, Kinder, Diener und andere Untergebene (can. 2267 CIC/1917)[361]. Die Differenzierung zwischen *toleratus* und *vitandus* ist in Bezug auf die Freimaurerei nicht weiter von Belang, da es sich bei Straftätern im Sinne des can. 2335 CIC/1917 in aller Regel um *excommunicati tolerati* handeln wird.

Die Wirkungen der Exkommunikation im CIC/1917 sind im Einzelnen: Ausschluss vom Gottesdienst (can. 2259 CIC/1917), Ausschluss von den Sakramenten und Sakramentalien (cann. 2260, 2261, 2265 § 1 n. 3 CIC/1917), also von Empfang (cann. 2260, 2261, 2265 § 1 n. 3 CIC/1917), Vollzug und Spendung (can. 2261), Ausschluss von Ablässen und öffentlichen Fürbitten (can. 2262 CIC/1917), Ausschluss von Ehrendiensten (can. 2263), Ausschluss von Ämtern und anderen erworbenen Rechten (cann. 2263-2266 CIC/1917), gegebenenfalls Entziehung des Einkommens (can. 2266), Verbot der Ausübung kirchlicher Ämter (cann. 2263, 2264, 2265 § 1 n. 1; § 2 CIC/1917), Unerlaubtheit der Ausübung hoheitlicher Gewalt (can. 2264 CIC/1917),

---

360 Vgl. can. 2258 CIC/1917.
361 Vgl. MÖRSDORF, EICHMANN, Lehrbuch des Kirchenrechts III, 385.

Verbot der Ausübung von Wahl-Präsentations- und Nominalrechten (can. 2265 § 1 n. 1 § 2 CIC/1917), Unfähigkeit zur Erlangung von Ämtern und Vorrechten (can. 2265 § 1 n. 2 § 2 CIC/1917) sowie im Falle des *vitandus* Verbot des bürgerlichen Umgangs (can. 2267 CIC/1917).[362]

3.2.2 Aufhebung der Exkommunikation

Can. 2335 CIC/1917 normiert, dass die Tatstrafe der Exkommunikation, bzw. ihre Aufhebung dem Apostolischen Stuhl in einfacher Weise vorbehalten ist. Sofern die Mitgliedschaft eines Katholiken in einer freimaurerischen oder anderen gegen die Kirche agierenden Gemeinschaft im Sinne des can. 2335 CIC/1917 geheim bleibt, kann der Ortsordinarius den Täter, bei Vorliegen der entsprechenden Voraussetzungen[363], im *forum internum* lossprechen. Für den Fall, dass die Mitgliedschaft öffentlich bekannt ist, ist der Apostolische Stuhl für eine Lossprechung anzugehen[364]. Im Rahmen der Lossagung von der Freimaurerei waren alle freimaurerischen

---

362 Vgl. MÖRSDORF, EICHMANN, Lehrbuch des Kirchenrechts III, 385-389.
363 Vgl. MÖRSDORF, EICHMANN, Lehrbuch des Kirchenrechts III, 435: „[…] eine Lossprechung ist erst möglich, wenn der Austritt erfolgt ist." Sofern eine Namensstreichung aus dem Mitgliederverzeichnis nicht ohne schweren Nachteil möglich war, und der Betroffene die Absicht hatte, dies sobald als möglich nachzuholen, konnte darauf verzichtet werden, vgl. hierzu: KOTTMANN, Freimaurer und katholische Kirche, 212, dort Fn. 730. Zu berücksichtigen ist auch der Fall eines reuigen Täters im Sinne des can. 2335 CIC/1917, der aus bestimmten Gründen weiterhin punktuell an freimaurerischen Zusammenkünften teilnehmen will. Vgl. hierzu KOTTMANN, Freimaurer und katholische Kirche, 212, dort Fn. 731.
364 Vgl. KOTTMANN, Freimaurer und katholische Kirche, 211.

Dokumente dem Oberen auszuhändigen[365]. Diese Anforderung barg Spannungspotenzial, da Freimaurerlogen ihren Neophyten in aller Regel abverlangen, insbesondere Interna betreffende Literatur, wie z.B. Ritualtexte, im Falle des Deckens, also dem Ausscheiden bzw. Austreten aus dem Bund, der Loge zurückzugeben.

Zu erwähnen ist im Kontext der Aufhebung der Exkommunikation zudem, dass in den Jubiläumsjahren 1925 und 1950 allen Priestern die Vollmacht erteilt wurde, von der Tatstrafe der Exkommunikation loszusprechen, sofern die Voraussetzung des Austritts aus der Freimaurerei bzw. einer gleichartigen Vereinigung erfüllt war[366].

3.3 Freimaurerei im CIC/1917 Ergebnissicherung

Festzuhalten ist zunächst, dass der CIC/1917 mehrere und in verschiedenen Zusammenhängen begegnende, auf die Freimaurerei bezogene Normen enthält. Gläubige sind möglichst davon abzuhalten, eine Ehe mit einem Freimaurer einzugehen (can. 1065 § 1 CIC/1917). Freimaurern ist, sofern ihre Mitgliedschaft öffentlich bekannt ist, das kirchliche Begräbnis zu verweigern (cann. 1240 und 1241 CIC/1917). Zudem können Freimaurer einer kirchlichen Vereinigung nicht beitreten (can. 693 § 1 CIC/1917). Von besonderer

---

365 Vgl. KOTTMANN, Freimaurer und katholische Kirche, 212.
366 Vgl. PIUS XI., Apostolische Konstitution *Servatoris Iesu Christi* vom 25.12.1925, in: AAS XVII (1925) 611-618; PIUS XII., Apostolische Konstitution *Per annum sacrum* vom 25.12.1950, in: AAS XLI (1950) 853-863.

Bedeutung ist can. 2335 CIC/1917, die Vorgängernorm des c. 1374 CIC. Der im Wortlaut in den CIC übernommene can. 19 CIC/1917 (c. 18 CIC) besagt, dass Strafnormen eng auszulegen sind. Vor diesem Hintergrund wurde gefragt, worauf sich der mit *quae* beginnende Relativsatz eigentlich bezieht. Sofern er sich auf *sectae massonicae* bezieht, würde – in einer *interpretatio stricta* – der katholische Freimaurer sich die Tatstrafe der Exkommunikation nur zuziehen, wenn seine Loge auch tatsächlich Machenschaften gegen die Kirche oder die staatliche Gewalt betreibt. Dieser Deutung schloss sich 1974 die Glaubenskongregation an. Sofern der Eintritt der Tatstrafe der Exkommunikation nicht festgestellt worden ist und die Mitgliedschaft eines Katholiken in einer gegen die Kirche agierenden freimaurerischen Vereinigung nicht öffentlich bekannt ist, kann von der Strafe durch den zuständigen Ordinarius befreit werden.

4 Entwicklungen während und nach dem Zweiten Vatikanischen Konzil

Bevor auf die geltende Rechtslage aufgrund des CIC und die damit verbundenen Problematiken eingegangen wird, sollen zunächst die Entwicklungen während des Zweiten Vatikanums dargestellt werden. Sodann würdigt diese Arbeit die Entwicklungen zwischen Freimaurerei und Kirche nach dem Zweiten Vatikanum und vor dem Inkrafttreten des CIC eines näheren Blickes, nicht zuletzt, weil sie auch auf masonischer Seite, insbesondere die *Lichtenauer Erklärung* und die Gespräche zwischen DBK und Vertretern der VGLvD, teilweise breite Rezeption erfuhren.

Die weitreichende Bedeutung des Zweiten Vatikanums soll im Folgenden nur insofern zur Sprache kommen, als sie in einem thematischen Zusammenhang zur Frage des Verhältnisses zwischen Freimaurerei und Katholischer Kirche steht.

Die mit der Vorbereitung des Zweiten Vatikanischen Konzils beauftragten *Commissio antepreparatoria* wurde am 17. Mai 1959 durch Johannes XXIII. einberufen und stellte im Zuge ihrer Arbeit eine Reihe von, in Bezug auf die Freimaurerei zu verhandelnden, Themen zusammen, die ihrerseits die, aus dem weltweiten Episkopat zusammengetragenen, Anliegen aufgriffen[367]. Die zu diskutierenden Themen waren im Einzelnen:

---

367 Vgl. KOTTMANN, Freimaurer und katholische Kirche, 216.

- grundsätzliche Verurteilung der Freimaurerei[368]
- strafrechtliche Differenzierung zugunsten jener, die nur aus wirtschaftlichen Gründen einer freimaurerischen Vereinigung angehörten[369]
- strafrechtliche Differenzierung zugunsten derjenigen, die aus guten Gründen Freimaurer wurden[370]
- Präzisierung des vorgesehenen Umgangs mit Vereinigungen, die mit der Freimaurerei in irgendeiner Weise assoziiert sind[371]
- Aktualität der von der Freimaurerei ausgehenden Gefahr[372]

---

368 Vgl. das Anliegen des Bischofs von Avezzano, die Verurteilung der Freimaurerei neben Materialismus, Naturalismus, Laizismus, Liberalismus und atheistischem Existenzialismus, zu bestätigen, in: Acta et Documenta Concilio Oeconomico Vaticano II Apparando: Series I (Antepreparatoria), vol. II, pars III, Rom 1960, 366.

369 Vgl. den entsprechenden Vorschlag von Bischof Dantas von Garanhuns in: Acta et Documenta Concilio oecumenico Vaticano II Apparando: Series I (Antepreparatoria), vol. II, pars VII, Rom 1961, 176.

370 Bischof Ernesto Corripio y Ahumada von Tampico macht darauf aufmerksam, dass manche aus Gründen der Arbeit bzw. des Lebensunterhaltes der Familie Freimaurer werden; vgl. hierzu Acta et Documenta Concilio Oecumenico Vaticano II Apparando: Series I (Antepreparatoria), vol. II, pars IV, Rom 1960, 234.

371 Bischof Iosephus Pedro Costa von Caetité hatte hier z.B. den Service-Club Rotary und dessen Unterorganisationen im Sinn, in: Acta et Documenta Concilio Oecumenico Vaticano II Apparando: Series I (Antepreparatoria), vol. II, pars IV, Rom 1960, 146. Zu denken wäre auch an andere mit der Freimaurerei assoziierte Vereinigungen wie der Order of the Eastern Star oder der Independent Order of Odd Fellows.

372 Bischof Dr. Garibalid De Procena Sigaud beklagt, dass sich nach Leo XIII. kein Papst veranlasst sah, eine weitere Enzyklika gegen diese „Secta" zu verfassen, in: Acta et Documenta Concilio Oecumenico Vaticano II Apparando: Series I (Antepreparatoria), vol. II, pars VII, Rom 1961, 182 f.

- Überprüfung der im CIC/1917 normierten Strafen.[373]

In der Konzilsdiskussion selbst kam die Thematik Freimaurerei auf der 35., der 71., der 89. und der 90. Generalversammlung zur Sprache. Im Zuge der Diskussion um eine Korrektur des Verhältnisses der Kirche zum Judentum unterstellte Kardinal Ruffini[374], die feindliche Haltung des Judentums gegenüber der Kirche sei unter anderem seiner Förderung der Freimaurerei zu entnehmen[375].

Demgegenüber vertrat Bischof Arceo[376] die Hoffnung, Frieden mit den Freimaurern schließen zu können. Zudem wies er darauf hin, dass die Ursprünge der Freimaurerei im Christentum liegen, und dass er von Freimaurern wisse, die keineswegs gegen Kirche oder Staat agierten und an Gott glaubten. Er argumentierte, Christus habe gelehrt, „dass es nötig sei, Uneinigkeit auszuhalten, um nicht die Spreu mit dem Weizen herauszureißen"[377].

Zweifellos bereitete das Zweite Vatikanum den Boden für die Aufnahme des Dialogs auch mit der Freimaurerei[378],

---

373 Vgl. KOTTMANN, Freimaurer und katholische Kirche, 216-219.
374 Ruffini gehörte auf dem Zweiten Vatikanum dem Coetus Internationalis Patrum an und galt somit zu den Protagonisten traditioneller „römischer Theologie"; vgl. hierzu ALBERIGO, Giuseppe, Art. Ruffini, in: LThK 8, 1348 f.
375 Vgl. Acta Synodalia Sacrosancti Concilii Oecumenici Vaticani II, Rom 1974, vol. III, pars II, 586: „Etenim, ut id uno confirmem exemplo, pernicosa secta, longe lateque diffusa, massonum cuius assecalae excommunicatione [...] mulctantur, quia contra Ecclesiam multa machinari solet, nonne a Iudaeis fulcitur ac fovetur?"; vgl. auch KOTTMANN, Freimaurer und katholische Kirche, 219, dort Fn. 749.
376 Sergio Mendéz Arceo (1907-1992) Bischof des Bistums Cuernavaca.
377 KOTTMANN, Freimaurer und katholische Kirche, 220.
378 Ein hier zu erwähnendes Kuriosum ist die Auffassung der Priesterbruderschaft St. Pius X., im Zuge des Zweiten Vatikanischen Konzils seien genuin masonische Ideen in die offizielle Lehre der Kirche

wenn auch den Texten des Vatikanums selbst in Bezug auf die Freimaurerei nichts unmittelbar zu entnehmen ist. Des Weiteren ist zuzugestehen, dass im Lichte der Bestrebungen des Zweiten Vatikanums das Verhältnis zur Freimaurerei dem Verhältnis zu anderen Religionsgemeinschaften an Bedeutung nachgeordnet ist. Wegweisend dürfte dabei u.a. die Erklärung über die Religionsfreiheit *Dignitatis Humanae* und die Erklärung über das Verhältnis der Kirche zu den nichtchristlichen Religionen *Nostrae Aetate* gewesen sein, weil sie gemeinsam das Fundament für einen Dialog mit nichtchristlichen Gemeinschaften legten, ohne dabei den Wahrheitsanspruch der Kirche *ad intra* zu relativieren[379].

In *Nostra Aetate* mahnt die Kirche „ihre Söhne, dass sie mit Klugheit und Liebe, durch Gespräch und Zusammenarbeit mit den Bekennern anderer Religionen [...] jene geistlichen und sittlichen Güter und auch sozial-kulturellen Werte, die sich bei ihnen finden, anerkennen, wahren und fördern" (*Nostra Aetate* 2). Das gleiche Dokument spricht zudem von der Unmöglichkeit, „Gott, den Vater aller, ... an[zu]rufen, wenn wir irgendwelche Menschen, die ja nach dem Ebenbild Gottes geschaffen sind, die brüderliche Haltung verweigern" (*Nostra Aetate* 5).

Dignitatis Humanae begründet die Religionsfreiheit mit der Freiheit, in religiösen Dingen, privat wie öffentlich, als

---

eingedrungen. Siehe hierzu STEINER, Andreas, Freimaurer, in: Mitteilungsblatt der Priesterbruderschaft St. Pius X., 406 (November 2012), 22-45.

379 Dies wird u.a. deutlich in der Erklärung über die Religionsfreiheit, die gleich zu Beginn klarstellt, dass „diese einzige wahre Religion [...] verwirklicht [ist] in der katholischen, apostolischen Kirche, die von Jesus dem Herrn den Auftrag erhalten hat, sie unter allen Menschen zu verbreiten" (*Dignitatis Humanae* 1).

Einzelner oder in Verbindung mit anderen nach seinem Gewissen handeln zu können (*Dignitatis Humanae* 2).

Wenngleich sich beide Dokumente primär auf andere Religionen und Religionsgemeinschaften beziehen, so spricht aus ihnen doch die grundsätzliche Bereitschaft, andere in ihrer Suche nach der Wahrheit nicht durch Zwang zu behindern, und die – auch der Freimaurerei bisweilen vorgeworfene – Toleranz anderer Religionen nicht als Relativismus abzutun.

Auf der Grundlage der im Wesentlichen durch *Nostra Aetate* und *Dignitatis Humanae* grundgelegten Gesprächsbereitschaft fanden dann die im Folgenden zu beschreibenden Gespräche zwischen Vertretern der Freimaurerei und der katholischen Kirche statt.

Offenbar kam man kirchlicherseits zu der Einsicht, dass Freimaurerei nicht homogen und insofern nicht einheitlich beurteilbar ist und eine differenziertere Einordnung verschiedener Großlogen hinsichtlich der Erfüllung des Tatbestandes der kirchenfeindlichen Agitation angemessen sei.

Im Zuge dieser Entwicklung begannen einzelne Bischofskonferenzen, das Verhältnis zu in ihren Gebieten vertretenen Großlogen, zu modifizieren. 1966 sprach sich die Skandinavische Bischofskonferenz dafür aus, Bischöfen innerhalb ihres Zuständigkeitsbereiches die Mitgliedschaft eines Katholiken in einer freimaurerischen Vereinigung genehmigen zu können[380]. Vergleichbar handelten auch die Bischofskonferenzen in England und Wales[381]. Um nichtkatholischen Freimaurern die Möglichkeit zu geben, in die katholische Kirche aufgenommen zu werden, erklärte die Skandinavi-

---

380 Vgl. KOTTMANN, Freimaurer und katholische Kirche, 221.
381 Vgl. APPEL, Rolf, VORGRIMLER, Herbert, Kirche und Freimaurer im Dialog, Frankfurt a. M. 1975, 54.

sche Bischofskonferenz zudem, dass katholische Konvertiten Mitglieder ihrer Loge bleiben dürften, sofern sie versprachen, ihre Logenmitgliedschaft aufzugeben, wenn sie auf Unvereinbarkeiten stoßen sollten[382]. Diesbezüglich ist folgender Exkurs zu machen.

4.1 Exkurs: „Das Schwedische System" bzw. Freimaurerei in Skandinavien

Einerseits ist die skandinavische Freimaurerei Trägerin des sogenannten Schwedischen Systems, dessen geschichtlicher Ursprung zwar in Frankreich liegt, allerdings nur in Dänemark, Norwegen, Island und Schweden fest Fuß fasste und zudem in Deutschland in der GLLvD deutliche Anklänge findet. Das Schwedische System stellt eine frühe Abweichung von der einfachen Lehrart der Freimaurerei dar. Zu den wesentlichen Merkmalen dieser Spielart der Freimaurerei gehört ihre starke inhaltliche Prägung durch eine behauptete Templertradition und die enge, traditionell begründete Verbindung zu den jeweiligen Königshäusern, die sich z.B. manifestiert im Königlichen Orden Karls XIII. und der Auszeichnung des Ritter-Kommandeurs mit dem Roten Kreuz, die jeweils vom schwedischen bzw. dänischen König an verdienstvolle Freimaurer verliehen werden.[383]

Der 1800 gedruckten Fundamental-Constitution der schwedischen Freimaurerei ist zu entnehmen, dass „die Reli-

---
382 Vgl. KOTTMANN, Freimaurer und katholische Kirche 221.
383 Vgl. Art. Schweden, in: Freimaurerlexikon, 765-768; Art. Schwedische Lehrart, in: Freimaurerlexikon, 768-770.

gion oder des wahren Gottes Verehrung" als „Ursprung alles Guten" Entstehungsursache des Ordens und sein „Aufrechthalter" und „Pfeiler" ist (§§ 3-4). Des Weiteren bestehen skandinavische Großlogen weitgehend auf ein christliches Bekenntnis ihrer Mitglieder. Insofern darf nicht übersehen werden, dass jene Großlogen, die sich dem Schwedischen System verpflichtet fühlen, in jedem Fall eine gesonderte – wenn auch nichts zwangsläufig bessere – Stellung in der Frage der Kompatibilität mit dem katholischen Glauben haben.[384]

4.2 Dialog zwischen Kirche und Freimaurerei in Folge des Zweiten Vatikanums

Von den drei Sekretariaten, die das Gespräch mit Nichtkatholiken, nichtchristlichen Religionsgemeinschaften und Nichtglaubenden gestalten sollten, war das von Franz Kardinal König geleitete Sekretariat für die Nichtglaubenden zu dem Dialog mit der Freimaurerei beauftragt. Eine vierköpfige Kommission bestehend aus den Theologen Engelbert Schwarzauer, Herbert Vorgrimler, Josef Wodka und Johannes B. de Thoth nahm Gespräche mit Vertretern der VGLvD auf. Des Weiteren waren Vertreter der österreichischen und schweizerischen Freimaurerei beteiligt.[385] Ein vorläufiges Ergebnis dieser Gespräche war die *Lichtenauer Erklärung* aus dem Jahr 1970.

Zudem übersandte die Glaubenskongregation an zahlrei-

---

384 Vgl. Art. Schweden, in: Freimaurerlexikon, 766.
385 Vgl. KOTTMANN, Freimaurer und katholische Kirche, 221 f.

che Bischöfe weltweit einen umfangreichen Fragenkatalog[386], anhand welchem das Verhältnis zwischen Freimaurerei und Katholizismus in den verschiedenen Ländern genauer erfasst werden sollte. Die Reaktionen der angeschriebenen Bischöfe legten in jedem Fall eine Differenzierung in der kirchenstrafrechtlichen Einordnung aufgrund des can. 2335 CIC/1917 nahe. In Bezug auf die reguläre Freimaurerei in ihrem Zuständigkeitsgebiet – die eine deutliche Minderheit gegenüber dem irregulären Grand Orient de France bildet – kam die französische Bischofskonferenz zu dem Ergebnis, dass Freimaurer nicht unter die Strafbedingung des can. 2335 CIC/1917 fallen, da der Tatbestand der kirchen- bzw. staatsfeindlichen Agitation nicht erfüllt sei[387]. Zu vergleichbaren Ergebnissen kamen auch die amerikanische und philippinische Bischofskonferenz[388]. Ausschlaggebend für diese differenzierten Ergebnisse war im Wesentlichen der Eindruck, dass die entsprechenden Großlogen nicht nur den Glauben an ein höchstes Wesen von ihren Mitgliedern verlangten und sie ermutigten ihre jeweilige Religion frei zu praktizieren, sondern vor allem, dass die in can. 2335 CIC/1917 umschriebene kirchenfeindliche Haltung sich bei einigen Großlogen nicht nachweisen ließ.

---

386 Vgl. Schreiben der Glaubenskongregation zur Feststellung des Erscheinungsbildes der Freimaurer, wiedergeben in: BARESCH, Kurt, Katholische Kirche und Freimaurerei. Ein brüderlicher Dialog 1968 bis 1983, Wien 21984, 152; KOTTMANN, Freimaurer und katholische Kirche, 321.
387 Vgl. FERRER BENIMELI, José A., CAPRILE, Giovanni, Massoneria e Chiesa Cattolica. Ieri, oggi e domani, Rom 1979, 95-133; Kottmann, Freimaurer und Katholische Kirche, 223, dort Fn. 762.
388 Vgl. FERRER BENIMELI, Caprile, Massoneria e Chiesa Cattolica, 95-133; KOTTMANN, Freimaurer und katholische Kirche, 223, dort Fn. 762.

4.3 Die Lichtenauer Erklärung

Obgleich die amtliche Bedeutung der *Lichtenauer Erklärung* sich mangels kirchlicher Autorisierung in Grenzen hält, stellt sie doch einen ersten Versuch dar, die durch das Zweite Vatikanum geschaffene Dialogbereitschaft mit der Freimaurerei zu nutzen[389]. Darin wird auf die Vergangenheit rekurriert und unter Verweis auf Begriffe wie *Synagoge Satans*[390] auf eine gewisse inhaltliche Analogie zwischen Antisemitismus und Antifreimaurerei hingewiesen. Neben den Vertretern der Kirche bekennen sich auch Vertreter der Freimaurerei zu in der Vergangenheit begangenen Fehlern. Gemeinsam bekennen sich die Unterzeichner der Erklärung zu einem „Ja zum Menschen"[391] als „Basis des Dialogs"[392]. In der Erklärung wird zwar nicht „die Zulässigkeit der gleichzeitigen Mitgliedschaft eingefordert"[393], wohl aber dem Unverständnis für die kirchlichen Verurteilungen der Freimaurerei nicht nur in der Geschichte, sondern auch im damals geltenden, im CIC/1917 kodifizierten Recht, Ausdruck verliehen[394].

---

389 Vgl. SEBOTT, Freimaurer und DBK, 77 f.
390 Pius IX. macht Gebrauch von diesem Begriff in *Etsi multa luctuosa*; vgl. 6.7. in dieser Arbeit.
391 APPEL, VORGRIMLER, Dialog, 83 f.
392 APPEL, VORGRIMLER, Dialog, 83 f.
393 So die bei KOTTMANN, Freimaurer und katholische Kirche, 224, vertretene Ansicht.
394 Lichtenauer Erklärung VIII.: „Es ist für die von der Katholischen Kirche ‚getrennten Brüder' – die Freimaurer – daher unbegreiflich, dass die Gesetze der Kirche sie verurteilen, während die Gesetze der Großlogen jedem Katholiken gestatten, Mitglied einer Freimaurerloge zu werden, ohne daß seinem Glauben und seinem Bekenntnis ein Schaden oder ein Schimpf geschieht oder geschehen darf.
IX. Wir sind der Auffassung, daß die päpstlichen Bullen, die sich mit der Freimaurerei befassen, nur noch eine geschichtliche Bedeutung

Kottmann zufolge wurde die *Lichtenauer Erklärung* in Rom wohlwollend aufgenommen. Dort hielt man eine Differenzierung besonders hinsichtlich der inhaltlichen Ausrichtung einer freimaurerischen Vereinigung, vor allem bezüglich der strafrechtlichen Einordnung und des Tatbestandes der kirchenfeindlichen Agitation, für denkbar.[395]

4.4 Schreiben der Glaubenskongregation vom 18.07.1974 an die Vorsitzenden der Bischofskonferenzen über Mitglieder freimaurerischer Vereinigungen[396]

Nachdem bei der Glaubenskongregation Antworten auf den zuvor versandten Fragenkatalog eingingen, verfasste Kardinal Šeper wiederum ein Schreiben, in dem zwar anerkannt wurde, dass das Erscheinungsbild der Freimaurerei sich seit den kirchlichen Verurteilungen verändert habe, dass aber can. 2335 CIC/1917 bis zur Fertigstellung des neuen kirchlichen Gesetzbuches nicht geändert werde. Zudem betonte

---

haben und nicht mehr in unserer Zeit stehen. Wir meinen dies auch von den Verurteilungen des Kirchenrechtes, weil sie sich nach dem vorher Gesagten gegenüber der Freimaurerei einfach nicht rechtfertigen lassen von einer Kirche, die nach Gottes Gebot lehrt, den Bruder zu lieben." Entnommen aus APPEL, VORGRIMLER, Dialog, 84 f.

395 Vgl. KOTTMANN, Freimaurerei und katholische Kirche, 224.
396 S.C.D.F., Schreiben *Complures episcopi* ad praesides conferentiarum episcopalium de catholicis qui nomen dant associationibus massonicis, Prot. 272/44 vom 18.07.1974, in: AAS LXXIII (1981) 240 f., dort Fn. 1, ebenfalls abgedruckt in: AfkKR 143 (1974) 460.

Kardinal Šeper, dass die Norm des can. 2335 CIC/1917 nur in Bezug auf jene Katholiken angewandt werden solle, die tatsächlich Mitglied einer freimaurerischen Vereinigung sind, die den Tatbestand der kirchenfeindlichen Agitation erfüllt.[397]

Dieses Schreiben wurde dahingehend interpretiert, dass die Frage, ob die Großlogen in den Zuständigkeitsbereichen der jeweiligen Bischofskonferenzen den Tatbestand des kirchenfeindlichen Betragens erfüllen, von den Bischofskonferenzen selbst zu beantworten sei.[398]

4.5 Dialog zwischen der Deutschen Bischofskonferenz und den Vereinigten Großlogen von Deutschland

Als Reaktion auf dieses Schreiben bildete die Deutsche Bischofskonferenz eine Dialogkommission unter dem Vorsitz des Bischofs von Augsburg, Josef Stimpfle, um mit Vertretern der VGL offizielle Gespräche zu führen. Des Weiteren nahmen von katholischer Seite teil: Stimpfles Referent Ingo Dollinger sowie Eugen Biser, Josef Lieball und Audomar Scheuermann[399]. Als Vertreter der VGL waren u.a. Ludwig-Peter Freiherr von Pölnitz, Rolf Appel und Otto Wolfskehl

---

397 Vgl. KOTTMANN, Freimaurer und katholische Kirche, 225.
398 Vgl. KOTTMANN, Freimaurer und katholische Kirche, 225 f.
399 Vgl. SEBOTT, Reinhold, Die Freimaurer und die Deutsche Bischofskonferenz, in: StdZ 199 (1981) 74-87, 80.

beteiligt[400]. Während der zwischen 1974 und 1980 verlaufenden Gespräche wurde den katholischen Dialogteilnehmern Einblick in die Rituale der ersten drei Grade gegeben[401]. Das schließlich in der Erklärung der Deutschen Bischofskonferenz vom 12. Mai 1980 zur Frage der Mitgliedschaft von Katholiken in der Freimaurerei[402] veröffentlichte Ergebnis des Dialogversuchs ist auch vor dem Hintergrund der in Teil I dieser Arbeit dargestellten Ritualistik zu sehen.

Der Auftrag der Vertreter der DBK war, Veränderungen innerhalb der Freimaurerei festzustellen, die Vereinbarkeit einer Logenmitgliedschaft und der Gliedschaft in der katholischen Kirche zu prüfen und, sofern eine Vereinbarkeit festgestellt werden kann, die Öffentlichkeit auf diese neue, veränderte Situation publizistisch vorzubereiten[403].

Josef Stimpfle zufolge hatte man kirchlicherseits zwar zu Beginn der Gespräche den Eindruck, dass es keine Kompatibilitätsschwierigkeiten zwischen Katholizismus und Freimaurerei gebe[404]. Allerdings habe sich dieser Eindruck durch das Studium der freimaurerischen Rituale der Grade des Lehrlings, des Gesellen und des Meisters gewandelt. „Die Katholische Kirche", so die Erklärung der DBK, „mußte bei der Überprüfung der ersten drei Grade grundlegende und unüberbrückbare Gegensätze feststellen."[405] Josef Stimpfle

---

400 Vgl. SEBOTT, Freimaurer und DBK, 80; QC, Quellenkundliche Arbeit Nr. 14 (Hamburg 1980) 5.
401 Vgl. STIMPFLE, Freimaurerei und DBK, 409.
402 Erklärung der Deutschen Bischofskonferenz vom 12. Mai 1980 zur Frage der Mitgliedschaft von Katholiken in der Freimaurerei, in: AfkKR 149 (1980) 164-174.
403 Vgl. Erklärung der DBK zur Freimaurerei, 165.
404 Vgl. STIMPFLE, Freimaurerei und DBK, 409.
405 Erklärung der DBK zur Freimaurerei, 164.

beklagte zudem, dass sich die VGL „radikal geweigert [habe] etwas über die Hochgrade auszusagen"[406].

4.5.1 Erklärung der Deutschen Bischofskonferenz vom 12. Mai 1980 zur Frage der Mitgliedschaft von Katholiken in der Freimaurerei

Bevor die Erklärung der DBK kritisch gewürdigt werden soll, ist im Folgenden zunächst ihr Inhalt zu skizzieren.

Bereits nach einigen einführenden Worten gibt die Erklärung das abschließende Ergebnis des Dialogs wieder: *„Die gleichzeitige Zugehörigkeit zur Katholischen Kirche und zur Freimaurerei ist unvereinbar."*[407]

Nach kurzen Hinweisen zur Situation der Freimaurerei nach dem Zweiten Weltkrieg und der Bereitschaft der Kirche, Dialog zu führen mit allen, die „guten Willens"[408] sind, ist die Erklärung bemüht, zunächst einige Übereinstimmungen zwischen Kirche und Freimaurerei zu benennen. Als solche werden genannt: Das humanitäre Anliegen, Wohltätigkeit, die grundsätzliche Bedeutung von Symbolik und die Ablehnung gegenüber menschenfeindlichem Materialismus. Des Weiteren erwähnt die Erklärung, dass „Integrität, Qualifikation, Haltung und persönliche Meinung"[409] von Einzelpersönlichkeiten aus der Freimaurerei „eine positive Meinungsbildung der Loge gegenüber begründet"[410] habe, und

---

406 STIMPFLE, Freimaurerei und DBK, 420.
407 Erklärung der DBK zur Freimaurerei, 165.
408 *Gaudium et spes* 22.
409 Erklärung der DBK zur Freimaurerei, 166.
410 Erklärung der DBK zur Freimaurerei, 166.

dass aufgrund dieses veränderten Meinungsbildes das Überdenken der kirchlichen Haltung gegenüber der Freimaurerei nahelag.[411]

Der Erklärung zufolge bezogen sich die Gespräche nicht ausschließlich auf die Rituale, allerdings bildeten sie ein entscheidendes Kriterium, da sich „unabhängig von allen subjektiven Auffassungen"[412] das objektive „Wesen der Freimaurerei, so wie es sich in den Vereinigten Großlogen von Deutschland vorfindet"[413] in den Ritualen der Freimaurerei manifestiert.

Als Beleg für den unveränderten Standpunkt der Freimaurerei und ihre „fundamentale Infragestellung der Kirche"[414], insbesondere der „objektive[n] Geltung der geoffenbarten Wahrheit"[415], werden die in der Zeitschrift *Humanität* publizierten „Thesen bis zum Jahr 2000"[416] angeführt, in denen sich u.a. die These findet, dass es „Systeme weltanschaulich-religiöser Art, die alleinige Verbindlichkeit beanspruchen können, […] nicht [gibt]"[417].

---

411 Vgl. Erklärung der DBK zur Freimaurerei, 166 f.
412 Erklärung der DBK zur Freimaurerei, 167.
413 Erklärung der DBK zur Freimaurerei, 167.
414 Erklärung der DBK zur Freimaurerei, 168.
415 Erklärung der DBK zur Freimaurerei, 168.
416 Die „Thesen bis zum Jahr 2000" waren eine einmalige Beilage zur *Humanität* und sind folglich meist nicht archiviert worden. Weder über öffentliche Bibliotheken noch über den Großarchivar der AFAM war der Wortlaut zu beziehen. Dankenswerterweise stellte das Deutsche Freimaurermuseum in Bayreuth eine Kopie der Thesen zur Verfügung. Sie sind dieser Arbeit als Anhang beigefügt.
417 „Thesen bis zum Jahr 2000", in: Humanität 6 (1980) Nr. 1, Einlage nach S. 20. Man könnte zusätzlich einwenden, dass die Thesen auch politisch eine Position zur Sprache bringen, die mit der Lehre der Kirche schwer vereinbar sein dürfte. These 13 etwa lautet: „Das Recht auf Fortpflanzung und die Verpflichtung dazu unterliegen der

Bevor die Gründe der Unvereinbarkeit im Einzelnen erörtert werden, weist die Erklärung darauf hin, dass „andere nicht minder wichtige [Argumente] von der Kommission ebenfalls erörtert"[418] wurden. Die Kriterien anhand derer entschieden wurde, welche Argumente ihren Weg in die Erklärung der DBK fanden und welche nicht, werden an keiner Stelle des Dokuments thematisiert.

Die zwölf in der Erklärung genannten Gründe der Unvereinbarkeit sind die folgenden:

1. Die Weltanschauung der Freimaurer
Kritisiert wird, dass die freimaurerische Weltanschauung nicht verbindlich festgelegt ist, eine humanitäre und ethische Tendenz überwiegt und Ritualistik und Symbolik der Freimaurerei individuell deutbar sind. Obgleich die Freimaurerei ein weltanschaulich heterogenes Gebilde ist, stimmten ihre Ausprägungen doch in der Grundüberzeugung des Relativismus überein. Zur Untermauerung dieser Kritik wird das *Internationale Freimaurerlexikon* bemüht, demzufolge die Freimaurerei ein weitgehend dogmenfreies Gebilde ist, in dem sich „relativistisch eingestellte Menschen zur Förderung des Humanitätsideals"[419] zusammenfinden.

Reglementierung durch den Staat ebensowenig wie die Abtreibung." Theologisch kritisierbar wäre zudem These 8 gewesen, die unter anderem besagt: „Die höchste Form, das Göttliche zu verehren, liegt in der Erkenntnis und Beachtung des Moralischen." Siehe hierzu „Thesen bis zum Jahr 2000" im Anhang. Es ist nicht einsichtig, warum die Deutsche Bischofskonferenz ausgerechnet auf diese These nicht rekurriert.

418 Erklärung der DBK zur Freimaurerei, 169.
419 Wiedergegeben aus: Erklärung der DBK zur Freimaurerei, 169; ursprünglich in: LENNHOFF, Eugen, POSNER, Oskar, Internationales Freimaurerlexikon, Wien 1975, 1300. Die gleiche Formulierung fin-

2. Der Wahrheitsbegriff der Freimaurerei

Die Grundlage der Freimaurerei sei die Relativität jeder Wahrheit, sie verneine die Möglichkeit objektiver Wahrheitserkenntnis, so behauptet die Erklärung und führt als Beleg ein Lessing-Zitat an. Dieser negative Wahrheitsbegriff der Freimaurerei stehe sowohl der natürlichen, als auch der Offenbarungstheologie entgegen.

3. Der Religionsbegriff der Freimaurer

Vergleichbar den ersten beiden Argumenten wird auch das Religionsverständnis der Freimaurerei als relativistisch bezeichnet. Als Begründung wird einerseits das Verbot religiöser Dispute in der Loge angeführt und andererseits die weiterhin für die reguläre Freimaurerei bindenden Forderungen der *Alten Pflichten* (gemeint sind die *Charges of a Free-Mason*) aus den Anderson'schen Konstitutionen, ein Maurer solle weder ein bindungsloser Freigeist noch ein engstirniger Gottesleugner sein, und er sei nur auf jene Religion zu verpflichten „in der alle Menschen übereinstimmen". Hierin liege ein relativistisches Religionsverständnis, das mit der Grundüberzeugung des Christentums nicht kompatibel sei.

4. Der Gottesbegriff der Freimaurer

Der sich in den Ritualen aller regulären Logen findende Gottesbegriff – meist als *Großer Baumeister aller Welten* ausbuchstabiert – ist, so formuliert die Erklärung, eine „deistisch geprägte Konzeption" und kein Wesen im Sinne eines personalen Gottes, wie das Christentum ihn vertritt.

---

det sich auch in aktuelleren Ausgaben des Lexikons; vgl. hierzu Art. Relativismus, in: Freimaurerlexikon, 700.

5. Der freimaurerische Gottesbegriff und Offenbarung
Dem freimaurerischen Gottesbegriff zufolge sei eine Selbstoffenbarung Gottes nicht möglich. Zudem wird unter Verweis auf das freimaurerische Ritual des zweiten Grades kritisiert, die Freimaurerei leite das Christentum ausdrücklich aus sumerisch-babylonischen Astralkulten her.

6. Die Toleranzidee der Freimaurer
Abermals unter Verweis auf den Artikel zu Relativismus im *Internationalen Freimaurerlexikon* kritisiert die Deutsche Bischofskonferenz die freimaurerische Toleranz, die über die anderen Mitmenschen geschuldete Duldsamkeit in einer die Glaubenstreue gefährdenden Weise hinausgeht.

7. Die Ritualhandlungen der Freimaurer
Nach Auffassung der DBK haben die freimaurerischen Initiationsrituale sakramentsähnliche Wesenszüge, die den Anschein erwecken, dass in Bezug auf den Initiierten eine objektive Verwandlung stattfindet, die in Konkurrenz zur sakramentalen Umwandlung stehe.

8. Die Vervollkommnung des Menschen
Unter Bezugnahme auf das Ritual des dritten Grades verdeutlicht die Deutsche Bischofskonferenz, dass aufgrund des freimaurerischen Strebens nach ethischer und geistiger Optimierung kein Raum für Gnade bzw. Rechtfertigung sei. Sie wirft die Frage auf, welche Bedeutung den christlichen Initiationsritualen sowie dem Sakrament der Buße angesichts der in den Ritualen der Freimaurerei ausgestalteten Erleuchtung und Todesüberwindung noch zu eigen ist.

9. Die Spiritualität der Freimaurer

Die Erklärung kritisiert, dass die Freimaurerei an ihre Mitglieder einen Totalitätsanspruch stellt, der in der Verpflichtung auf Leben und Tod deutlich zutage tritt. Für die Deutsche Bischofskonferenz stellt sich die Frage, ob dieser Anspruch der Freimaurerei dem Sendungsanspruch der Kirche nicht entgegensteht.

10. Heterogenität der Freimaurerei

Die Erklärung konstruiert hier zwei sich gegenüberstehende Extreme, von denen der als atheistisch bezeichnete GOdF[420] das eine und die christliche Freimaurerei, wie sie in Deutschland in der GLLvD/FO in Erscheinung tritt, das andere Extrem bildet. Die Erklärung stellt fest, dass auch in Bezug auf die christliche Freimaurerei keine Vereinbarkeit besteht, weil auch diese nicht außerhalb der freimaurerischen Grundordnung liegt.

11. Freimaurerei und Katholische Kirche

Die auch in Bezug auf can. 2335 CIC/1917 bisweilen geforderte Differenzierung zwischen Erscheinungsformen

---

420 Fälschlicherweise behauptet die Erklärung, der GOdF besäße einige Logen in Deutschland. In der Freimaurerei, und zwar sowohl in ihrer regulären wie auch ihrer irregulären Erscheinungsform, gilt ein striktes Territorialprinzip, das nur bei der UGLE, insbesondere in Commonwealth-Staaten, einige Ausnahmen kennt. Zudem ist anzumerken, dass jene Logen, die sich der Haltung des GOdF verbunden fühlen – hierauf scheint die DBK anspielen zu wollen – nicht der regulären Freimaurerei zuzuordnen und somit in den VGLvD nicht vertreten sind. Insofern legt es sich nicht nahe, sich für die Feststellung der Unvereinbarkeit von regulärer Freimaurerei und Katholizismus ausgerechnet auf irreguläre Erscheinungsformen der Freimaurerei zu beziehen.

der Freimaurerei, die gegen die Kirche agieren und jenen, die es nicht tun, hält die Deutsche Bischofskonferenz insofern für ihr Gebiet für abwegig, da selbst in Bezug auf jene Freimaurerei, die der Kirche gegenüber wohlgesinnt ist, unüberwindliche Schwierigkeiten festzustellen waren. Die Unvereinbarkeit erstreckt sich somit, der DBK zufolge, auf alle Ausprägungen der Freimaurerei.

12. Freimaurerei und Evangelische Kirche
Abschließend bezieht sich die Erklärung der DBK auf das Verhältnis der Evangelischen Kirche zur Freimaurerei, deren Sorge sich ebenfalls auf den Raum der Gnade angesichts des freimaurerischen Strebens nach Selbstoptimierung bezog. Die EKD ging allerdings den Weg, die Mitgliedschaft evangelischer Christen dem „freien Ermessen des Einzelnen [zu] überlassen"[421].

---

421 Wiedergegeben aus: Erklärung der DBK zur Freimaurerei, 173.; vgl. auch QUENZER, Wilhelm, „Königliche Kunst" in der Massengesellschaft. Freimaurerei als Gruppenphänomen (Information Nr. 58 der EZW) 1974, 19. Ergänzend führt Kottmann aus, dass im Rahmen der Gespräche zwischen EKD und VGL 1972 und 1973 in Bezug auf das freimaurerische Gottesverständnis keine sich ausschließenden Gegensätze festgestellt wurden. Zudem anerkannte die EKD die Darstellung von freimaurerischer Seite, die Rituale seien kein Ersatz für den Gottesdienst. Der Gesprächsbericht ist veröffentlicht in: Una Sancta 36 (1981) 12 f.

4.5.2 Die Erklärung der DBK – Versuch einer kritischen Würdigung

Da die, den Gesprächen der DBK mit den VGL folgende Diskussion, an der sich Josef Stimpfle als Vorsitzender der Vertreter der DBK rege beteiligte, wertvolle Einblicke in die genauere Begründung der ablehnenden Haltung gegenüber der Freimaurerei sowie die Arbeitsweise der Dialogkommission liefert, bezieht sich die folgende kritische Beleuchtung nicht nur auf das Schreiben der DBK selbst, sondern auch auf die erläuternden Kommentare Josef Stimpfles.

Methodisch ist in Bezug auf die Erklärung der DBK anzumerken, dass sie unzureichend differenziert zwischen den fünf verschiedenen, in Deutschland vertretenen Großlogen, die alle jeweils eigene Rituale haben. So wird zwar jeweils auf Ritualtexte verwiesen, allerdings nicht angegeben, welcher Großloge sie zuzuordnen sind. Während zwar ausdrücklich die GLLvD als vermeintlich „christliche" Spielart der Freimaurerei erwähnt wird, verliert die Erklärung kein Wort über die AFAM, der allerdings die überwiegende Mehrheit deutscher Freimaurer angehören[422]. Auch im Zuge der Diskussion, insbesondere zwischen Josef Stimpfle und Reinhold Sebott, präzisiert Josef Stimpfle nicht, auf welche Rituale welcher Großloge sich seine bzw. die Kritik der DBK bezog[423]. Zwar stellt die Erklärung der DBK explizit fest, dass es innerhalb der Freimaurerei sehr verschiedene Strömun-

---

[422] Die Tatsache, dass die AFAM nicht eigens erwähnt wird, ist auch insofern problematisch, als es – so der Eindruck des Verfassers der vorliegenden Arbeit – gerade die Rituale der AFAM waren, die der Dialogkommission der DBK vorgelegt wurden.
[423] Vgl. STIMPFLE, Freimaurerei und DBK, 409-422.

gen gibt. Allerdings wurde daraus offenbar nicht der Schluss gezogen, man müsse bzw. könne die Erklärung der DBK entsprechend differenziert gestalten. Auch im Hinblick auf die Tatsache, dass Stimpfle an Sebott den Vorwurf richtet, er habe „die eigentlichen Texte der Rituale nicht zugrunde gelegt"[424], wiegt die mangelnde Präzision der Quellenangabe der Erklärung der DBK schwer. Josef Stimpfle bemängelte im Zuge der Diskussion um die Erklärung der DBK zudem, dass die VGL die Rituale des Alten Angenommenen Schottischen Ritus (AASR) den Vertretern der DBK nicht zugänglich mache[425] und spricht von einer radikalen Weigerung seitens der freimaurerischen Gesprächspartner in Bezug auf die Rituale des Schottischen Ritus[426]. Offenbar wurde übersehen, dass der AASR selbst nicht als Großloge in den VGL vertreten ist, obgleich ein sogenanntes *Konkordat* zwischen AASR und AFAM besteht und zum Zeitpunkt der Gesprä-

---

424 STIMPFLE, Freimaurerei und DBK, 411.
425 Dass der Kommission in die Rituale des AASR kein Einblick gegeben wurde, kritisiert Stimpfle scharf unter Bezugnahme auf ein Zitat von Albert Pike, demzufolge „die trivialste Behauptung [...] darin besteht, daß der Lehrinhalt der Freimaurerei in den drei Grundgraden völlig enthalten sei". Um diesem vermeintlichen Argument zusätzliches Gewicht zu verleihen, bezeichnet Stimpfle Albert Pike als „einen der größten Kenner der Freimaurerei"; vgl. hierzu STIMPFLE, Freimaurerei und DBK, 420. Dem ist entgegenzuhalten, dass das zitierte Buchs Pikes, „Morals and Dogma of the Ancient and Accepted Scottish Rite", ein überwiegend zusammenplagiiertes Elaborat ist, das innerhalb der freimaurerischen Gemeinschaft, auch und gerade von Vertretern der Hochgrade stark kritisiert wurde. Die von Stimpfle wiedergegebene Behauptung Pikes bezeichnet Gabor KISZELY, selbst Hochgradmaurer, als „unwahrscheinlich" und „verlogen" und Pikes Werk als „infantile Ritterspielerei"; vgl. hierzu KISZELY, Hochgrade, 16 f.
426 Vgl. STIMPFLE, Freimaurerei und DBK, 420.

che bestand. Mit anderen Worten: Die VGL vertreten den AASR nicht, sie sprechen nicht für ihn und verfügen nicht über seine Ritualtexte. Eine entsprechende Anfrage an die VGL, die Rituale einer masonischen Körperschaft offenzulegen, die in den VGL gar nicht vertreten ist, konnte überhaupt nicht bedient werden.[427]

Die DBK führt als Beleg für den angeblich von der Freimaurerei vertretenen und im Widerspruch zur Lehre der Kirche stehenden Relativismus wiederholt das *Internationale Freimaurerlexikon* an. Dieses selbst weist in seinem Vorwort allerdings explizit darauf hin, dass keine in ihm enthaltenen Interpretationen einen „exklusiven Anspruch erheben"[428] können, sondern jeweils als „Möglichkeit innerhalb einer pluralen Welt zu verstehen"[429] sind.[430]

Verschiedentlich wurde darauf aufmerksam gemacht, dass das Lexikon keinen repräsentativen Charakter habe und diesen auch explizit ablehne. Kehl[431] formuliert: „Dieses Lexi-

---

427 Die Fixierung Stimpfles auf den Schottischen Ritus, also ein nicht in den VGL vertretenes Gebilde, ist nicht restlos nachvollziehbar, da ja durchaus andere Hochgradsysteme in den VGL vertreten sind: Sowohl die GLLvD, als auch die 3WK verfügen über ein jeweils eigenes Hochgradsystem, das bei 3WK sieben, bei der GLLvD zehn bzw. elf Grade umfasst.
428 Vorwort, in: Freimaurerlexikon, insbesondere 10 f.
429 Vorwort, in: Freimaurerlexikon, insbesondere 10 f.
430 Die Autoren des Freimaurerlexikons weisen zudem darauf hin, dass sie nicht der Versuchung unterliegen, „eine endgültige Interpretation eines sozialen Phänomens […] vorzulegen"; siehe hierzu Vorwort, in: Freimaurerlexikon, 10 f.
431 In dem autobiographischen, nach Gestalt einer „Verräterschrift" konzipierten Werk von Burkardt GORRISSEN, Ich war Freimaurer, Augsburg 2010, wird der gewagte Verdacht wiedergegeben, Alois Kehl sei selbst Freimaurer gewesen und zwar in der Kölner Loge Ver sacrum Nr. 797. Gorissen gibt einen Bericht wieder, demzufolge ein Kölner

kon als repräsentativ für die Freimaurerei zu nehmen, bedeutet das gleiche, als wenn man einzig Küng oder Lefebvre als repräsentativ für die gegenwärtige katholische Theologie betrachtet"[432].

Es ist sachlich unangemessen, einem Lexikon, das für sich explizit auf einen Verbindlichkeitsanspruch verzichtet, einen solchen implizit zu unterstellen. Sebott weist zu Recht darauf hin, dass das zitierte Lexikon keinen offiziellen Charakter hat, sondern die Privatarbeit zweier Autoren darstellt[433]. Naheliegender wäre gewesen, auf die tatsächlich verbindlichen Grundlagendokumente, etwa der Freimaurerischen Ordnung der AFAM, einzugehen, in denen Selbstverständnis und Wesen der jeweiligen Großloge repräsentativ erfasst sind.

Um die Behauptung des „unveränderten Standpunkt(es) der Freimaurerei" zu untermauern, bezieht sich die Erklärung der DBK auf die „Thesen bis zum Jahr 2000"[434]. Stimpfle rechtfertigt das Heranziehen dieser Quelle einerseits mit ihrer Veröffentlichung in einem offiziellen Organ der Freimaurerei[435], und andererseits mit dem Hinweis, dass leitende Persönlichkeiten der Großloge zu den Autoren und Apologeten der Thesen gehören. Diesbezüglich ist auf das de-

---

Freimaurer Alois Kehl in Regalia (Schurz, Handschuhe, Bijou) gesehen haben will; vgl. hierzu GORISSEN, Ich war Freimaurer, 34.

432 KEHL, Alois, Zur Erklärung der Deutschen Bischofskonferenz zum Verhältnis katholische Kirche und Freimaurerei in Deutschland, in: Una Sancta. Zeitschrift für ökumenische Begegnung 36 (1981) 54-67, 57.
433 SEBOTT, Freimaurer und DBK, 84.
434 Vgl. Erklärung der DBK zur Freimaurerei, 168. Einschlägig ist dabei These 1: „Systeme weltanschaulichreligiöser [sic!] Art, die allgemeine Verbindlichkeit beanspruchen können, gibt es nicht."
435 Gemeint ist die *Humanität*, das Vereinsblatt der AFAM.

mokratische Wesen der AFAM – um die es geht, auch wenn Stimpfle nahezu prinzipiell darauf verzichtet, Großlogen bei ihrem Namen zu nennen – hinzuweisen: Dem Großlogentag steht in Dingen, die die Verfassung der Großloge betreffen, die letzte Entscheidung zu[436]. Eine von zwei Freimaurern verfasste Liste von Thesen gibt – selbst wenn es sich dabei um Freimaurer in leitenden Positionen handelt – mitnichten die offizielle Position der Großloge wieder, wenn sie nicht durch den Großlogentag diese Verbindlichkeit durch Mehrheitsentscheid zugesprochen bekommt[437]. Zwar wurden die „Thesen bis zum Jahr 2000" von Gerhard Grossmann und Alfred Schmidt mit dem Ziel verfasst, die Grundansichten der AFAM zu versprachlichen. Allerdings ernteten die Thesen heftige Kritik – was eher für als gegen die AFAM spräche – und wurden, entgegen der Hoffnung der Autoren, auf dem Großlogentag 1980 nicht zur Abstimmung gestellt[438]. Obgleich Stimpfle behauptet, die Thesen seien vom Großlogentag nicht abgelehnt, sondern nur einem Ausschuss übergeben worden[439], so ist doch festzuhalten, dass die „Thesen bis zum Jahr 2000" niemals offizielle Position der AFAM wurden[440].

---

436 Vgl. AFAM, Freimaurerische Ordnung, 16.
437 Vgl. AFAM, Freimaurerische Ordnung, Bonn 2009, 16; 26-33.
438 Vgl. KISCHKE, Horst, Die Freimaurer. Fiktion, Realität und Perspektiven, München 1999, 148.
439 Vgl. STIMPFLE, Freimaurerei und DBK, 419.
440 Die Erklärung der DBK argumentiert, dass die „Thesen bis zum Jahr 2000" auch deswegen als repräsentativ gelten, weil sie in einem offiziellen Publikationsorgan der Freimaurerei erschienen sind. Dem ist entgegenzuhalten, dass in der gleichen als repräsentativ eingestuften Zeitschrift darauf hingewiesen wurde, dass „es sich bei den ‚Thesen bis zum Jahr 2000' um keine offizielle Verlautbarung – sondern um eine Ausarbeitung von Gedanken handelt, die weder in Form noch Inhalt endgültig ist". Humanität 6 (1980) Nr. 2, 7. Abermals wies,

Zudem ist auf die inhaltliche Widersprüchlichkeit der Thesen hinzuweisen. So lautet These 20: „Die Freimaurerei hütet sich davor, in den letzten philosophischen Grundfragen dogmatische Positionen zu beziehen."[441] Aktuell, also mehr als 30 Jahre nach ihrem Verfassen, spielen die Thesen im Binnenleben der AFAM überhaupt keine Rolle mehr und haben somit ihren ohnehin anfechtbaren repräsentativen Charakter vollends verloren.

Die Erklärung der DBK verzichtet darauf, sich auf die *Lichtenauer Erklärung* zu beziehen, da es sich bei ihr nicht, wie Josef Stimpfle betont, um ein offizielles kirchliches Dokument handelt, und es falsch wäre, sie als amtliches Dokument aufzufassen[442]. Zwar handelt es sich bei der *Lichtenauer Erklärung* durchaus um ein Ergebnis offizieller Gespräche zwischen Vertretern der Kirche und der Freimaurerei, aber der Einwand Stimpfles, sie habe nie eine amtliche Anerkennung durch die Kirche erhalten, ist berechtigt. Vor diesem Hintergrund ist allerdings schwer nachvollziehbar, warum sich die DBK in ihrer Begründung der Unvereinbarkeit auf offensichtlich nichtamtliche Literatur, die eines offiziellen Charakters vollends entbehrt, meint beziehen zu können[443].

Unglücklich ist zudem der, den Gründen der Unverein-

---

nachdem Reaktionen aus der freimaurerischen Gemeinschaft bei der AFAM eingegangen waren, diese – wieder in der *Humanität* darauf hin, dass „diese Thesen keineswegs – was ohnehin vielfach mißverstanden worden war – ein Programm oder gar ‚neue Alte Pflichten' für die deutsche Freimaurerei darstellen oder vorbereiten sollen"; siehe hierzu Humanität 6 (1980) Nr. 3, 36.
441 Thesen bis zum Jahr 2000, in: Humanität 6 (1980) Nr. 1, Einlage nach S. 20.
442 Vgl. STIMPFLE, Freimaurerei und DBK, 412.
443 Vgl. auch KEHL, Zur Erklärung der DBK, 58.

barkeit unmittelbar vorausgehende, Hinweis, dass neben den ausgeführten „andere nicht minder wichtige [Diskussionsgegenstände und Argumente] von der Kommission ebenfalls erörtert"[444] wurden, die zu dem Ergebnis der grundsätzlichen Unvereinbarkeit einer gleichzeitigen Zugehörigkeit zur katholischen Kirche und zur Freimaurerei führten. Abgesehen davon, dass ein gegebenenfalls größerer Umfang der Erklärung ihren Lesern sicher zumutbar gewesen wäre und die sachliche Auseinandersetzung durch das Andeuten ungenannter Sachargumente erschwert wird, erinnert die Formulierung unweigerlich an die erste katholische Verurteilung der Freimaurerei durch Clemens XII., der in seiner Bulle *In eminenti apostolatus specula* von „anderen uns bekannten, gerechten und billigen Ursachen"[445] spricht, ohne auszuführen, worauf er sich bezieht.

Im Folgenden ist auf einige der Unvereinbarkeitsargumente der Erklärung der DBK einzugehen.

4.5.2.1 Die Weltanschauung der Freimaurer

Deskriptiv und richtig stellt die Erklärung der DBK die Uneinheitlichkeit bzw. Vielfalt freimaurerischer Weltanschauungen fest. Sie irrt allerdings mit der Behauptung, der Relativismus im Sinne des als Beleg zitierten Internationalen Freimaurerlexikons sei ein übereinstimmendes Merkmal aller Freimaurer. Abgesehen von der Unverbindlichkeit des zitierten Lexikons ist auf die Grundsätze der AFAM hinzu-

---

444 Erklärung der DBK zur Freimaurerei, 168 f.
445 CLEMENS XII., Bulle *In eminenti*, § 2: „[…] aliisque de iustis, ac rationabilius causis nobis notis." Zitiert nach Kottmann, Freimaurer und katholische Kirche 152, dort Fn. 507.

weisen, in denen es u.a. heißt: „Glaubens-, Gewissens- und Denkfreiheit sind den Freimaurern höchstes Gut"[446]. Es steht jedem Bruder frei, auch und gerade in religiösen Dingen, für wahr zu halten, was seinem Glauben entspricht. Nirgends nötigt die Freimaurerische Grundordnung der AFAM ihre Mitglieder, den von Lennhoff und Posener definierten und von der Erklärung der DBK wiedergegebenen Relativismus weltanschaulich zu integrieren.

4.5.2.2 Der Wahrheitsbegriff der Freimaurerei

Die Erklärung der DBK vertritt die Ansicht, die Freimaurerei verneine die Möglichkeit objektiver Wahrheitserkenntnis[447]. Dies meinen die Verfasser der Erklärung einem wiedergegeben Zitat von Lessing entnehmen zu müssen[448]. In diesem Zusammenhang behauptet die Erklärung, die Freimaurerei lehne jeden Dogmenglauben ab. Auch diese Feststellung trifft nicht zu. Neben dem oben wiedergegebenen Grundsatz der Glaubensfreiheit betont die AFAM, dass weder sie noch ihre Mitgliedslogen in konfessionellen Auseinandersetzungen Stellung nehmen[449]. Zweifellos ist außerdem bemerkbar, dass der Begriff *Dogma* von der DBK und

---

446 AFAM, Freimaurerische Ordnung, 6.
447 Vgl. Erklärung der DBK zur Freimaurerei, 168.
448 Die Erklärung zitiert folgende Worte Lessings: „Wenn Gott in seiner Rechten alle Wahrheit und in seiner Linken den einzig immer regen Trieb nach Wahrheit, obschon mit dem Zusatz, mich immer und ewig zu irren, verschlossen hielte und spräche zu mir: ,Wähle', ich fiele ihm mit Demut in seine Linke und sagte: ,Vater gib! Die reine Wahrheit ist ja doch nur für Dich alleine!'" Erklärung der DBK zur Freimaurerei, 169. Die Erklärung der DBK zitiert dabei: LESSING, G. E., Duplik, 1977 Gesammelte Werke V, 100.
449 Vgl. AFAM, Freimaurerische Ordnung, 7.

Lennhoff und Posner nicht univok gebraucht wird. Während die DBK darunter die von Gott offenbarte *veritas revelata* meint, versteht das Internationale Freimaurerlexikon darunter einen „Lehrsatz, der nach Auffassung seiner Verfechter keines Beweises bedarf"[450] und „sowohl auf religiösem, wie auch politischem und wirtschaftlichen Gebiet"[451] auftreten kann. Explizit weisen Lennhoff und Posner in ihrem von der DBK nur teilweise zitierten Artikel zu *Dogma* darauf hin, dass die Freimaurerei nicht antidogmatisch, sondern lediglich *adogmatisch* ist. Sie verzichtet explizit darauf, selbst verbindliche Lehrsätze aufzustellen und anerkennt so die volle Freiheit jedes ihrer Mitglieder zu glauben, was seiner religiösen Überzeugung entspricht. Die Freimaurerei, wie sie sich in Deutschland in der AFAM mehrheitlich manifestiert, lehnt nicht den Verbindlichkeitsanspruch kirchlicher Lehre ab, sondern verzichtet ihrerseits nur explizit selbst auf eine vergleichbare Verbindlichkeit.[452]

4.5.2.3 Der Religionsbegriff der Freimaurer

Aus den für die reguläre Freimaurerei in jedem Fall verbindlichen *Charges* der Anderson'schen *Constitutions* meinen die Autoren der Erklärung der DBK ableiten zu müssen, die Freimaurerei vertrete einen relativistischen Religionsbegriff, der alle Religionen nur als konkurrierende Versuche, die unerreichbare Wahrheit Gottes zu versprachlichen, betrach-

---

450 Art. Dogma, in: Freimaurerlexikon, 230.
451 Art. Dogma, in: Freimaurerlexikon, 230.
452 Vgl. SEBOTT, Freimaurer und DBK, 82; KEHL, Zur Erklärung der DBK, 59 f.

tet⁴⁵³. Diese Schlussfolgerung wird der Diskussion um die Intention Andersons nicht gerecht. Kritisch zu bemerken ist auch, dass die Erklärung der Deutschen Bischofskonferenz den Wortlaut des Absatzes nur unvollständig wiedergibt. Die Formulierung „Religion in which all Men agree" ist zunächst vor dem Hintergrund blutiger Verfolgungen und Religionskriege im 16. und 17. Jahrhundert zu sehen, angesichts derer Anderson und ein vierzehnköpfiges Gremium, das seinen Entwurf guthieß, den Rahmen für einen toleranten und freundschaftlichen Umgang miteinander setzen wollten⁴⁵⁴. Ihren Zweck, Menschen unterschiedlicher politischer und religiöser Überzeugung zueinander zu bringen, kann die Freimaurerei nur dann adäquat bedienen, wenn sie selbst in religiösen und politischen Belangen soweit als möglich Abstinenz übt⁴⁵⁵. Vor diesem Hintergrund sind auch die freimaurerischen Grundsätze der uneingeschränkten Glaubens-, Gewissens- und Denkfreiheit sowie der Zurückhaltung in

---

453 Vgl. Erklärung der DBK zur Freimaurerei, 170. Der darin wiedergegebene Passus aus den Alten Pflichten lautet: „Der Maurer ist als Maurer verpflichtet, dem Sittengesetz zu gehorchen; und wenn er die Kunst recht versteht, wird er weder ein engstirniger Gottesleugner noch ein bindungsloser Freigeist sein. In alten Zeiten waren die Maurer in jedem Lande zwar verpflichtet, der Religion anzugehören, die in ihrem Lande oder Volke galt, heute jedoch hält man es für ratsamer, sie nur zu der Religion zu verpflichten, in der alle Menschen übereinstimmen, und jedem seine besondere Überzeugung selbst zu belassen."

454 Vgl. DIERICKX, Einsicht und Würdigung, 34. Zudem ist darauf hinzuweisen, dass Anderson die von der DBK kritisierte Formulierung möglicherweise wählte, um Philip Wharton, dem Großmeister und Stuart-Anhänger zum Abfassungszeitpunkt der Constitutions, als Presbyterianer nicht unnötig vor dem Kopf stoßen wollte; vgl. hierzu Dierickx, Einsicht und Würdigung, 37 f.

455 Vgl. SEBOTT, Freimaurer und DBK, 83.

konfessionellen und parteipolitischen Auseinandersetzungen der AFAM zu sehen[456]. Die Erklärung der Deutschen Bischofskonferenz unterschlägt jenen Satz der *Charges*, der explizit darauf hinweist, dass sich Brüder sehr wohl hinsichtlich ihrer „Denominations or Persuasions"[457], also ihrer Konfession oder Überzeugung, unterscheiden. Damit ist implizit die religiöse Selbstbestimmung eines Freimaurers durch die *Charges* vollends anerkannt. Des Weiteren zitiert die Erklärung der Deutschen Bischofskonferenz die Spezifizierung dessen, was Anderson mit „Religion in which all Men agree"[458] im Sinn hatte, nicht. Begemann bemerkte hierzu bereits 1914:

„Beachtet man weiter, was Anderson selbst zur Erklärung hinzusetzt: that is to be good men and true, or Men of Honour and Honesty, by whatever Denominations or Persuasions they may be distinguish'd, so ist völlig klar, daß Anderson überhaupt keine bestimmte religiöse Überzeugung meint, sondern mehr eine religiös-sittliche Auffassung von den Pflichten des Menschen. Dem entspricht dann auch der Satz, mit dem die erste Pflicht beginnt: A Mason is oblig'd by his Tenure, to obey the moral Law."[459]

---

456 Vgl. AFAM, Freimaurerische Ordnung, 6 f.
457 ANDERSON, FRANKLIN, Constitutions of the Free-Masons, 48.
458 ANDERSON, FRANKLIN, Constitutions of the Free-Masons, 48.
459 BEGEMANN, Freimaurerei in Schottland, IX.

4.5.2.4 Der freimaurerische Gottesbegriff und Offenbarung

Bei dem in den Ritualen regulärer Freimaurerlogen gebrauchten Begriff des *Großen Baumeisters aller Welten* handle es sich um eine deistische Konzeption, so formuliert die DBK. In Anlehnung an die Kritik am freimaurerischen Wahrheitsbegriff führt die Erklärung der DBK aus, dass die Freimaurerei die objektive Erkenntnis von Gott im Sinne eines personalen Gottesbegriffs leugnet. Auch hierauf ist zu antworten, dass die AFAM restlos darauf verzichtet, einen Gottesbegriff im eigentlichen Sinne überhaupt zu formulieren. In den freimaurerischen Grundsätzen wird diesbezüglich lediglich gesagt, dass sie im „Weltenbau, in allem Lebendigen und im sittlichen Bewusstsein des Menschen ein göttliches Wirken voll Weisheit, Stärke und Schönheit"[460] sieht, das im „Sinnbild des Großen Baumeisters aller Welten"[461] verehrt wird. Die Definition eines gemeinsamen Gottesbegriffs läge dem Wesen der Freimaurerei fern, weil hierin ein Eingriff in die Glaubensfreiheit ihrer Mitglieder läge. Hierauf wies auch die *Lichtenauer Erklärung* hin[462]. Widersprüchlich formuliert die DBK selbst: „Jeder kann hier seine Gottesvorstellung einbringen, der Christ wie der Moslem, der Konfuzianer wie der Animist oder der Angehörige irgendeiner Religion. Der

---

460 AFAM, Freimaurerische Ordnung, 6.
461 AFAM, Freimaurerische Ordnung, 6.
462 Im erläuternden Vorwort der *Lichtenauer Erklärung* heißt es dazu: „Die Freimaurer haben keine gemeinsame Gottesvorstellung. Denn die Freimaurerei ist keine Religion und lehrt keine Religion. Freimaurerei verlangt dogmenlos eine ethische Lebenshaltung und erzieht dazu durch Symbole und Rituale"; siehe hierzu APPEL, VORGRIMLER, Dialog, 103.

Weltenbaumeister gilt den Freimaurern nicht als ein Wesen im Sinne eines personalen Gottes."[463] In der Tat steht es jedem Freimaurer – wie die DBK richtig formuliert – frei, das Symbol des Weltenbaumeisters als Verweis auf das seinem Glauben entsprechende Gottesbild zu deuten. Wenn es allerdings so ist, dass jeder hier seine Gottesvorstellung einbringen kann, dann ist kein katholischer Freimaurer daran gehindert, das Symbol des Weltenbaumeisters als Verweis auf den personalen, trinitarischen, in Jesus Christus begegnenden Gott zu deuten. Da es eine gemeinsame Gottesvorstellung der Freimaurerei nicht gibt, ist es sachlich unangemessen, zu behaupten, die Gottesvorstellung der Freimaurerei versperre sich dem Glauben an eine Selbstoffenbarung Gottes.

Darüber hinaus formuliert die DBK in Bezug auf den vermeintlichen Konflikt zwischen freimaurerischem Gottesbegriff und Offenbarung, dass „die ausdrückliche Herleitung des Christentums von der astralen Urreligion der Babylonier und Sumerer in vollem Widerspruch zum Offenbarungsglauben"[464] steht. Sie verweist allerdings lediglich auf „Ritual II, S. 47", ohne zu präzisieren, um das Ritual welcher Großloge es sich handelt.

Im Ritual II der AFAM fand sich offenbar zum Zeitpunkt der gemeinsamen Gespräche folgende Formulierung in der Erläuterung des Flammenden Sterns:

„Wir begegnen diesem geheimnisvollen Zeichen, auch Stern des Mikrokosmos genannt, bereits in der sumerisch-babylonischen Hochkultur, aus deren astraler Urreligion die großen Mono-

---

463 Erklärung der DBK zur Freimaurerei, 171.
464 Erklärung der DBK zur Freimaurerei, 171.

theistischen Religionen Vorderasiens – Judentum, Christentum und Islam – hervorgegangen sind."[465]

In der Ausgabe des Rituals II der AFAM aus dem Jahr 2010, die wiederum der Fassung aus dem Jahr 1982 entspricht[466], findet sich nunmehr bei der Auslegung des Flammenden Sterns folgende Formulierung:

„Das Leitbild des Gesellen ist das Pentagramm [...] Wir begegnen diesem geheimnisvollen Symbol bereits in der sumerisch-babylonischen Hochkultur. Die Sonne, der Mond und der Morgenstern, der leuchtendste unter den Planeten, galten den Völkern Mesopotamiens als die drei vornehmsten Symbole des Göttlichen. [...] Vom Ishtarkult bis hin zur Marienverehrung steht dieses Zeichen schweigend im Raum."[467]

---

465 Zitiert nach: KEHL, Zur Erklärung der DBK, 62.
466 Vgl. hierzu das Vorwort des Ritualkollegiums, in: Ritualhandbuch II, 3. Dem aus dem Jahre 2009 stammenden Vorwort ist zu entnehmen, dass „der Ritualtext [...] mit geringfügigen vom Ritualkollegium erarbeiteten Korrekturen, im Übrigen jedoch vollständig übernommen" wurde. Nachgeahmt wurde dabei die Fassung des Rituals aus dem Jahr 1982, wie der Vorbemerkung auf S. 7 zu entnehmen ist.
467 Ritualhandbuch II, 53 f. Es handelt sich hier strenggenommen nicht unmittelbar um einen Ritualtext, sondern eine Erläuterung, auf die sich eine Zeichnung anlässlich der Beförderung in den zweiten Grad beziehen *kann*. Vgl. hierzu auch: Ritualhandbuch II, 50. Die Erläuterungen führen nicht aus, worin der Bezug zur Marienverehrung bestehen soll. Denkbar wäre, dass man sich – religionsgeschichtlich vereinfachend – auf die Darstellung der Gottesmutter mit fünfzackigen Sternen um ihr Haupt beziehen will. Die Erläuterung fährt allerdings fort, um hervorzuheben, dass die Freimaurerei eine eigene Deutung des Symbols hat, nämlich als Versinnbildlichung des „erwachten und reifenden Geistes", der dazu mahnt sein „Leben nicht in Nichtigkeiten zu verlieren, sondern das Wesentliche zu betrachten"; siehe hierzu Ritualhandbuch II, 55.

Die monotheistischen Religionen, geschweige denn das Christentum, werden folglich nicht mehr mit den Astralkulten Mesopotamiens in Verbindung gebracht. Die von der DBK in ihrer Erklärung kritisierte Formulierung findet sich im Ritual nicht mehr.

4.5.2.5 Die Toleranz der Freimaurer

Die freimaurerische Toleranz leite sich aus dem freimaurerischen Wahrheitsbegriff und dem von der Freimaurerei vertretenen Relativismus ab und erschüttere insofern die Loyalität des Katholiken dem kirchlichen Lehramt gegenüber, so argumentiert die Deutsche Bischofskonferenz. Dem ist entgegenzuhalten, dass die Freimaurerei gegensätzliche Meinungen und Ansichten nicht aus Gleichgültigkeit oder aufgrund eines relativistischen Wahrheitsbegriffs zulässt, sondern um des Respektes vor den persönlichen Ansichten des Einzelnen wegen. Sie versucht so den Rahmen zu schaffen, in dem auch Menschen gegensätzlicher Ansichten sich in brüderlicher Achtung voreinander begegnen können. Ein Katholik, der der Freimaurerei beitritt, will und kann damit seine Unterwerfung unter das Lehramt der Kirche nicht abstreifen und ersetzt es erst recht nicht durch ein freimaurerisches Lehramt, das es nicht gibt. Auch hier ist auf die freimaurerischen Grundsätze, wie sie in der Freimaurerischen Ordnung der AFAM ausbuchstabiert sind, zu verweisen. Die Glaubensfreiheit wird dort explizit als eines der höchsten Güter ausgezeichnet. Insofern wird die volle Anerkennung des kirchlichen Lehramtes in keiner Weise behindert.[468]

---

468 Vgl. KEHL, Alois, Zur Erklärung der DBK, 62 f.; SEBOTT, Freimaurer und die DBK, 83; AFAM, Freimaurerische Ordnung, 6.

Zudem ist darauf hinzuweisen, dass sowohl das Zweite Vatikanum in *Dignitatis Humanae* als auch die Freimaurerische Grundordnung die Toleranz argumentativ in der Würde des Menschen verankern.[469]

4.5.2.6 Die Ritualhandlungen der Freimaurer

Von der Hand zu weisen ist nicht, dass die drei rituell vollzogenen Initiationsstufen insofern eine *objektive* Verwandlung bewirken, als dass das in Aufnahme, Beförderung und Erhebung Erlebte weder wiederholt, noch umgekehrt werden kann[470]. Kottmann nimmt an, die freimaurerische Initiationshandlung habe „keinen Gottesbezug, verweist auf nichts Übernatürliches, sondern bleibt auf der Ebene des rein Menschlichen, dient der zu entwickelnden Veredelung

---

469 Vgl. SEBOTT, Freimaurer und die DBK, 83; AFAM, Freimaurerische Ordnung, 6, dort wörtlich: „In Achtung vor der Würde jedes Menschen treten sie ein für die freie Entfaltung der Persönlichkeit und für Brüderlichkeit, Toleranz und Hilfsbereitschaft und Erziehung hierzu." Vgl. zudem u.a. *Dignitatis Humanae* 2: „Ferner erklärt das Konzil, das Recht auf religiöse Freiheit sei in Wahrheit auf die Würde der menschlichen Person selbst gegründet, so wie sie durch das geoffenbarte Wort Gottes und durch die Vernunft selbst erkannt wird. Dieses Recht der menschlichen Person auf religiöse Freiheit muß in der rechtlichen Ordnung der Gesellschaft so anerkannt werden, daß es zum bürgerlichen Recht wird."

470 Dies wird etwa dort bemerkbar, wo ein Freimaurer, der einen oder mehrere Grade in einer irregulären Loge durchlaufen hat, bei seinem Wechsel in eine reguläre Loge nicht erneut die Initiationen erlebt, sondern lediglich „angenommen" wird. Ein Freimaurer, der aus seiner Loge austritt und zu einem späteren Zeitraum wieder eintritt, wird ebenfalls lediglich angenommen und wiederholt die bereits erlebten Initiationsrituale nicht; vgl. hierzu z.B. Art. Regularisierung, in: Freimaurerlexikon, 697.

de Menschen, bewirkt diese aber nicht"[471]. Dem ist auf der Grundlage des aktuellen Katechismus der Meister der AFAM zu widersprechen, in dem es heißt:

> „Aber die Aufhebung eines Toten und das Aufsuchen eines verlorengegangenen Wortes kann unmöglich in den Rahmen einer moralischen Pflichtenlehre gepreßt werden. Dieses Mysterium ragt über die Moral hinaus in eine andere Sphäre hinein. Wer also in der Freimaurerei nur eine ethische Vereinigung sieht, für die der Große Baumeister und das Buch des Heiligen Gesetzes auf dem Altar nicht mehr als ehrfürchtige Prinzipien darstellen, der wird mit der Legende vom Tode des Meisters Hiram und von seiner Auferstehung in dem jungen Meister nicht viel anzufangen wissen."[472]

Zwar bewirken Aufnahme, Beförderung und Erhebung objektiv insofern eine einzigartige Zäsur, als dass sie nicht wiederholbar sind. Legt man das Muster der *rites des passage* – Separation, Transformation, Reintegration – zugrunde, so legt die AFAM keine verbindliche Deutung dessen vor, worin die *Transformation* eigentlich besteht. Das Wesen der Aufnahme-, Beförderungs- und Erhebungsrituale ist in ihrer psychologischen Wirkung zu suchen: Die Deutung erlebter symbolischer Vorgänge ist individuell und revidierbar. Hierin liegt ein wesentlicher Unterschied zu Sakramenten, deren Bedeutung der Empfänger sich nicht aussucht, sondern die von der Kirche definiert ist. Vereinfachend ließe sich sagen: Die Bedeutung von Sakramenten ist vorgegeben, die Bedeutung freimaurerischer Rituale ist aufgegeben. Des Weiteren

---

471 Kottmann, Freimaurer und die katholische Kirche, 239.
472 Lehrgespräche III, 19 f.

lässt sich die Konsistenz des Arguments, die freimaurerischen Rituale haben einen sakramentsähnlichen Charakter, vor dem Hintergrund hinterfragen, dass die Kirche selbst Rituale kennt, die als Sakramente missverstanden werden können⁴⁷³.

Schlüssig macht Kottmann darauf aufmerksam, dass eine eventuelle phänomenologische Ähnlichkeit zwischen den Ritualen der Freimaurerei und den Sakramenten der Kirche nur dann zu einem Problem wird, wenn „die Unterscheidung des einen vom anderen nicht mehr bewusst ist"⁴⁷⁴. Nichts spräche dagegen, katholischen Freimaurern grundsätzlich die Mündigkeit zuzugestehen, sich der wesentlichen Bedeutungsunterschiede zwischen den Sakramenten der Kirche und den Ritualen der Freimaurerei bewusst zu sein.⁴⁷⁵

4.5.2.7 Die Vervollkommnung des Menschen

Hinsichtlich der von der Freimaurerei angestrebten Vervollkommnung des Menschen konnte seitens der DBK das Bedenken nicht ausgeräumt werden, dass sie von der Dimension der Gnade gelöst wird. Richtig ist, dass auf das Topos der Gnade in der Ritualistik der AFAM nicht explizit rekurriert wird⁴⁷⁶. Dies entspricht zunächst ihrem Grundprinzip, in konfessionellen Fragen keine Position zu beziehen. Andererseits geht aus den in Teil I dieser Arbeit jeweils vollständig zitierten, vor den Gelöbnissen gesprochenen Gebeten hervor,

---

473 Zu denken wäre dabei beispielsweise an Paarsegnungen oder Abtsweihen, die je nach theologischer Kenntnis des Betrachters fälschlicherweise für Sakramente gehalten werden können.
474 KOTTMANN, Freimaurer und katholische Kirche, 239.
475 Vgl. KOTTMANN, Freimaurer und katholische Kirche, 239; KEHL, Zur Erklärung der DBK, 63 f.
476 Vgl. KEHL, Zur Erklärung der DBK, 64.

dass das Gelingen der an sich selbst zu verrichtenden Arbeit nicht in den Händen des Freimaurers alleine liegt, sondern auf eine Wirklichkeit verwiesen ist, welche die Freimaurerei nur andeutend als *Großen Baumeister aller Welten* bezeichnet. Das Ritual selbst macht durch diesen Bezug zum Symbol des GBaW deutlich, dass die freimaurerische Ritualistik allein keineswegs dazu in der Lage ist bzw. den Anspruch erhebt, die Vervollkommnung des Menschen zu leisten. Dass ein katholischer Freimaurer seine Selbstoptimierung in den Kontext der Gnade stellt, wird vom Wortlaut des Rituals her jedenfalls nicht behindert.

Angesichts des Moments der Lichtgebung im ersten Grad und der Konfrontation mit dem Tod und dessen gespielter Überwindung im dritten Grad fragt die Erklärung der DBK, was Taufe, Buße und Eucharistie noch vermitteln könnten. Hier ist zu sagen, dass es sicher nicht Position der Freimaurerei ist, der Vollzug ihrer Rituale sei heilvermittelnd: Die Erhebung *erzielt* nicht die Todesüberwindung, sondern setzt einen Impuls, dessen Deutung dem Betroffenen überlassen ist. Ob er daraus die Bestärkung des Glaubens daran, dass der Tod nicht das letzte Wort hat, zieht, oder es beispielsweise als Bild für das Durchlaufen und Überstehen von Lebenskrisen sieht, ist ihm selbst überlassen. Das Ritual antizipiert in keiner Weise Heilswirklichkeit, wie die Sakramente der Kirche es in einem kommunikativen Vorgang zwischen Spender bzw. Gott und Empfänger tun.[477]

---

477 Vgl. Kottmann, Freimaurer und katholische Kirche, 24 und 239; Kehl, Zur Erklärung der DBK, 6; Sebott, Freimaurer und DBK, 84, der die Freimaurerei in diesem Kontext folgendermaßen beschreibt: „[...] sie ist vielmehr ‚Exerzitium', wie ein Christ sich auch mit Zen, Yoga, Ikebana usw. beschäftigen mag, und diese Dinge ihn

4.5.2.8 Die Spiritualität der Freimaurer

Die Kritik der DBK richtet sich gegen einen behaupteten Totalitätsanspruch der Freimaurerei, die ihren Mitgliedern Zugehörigkeit auf Leben und Tod abverlangt. In der auf die Erklärung folgenden Diskussion präzisiert Josef Stimpfle das Gemeinte und führt aus, dass dem zu Erhebenden im Ritual des dritten Grades „im Angesicht eines Totenschädels [...] wortwörtlich u.a. erklärt [wird]: ‚Erst heute werden Sie ganz verstehen, daß Sie sich uns auf Leben und Tod geweiht haben'"[478]. Sachlich anfechtbar ist, dass Stimpfle, um das sich auf die Freimaurerei als Ganze erstreckende Urteil, sie stelle einen Totalitätsanspruch, zu belegen, ausgerechnet ein Ritual zitiert, das eine historisch bedingte Abweichung vom Einheitsritual der AFAM darstellt. Nach dem Schröder'schen Ritual – welches Stimpfle zitiert, um den in der Erklärung der DBK vertretenen Standpunkt zu untermauern – arbeiten in Deutschland nur einige wenige Logen. Die wiedergegebene Formulierung, des sich auf Leben-und-Tod-Weihens findet sich im Einheitsritual der AFAM ebenso wenig wie in anderen Ritualen[479].

---

nicht vom Christentum abbringen, das Christentum auch nicht ersetzen, es vielmehr befruchten können."

[478] STIMPFLE, Freimaurerei und DBK, 417 f. Als Quelle bezieht sich STIMPFLE dabei auf Ritual III, A. f. u. A. M. S. [sic!], in: Ritual II/IV, von Fr. L. Schröder (Hamburg ⁴1975) 46.

[479] Als Beispiel für ein ebenfalls vom Einheitsritual der AFAM abweichendes Ritual, das die zitierte Formulierung nicht enthält, kann das von Martin Erler geschaffene Ritual der Acacia Loge Nr. 889 i.O. München gelten: Erläuterungen zur Durchführung von Ritualen bei der Acacia Loge Nr. 889. Meistergrad, München 2002. Josef Stimpfle merkt zudem an, dass die freimaurerischen Gesprächspartner diese Stelle im Wortlaut des Rituals nicht im Gedächtnis hatten, obwohl

Im Kern dieses Arguments steht die Unvereinbarkeit zwischen dem Totalitätsanspruch der Kirche und dem unterstellten Totalitätsanspruch der Freimaurerei. Als gemeinsamer Nenner aller Ausprägungen der Freimaurerei lässt sich allerdings lediglich die Intention, einen Bund für das Leben zu schließen, feststellen. Hieraus bereits abzuleiten, die Freimaurerei stelle einen Totalitätsanspruch, der in Konkurrenz zum Sendungsauftrag der Kirche steht, ist problematisch. Denn einerseits ist ein Austritt bzw. ein Ausschluss aus der Loge und somit der Freimaurerei in den Gesetzen der Freimaurerischen Ordnung der AFAM genau geregelt und somit möglich[480]. Andererseits ist der unterstellte Totalitätsanspruch vor dem Hintergrund der freimaurerischen Grundsätze insofern schwer zu begründen, als dass die AFAM sich selbst keinen solchen Anspruch zuschreibt. Sie ist ihrem Selbstverständnis nach keine Glaubensgemeinschaft, sie gewährt volle Glaubens-, Gewissens- und Denkfreiheit, nimmt in konfessionellen und parteipolitischen Auseinandersetzungen nicht Stellung und spricht sich somit einen totalen, also alle Lebensbereiche umgreifenden Anspruch nicht ansatzweise zu.

---

es sich doch um einen ernsten und wichtigen Augenblick handle, den sie selbst erlebt und mitvollzogen haben. Offenbar übersah Stimpfle, dass sich die von ihm wiedergegebene Passage nur in einem noch wenig praktizierten Ritual findet. Es ist gut möglich, dass seine Gesprächspartner in anderen Ritualen initiiert wurden und insofern die Textstelle nicht kennen müssten, da sie sie weder erlebt noch mitvollzogen haben. Siehe hierzu STIMPFLE, Freimaurerei und DBK, 418. Das Einheitsritual der AFAM besteht seit 1967.

480 Vgl. AFAM, Freimaurerische Ordnung, 6; 40.

4.5.2.9 Unterschiedliche Richtungen innerhalb der Freimaurerei

Unter anderem rekurriert die Erklärung der DBK hier auf den Grand Orient de France, der entgegen der Behauptung der DBK keine Ableger in Deutschland hat. Die inhaltliche Ausrichtung des GOdF ist für die Beurteilung der regulären Freimaurerei irrelevant[481].

Des Weiteren erwähnt die Erklärung der DBK die christliche Freimaurerei, wie sie in Deutschland ihren Niederschlag in der GLLvD findet. Dass eine theologisch zuverlässige Verwirklichung des christlichen Glaubens in der sich selbst als *christlich* interpretierenden Freimaurerei vorliegt, stellt die DBK in Frage. Verschiedentlich wurde der Eindruck erweckt, gerade die vermeintlich christliche Spielart der Freimaurerei habe ein höheres Kompatibilitätspotenzial in Bezug auf die Kirche[482]. Allerdings ist anzumerken, dass das Christentum sich durch seine Glaubensinhalte, sprich, seine Dogmen auszeichnet. Um sich sinnvollerweise als *christlich* bezeichnen zu können, muss die entsprechende Ausprägung der Freimaurerei, in Deutschland namentlich die Große

---

[481] Vgl. Kehl, Zur Erklärung der DBK, 66, der formuliert: „Im übrigen hat der ‚Grand Orient de France' im Zusammenhang mit der deutschen Freimaurerei aus dem Spiel zu bleiben, weil er innerhalb der Freimaurerei als irregulär gilt, da er grundlegende Prinzipien der internationalen Freimaurerei nicht anerkennt. Man beurteilt die katholische Kirche ja auch nicht nach nichtkatholischen Denominationen."

[482] So wird man Alois Kehl verstehen dürfen, der ausführt: „Wenn sie [die Freimaurerei, d. Verf.] sich nun auf eine christliche Grundlage stellt, wenn auch bewußt ohne Übernahme der speziellen Dogmen einer bestimmten christlichen Kirche, dann ist das etwas außerordentlich Positives." Siehe hierzu Kehl, Zur Erklärung der DBK, 66.

Landesloge von Deutschland, zumindest eine rudimentäre Christologie voraussetzen. Die konfessionelle bzw. weltanschauliche Neutralität der Freimaurerei ist zweifelsohne nicht gewährleistet, wenn eine Großloge sich als *christlich* versteht. Nicht auch, sondern gerade hier sind Bedenken hinsichtlich der Kompatibilität angebracht, da eine Großloge, die ihrerseits eine Christologie vertritt, indem sie sich auf Christus bezieht, zumindest potenziell eher in Widerspruch zur Christologie der Kirche geraten kann, als eine Großloge wie die AFAM, die ihren Mitgliedern uneingeschränkte Freiheit in Glaubensfragen zuspricht. Mit anderen Worten: Gerade die behauptete und betonte Christlichkeit einzelner Großlogen stellt die Vereinbarkeit mit einer gleichzeitigen Zugehörigkeit zur katholischen Kirche in Frage, weil sich die Christlichkeit solcher Großlogen an der kirchlichen Lehre über Christus messen lassen muss. Da der Schwerpunkt dieser Arbeit hauptsächlich auf die AFAM begrenzt ist, kann auf die Spezifika der Großen Landesloge von Deutschland oder auch der Großen National-Mutterloge „Zu den drei Weltkugeln", die ihrerseits eine protestantisch-christliche Tradition hat, nicht näher eingegangen werden.

4.5.3 Kirchenrechtliche Einordnung der Erklärung der DBK

Die Erklärung der DBK erfolgte drei Jahre vor Inkrafttreten des CIC. Sie ist vor dem Hintergrund des CIC/1917 kirchenstrafrechtlich einzuordnen. Zunächst ist zu sagen, dass die Erklärung selbst sich weder auf can. 2335 CIC/1917, noch auf das Schreiben der Glaubenskongregation vom Juli 1974 bezieht, in dem darauf hingewiesen wird, dass die in can. 2335 CIC/1917 normierte Exkommunikation jene Katholiken trifft, die kirchenfeindlichen Logen angehören[483]. Mitglieder jener Logen, die nicht antiklerikal sind, werden nicht aufgrund der Erklärung der DBK vom Kirchenbann getroffen[484]. Can. 2219 § 1 CIC/1917 zufolge wäre im Zweifelsfall der milderen Auslegung der Vorzug zu geben[485]. Wenn auch nicht in Gestalt eines offiziellen Dokumentes wird doch in einem Schreiben des Staatssekretariats an Ludwig-Peter Freiherr von Pölnitz, dem Vorsitzenden der Vertreter der VGL im Rahmen der Gespräche mit der DBK, gesagt dass „die Entscheidung der deutschen Bischöfe für sich allein keinen der Betroffenen aus der Kirche aus[schließt]", da „die Stellungnahme der Deutschen Bischofskonferenz grundsätzlicher Art" ist und „noch nicht fest[steht], welche konkreten kirchenrechtlichen Folgerungen der zuständige Gesetzgeber daraus und aus der Summe aller anderen Stellungnahmen ziehen wird"[486].

Obgleich die Erklärung der DBK umstritten war und nicht zu Unrecht die Stichhaltigkeit der Unvereinbarkeitsargumente in Frage gestellt wurde, war zum Zeitpunkt ihrer Veröffentlichung davon auszugehen, dass Freimaurer der Gruppe der *peccatores manifesti* zuzuordnen sind und ein Priester für die Eheschließung und Beerdigung eines Freimaurers seinen Bischof um Erlaubnis angehen muss[487].

---

483 Vgl. SEBOTT, Freimaurer und DBK, 84.
484 Vgl. SEBOTT, Freimaurer und DBK, 85.
485 Vgl. SEBOTT, Freimaurer und DBK, 85.
486 Zitiert nach: SEBOTT, Freimaurer und DBK, 85.
487 Vgl. SEBOTT, Freimaurer und DBK, 85.

4.6 Die Erklärung der Kongregation für die Glaubenslehre vom 17.02.1981[488]

In ihrer Erklärung vom 17. Februar 1981 nimmt die Kongregation für die Glaubenslehre Bezug auf ihr Schreiben vom 19. Juli 1974, das, wie sie feststellt, „in der Öffentlichkeit Anlaß zu falschen und tendenziösen Interpretationen gegeben hat". Die Glaubenskongregation weist darauf hin, dass sie in keiner Weise eventuellen Bestimmungen des neuen Kodex vorgreifen will. Sie macht Folgendes deutlich:

> „1. Die gegenwärtige kanonische Vorschrift ist in keiner Weise geändert worden und bleibt voll in Kraft.
> 2. Es sind also weder die Exkommunikation noch die anderen Strafen abgeschafft worden.
> 3. Soweit es in dem erwähnten Brief [vom 19. Juli 1974, d. Verf.] um Interpretationen geht, wie der entsprechende Kanon im Sinn der Kongregation zu verstehen sei, handelt es sich nur um einen Verweis auf die allgemeinen Prinzipien der Interpretation von Strafgesetzen zur Lösung persönlicher Einzelfälle, die dem Urteil des Ortsordinarius überlassen werden können. Es war jedoch nicht Absicht dieser Kongregation, den Bischofskonferenzen das Recht zu geben, öffentlich ein allgemeines Urteil über die Natur der Freimaurerei abzugeben, welches eine Abschaffung der erwähnten Norm beinhalten würde."[489]

---

488 S.C.D.F., Erklärung vom 17.02.1981, in: AAS LXXIII (1981) 240 f.; ebenfalls wiedergegeben in: AfkKR 150 (1981) 172 f.
489 Die Deutsche Übersetzung hier zitiert aus SEBOTT, Kirchenbann, 412 f.

Verschiedentlich wurde auf die Missverständlichkeit dieses Textes hingewiesen, da nicht ersichtlich sei, gegen wen er sich eigentlich wendet: „Gegen die Bischofskonferenzen, die generell die Erlaubtheit der Mitgliedschaft von Katholiken in Freimaurervereinigungen bekundet [sic!] oder gegen die Deutsche Bischofskonferenz, die, ohne sich direkt auf can. 2335 CIC/1917 zu beziehen, die gleichzeitige Zugehörigkeit zur katholischen Kirche und zur Freimaurerei (auch in der gegenwärtigen Situation) für ‚unvereinbar' erklärte und somit ein Gesamturteil über freimaurerische Vereinigungen abgab"[490].[491]

Dass sich das Schreiben der Glaubenskongregation gegen die Erklärung der Deutschen Bischofskonferenz richten könnte, wie Sebott und Seeber für möglich halten, ist unwahrscheinlich. Denn die Erklärung wendet sich in ihrem letzten Satz gegen allgemeine Urteile, die eine „Abschaffung der erwähnten Norm beinhalten würde"[492]. Die Erklärung der Deutschen Bischofskonferenz macht allerdings an keiner Stelle den Eindruck, als wolle sie die bestehende Strafnorm des can. 2335 CIC/1917 aufheben. Sofern man sie überhaupt in einem Zusammenhang mit can. 2335 CIC/1917 stellt, könnte man eher geneigt sein zu unterstellen, die Deutsche Bischofskonferenz bestätige die in der Norm genannte Kirchenfeindlichkeit, wenngleich sie nur von Unvereinbarkeit spricht[493].

---

490 SEEBER, David A., Freimaurer – Kirche: nicht unvereinbar, aber Reibungen, in: Herder Korrespondenz 35 (1981) 221-223, 222.
491 SEBOTT schließt sich dieser Einschätzung an, in: Kirchenbann, 413.
492 SEBOTT, Kirchenbann, 412 f.
493 Dass Josef Stimpfle diese Ansicht vertrat, lässt sich möglicherweise aus seiner Replik auf Sebott schließen. Darin vetritt Stimpfle die Ansicht, sowohl die Deutung von Sebott, Caprile und Esposi-

Ein weiteres Missverständnis lag offenbar darin, dass das Schreiben vom 17.02.1981 als eine Zurücknahme des

> to des Schreibens von Kardinal Šepers vom 19. Juli 1974 als auch
> der darauf Bezug nehmenden Erklärung vom 17.02.1981, seien
> haltlos. Um seine Zurückweisung der von Sebott und Caprile aus
> den beiden Schreiben der Glaubenskongregation herausgelesenen
> Differenzierungen bezüglich verschiedener Ausprägungen der Frei-
> maurerei zu belegen, führt Stimpfle einige Zitate aus der Erklärung
> vom 11. Februar 1981 an. Er weist daraufhin, dass ihr zufolge we-
> der die Exkommunikation noch andere Kirchenstrafen außer Kraft
> gesetzt sind. Durch diese Klarstellung werde den „Handlungen und
> Veröffentlichungen von Caprile und vielen anderen der Boden entzo-
> gen"; siehe hierzu STIMPFLE, Freimaurerei und DBK, 413. Offenbar
> übersah Stimpfle, dass weder von Caprile noch von Sebott zu diesem
> Zeitpunkt behauptet wurde, die Exkommunikation und andere Kir-
> chenstrafen für katholische Freimaurer seien außer Kraft gesetzt. Sie
> weisen lediglich, unter Bezugnahme auf den Wortlaut des Schreibens
> von Kardinal Šeper vom 19. Juli 1974, darauf hin, dass der Tatbe-
> stand der kirchenfeindlichen Agitation bei einigen Ausprägungen der
> Freimaurerei nicht erfüllt ist. Damit ist keineswegs bestritten, dass
> es durchaus auch antiklerikale Erscheinungsformen der Freimaure-
> rei gibt, die den Tatbestand des can. 2335 CIC/1917 erfüllen und
> deren Mitglieder sich zweifelsohne die Exkommunikation zuziehen.
> M.a.W.: Sebott und Caprile legen can. 2335 CIC/1917 mit einer
> bei Strafnormen gebotenen Enge aus, während Stimpfle den can.
> 2335 CIC/1917 auf die Freimaurerei als ganze bezogen verstehen
> will. Die bestehende Inkohärenz in der Deutung der Schreiben der
> Glaubenskongregation wird besonders deutlich in der Bezugnahme
> auf Capriles Beitrag in Civiltà Cattolica: Während Seeber, Sebott und
> Kottmann Capriles Beitrag so verstehen, dass die Glaubenskongrega-
> tion can. 2335 CIC/1917 nur auf jene Katholiken angewandt wissen
> will, die einer kirchenfeindlichen Freimaurervereinigung angehören,
> interpretiert Stimpfle ihn in eine vollkommen andere Richtung; vgl.
> hierzu STIMPFLE, Freimaurerei und DBK, 413; KOTTMANN, Frei-
> maurer und katholische Kirche, 231; SEEBER, Reibungen, 222. Sie
> beziehen sich jeweils auf CAPRILE, Giovanni, La recente „Dichia-
> razione" sull'apartenenza alla Massoneria, in: Civiltà Cattolica 132
> (1981) I, 576–579.

Schreibens von Kardinal Šeper vom 19. Juli 1974 verstanden wurde.[494]

Als Reaktion auf die Missverständlichkeit der Erklärung der Kongregation für die Glaubenslehre vom 17.02.1981 erschien in der Civiltà Cattolica bereits am 21. März des selben Jahres ein das Schreiben interpretierender Beitrag von Giovanni Caprile, der zudem offiziell autorisiert war[495].

Darin wird die Vermutung, das Schreiben relativere das von Šeper verfasste Dokument von 1974, zurückgewiesen. Vielmehr werde durch die Erklärung das Schreiben von 1974 in seinem amtlichen Charakter bestätigt[496]. Seeber fasst Capriles Interpretation der Erklärung vom 17.02.1981 folgendermaßen zusammen:

„1. Aufgrund von Anfragen verschiedener Bischöfe über die Tragweite und Geltung des can. 2335 CIC/1917, der unter Strafe der Exkommunikation die Mitgliedschaft von Katholiken in Freimaurerlogen verbietet, habe die Kongregation dieses Problem ausführlich und in Beratung mit mehreren Bischofskonferenzen geprüft.

2. Die großen Unterschiede in den Antworten, die auf unterschiedliche Situationen in jedem Land hinweisen, erlaubten es dem Heiligen Stuhl nicht, die allgemeine Gesetzgebung zu ändern, bis das neue kanonische Recht promulgiert wird.

3. Bei der Lösung von Einzelfällen müßte bedacht werden, daß das Strafgesetz immer im restriktiven Sinne zu interpretieren sei. Aus diesem Grund könne man sicher jenen Autoren beipflichten, die sagen, can. 2335 CIC/1917 betreffe nur solche Katholiken,

---

494 Vgl. SEEBER, Reibungen, 222.
495 Vgl. SEEBER, Reibungen, 221.
496 Vgl. SEEBER, Reibungen, 222; SEBOTT, Freimaurer und DBK, 414.

die Vereinigungen angehören, die tatsächlich gegen die Kirche ‚konspirieren'.

4. Für Kleriker, Ordensleute und Angehörige von Säkularinstituten bleibe die Mitgliedschaft in jeglicher Freimaurervereinigung auf jeden Fall verboten."[497]

Zu ihrem Schreiben sah sich die Glaubenskongregation möglicherweise auch veranlasst, weil zwei zuvor im Vatikanischen Rundfunk ausgestrahlte Interviews mit R. F. Esposito, Mitglied der Pia Socièta San Paolo und darauf folgend mit Giovanni Caprile für Verwirrung sorgten. So vertrat Esposito in einem Interview vom 27.01.1980 die Ansicht, die Kirchenstrafen gegen die Freimaurerei seien abgeschafft, es bestehe lediglich noch ein Verbot für Kleriker, Ordensleute und Angehörige von Säkularinstituten, sich der Freimaurerei anzuschließen. Esposito deutete zudem an, dass die skandinavisch-baltischen Bischofskonferenzen bereits im Jahre 1965 Protestanten, die Freimaurer waren und zum Katholizismus konvertierten, in die volle Gemeinschaft der katholischen Kirche aufnahmen, ohne vorher von ihnen einen Austritt aus der Freimaurerei zu verlangen, dies sicher nicht ohne Erlaubnis aus Rom taten, und suggerierte somit eine Haltung, die von der Glaubenskongregation zu diesem Zeitpunkt nicht vertreten wurde.[498]

Die Darstellung Espositos im Vatikanischen Rundfunk

---

497 SEEBER, Reibungen, 222; siehe hierzu auch, HEIMERL, Hans, PREE, Helmuth, Kirchenrecht. Allgemeine Normen und Eherecht, Wien/New York 1983, 45: „Während sich die interpretatio stricta am *Begriffskern* (= das Minimum der worteigenen Bedeutung) orientiert, geht die interpretatio lata bis zur Grenze des *Begriffshofes* (= das Maximum der möglichen proprietas verborum)."
498 Vgl. SEBOTT, Freimaurer und DBK, 79.

war somit zumindest punktuell sachlich falsch. Die Kirchenstrafen gegen die Freimaurerei waren keineswegs aufgehoben, sondern der can. 2335 CIC/1917 bestand nach wie vor. Zur Debatte stand zum Zeitpunkt des Interviews lediglich die enge Auslegung des can. 2335 CIC/1917, der zufolge katholische Freimaurer, die nicht Mitglied einer antiklerikalen Loge waren, sich die Tatstrafe der Exkommunikation nicht zuzögen. Um das durch die Äußerungen Espositos entstandene Missverständnis, die Kirche habe grundsätzlich keine Bedenken mehr gegenüber der Freimaurerei, zu beseitigen, wurde bald darauf, am 02.03.1980, ein Interview mit Giovanni Caprile ausgestrahlt. Er korrigierte darin die Aussagen Espositos, wies aber auch darauf hin, dass ein Katholik in der Tat Freimaurer sein könne, sofern seiner Loge kein kirchenfeindlicher Charakter zu eigen sei.[499]

---

499 Vgl. SEBOTT, Freimaurer und DBK, 79; KOTTMANN, Freimaurer und katholische Kirche, 231, dort Fn. 781. Sebott zufolge waren Capriles Tätigkeiten in dieser Sache stets mit der römischen Kurie abgesprochen; vgl. hierzu SEBOTT, Freimaurer und DBK, 79. Stimpfle zufolge war Kardinal Šeper sehr unglücklich über die beiden von Radio Vaticana ausgestrahlten Interviews und widersprach Ihnen angeblich – der Kommission um Stimpfle gegenüber – uneingeschränkt; vgl. hierzu STIMPFLE, Freimaurerei und DBK, 413. Keine der beiden Aussagen lässt sich verifizieren, insofern bleibt die Frage, wie „offiziell" die insbesondere im Interview mit Caprile wiedergegebene Meinung tatsächlich war, unbeantwortbar.

5 Freimaurerei und Kirche im CIC

5.1 Codexreform und Genese des c. 1374 CIC

Neben der Abhaltung einer römischen Diözesansynode und eines ökumenischen Konzils kündigte Papst Johannes XXIII. am 25.01.1959 zudem eine Revision des Kirchenrechts an. Mit der Revisionsarbeit beauftragt wurde die *Pontifica Commissio Codici Iuris Canonici Recognoscendo,* die sich zunächst aus 30 Kardinälen zusammensetzte. Damit die Beschlüsse des Zweiten Vatikanischen Konzils in die Revisionsarbeit miteinfließen und im neuen CIC berücksichtigt werden konnten, entschied die Kommission am 12.11.1963, ihre Arbeit auf die Zeit nach dem Konzil zu vertagen. Nachdem die Reformarbeit am 20.11.1965 durch Paul VI. eröffnet wurde, sind zunächst zu einzelnen Bereichen des Rechts Schemata erstellt worden. Nach Billigung durch den Papst wurden sie an verschiedene Beratungsorgane übergeben, deren Verbesserungsvorschläge geprüft und gegebenenfalls eingearbeitet wurden. Ein erster Gesamtentwurf wurde 1980 erstellt und der CIC-Reformkommission zur Beratung zugeleitet, die Papst Johannes Paul II. inzwischen um 18 Kardinäle und 18 Bischöfe erweiterte[500]. Als zweiter Gesamtentwurf ging hieraus das Schema CIC/1982 hervor, das durch

---

500 Für eine Liste der Mitglieder, siehe Diarium Romanae Curiae, in AAS LV (1963) 363-367.

den Papst und einige wenige Mitarbeiter wiederum geprüft wurde, bevor eine kleine Kardinalskommission schließlich die Schlussredaktion durchführte.[501]

5.1.1 Schema documenti quo disciplina sanctionum seu poenarum in ecclesia latina denuo ordinatur (SchPoen/1973)[502]

Das zweiteilige, am 01.12.1973 an diverse Institutionen zur Stellungnahme verschickte, insgesamt 73 Kanones enthaltende SchPoen/1973 führt in den cc. 48-73 CIC die einzelnen Delikte mit entsprechenden Strafen an. Eine can. 2335 CIC/1917 vergleichbare Norm, die die Zugehörigkeit zur Freimaurerei und anderen, gegen die Kirche agierenden Gruppierungen, unter Strafe stellt oder zumindest eine Strafandrohung enthält, findet sich darin nicht. Ebenso wenig enthält das SchPoen/1973 eine Denunziationspflicht oder das Verbot eines kirchlichen Begräbnisses für Freimaurer, wie sie sich jeweils noch im CIC/1917 (cann. 2336 § 2 und 1399) fanden.[503]

Zu den Reaktionen auf das SchPoen/1973 gehörte u.a. der Wunsch, das Delikt der Mitgliedschaft in gegen die

---

501 Vgl. Schmitz, Heribert, Art. Codex Iuris Canonici, in: LdKR, 155-159, 155 f.; Kottmann, Freimaurer und katholische Kirche, 243.
502 Pontificia Commissio Codici Iuris Canonici Recognoscendo, Schema documenti quo disciplina sanctionum seu poenarum in ecclesia latina denuo ordinatur, Città del Vaticano 1973.
503 Vgl. Lüdicke, Klaus, in: MKCIC, 1374/1; Kottmann, Freimaurer und katholische Kirche, 243-245. Für die dem SchPoen/1973 vorausgehenden Arbeitsschritte vgl. Zapp, Hartmut, Zur kanonischen Strafrechtsreform nach dem Entwurf der Kodexkommission, in: ÖAKR 27 (1976) 36-59.

Kirche agierenden Vereinigungen in den Tatstrafenkatalog aufzunehmen, u.a. mit der Begründung, die Kirche könne geheime Straftaten nicht anders als durch Tatstrafen sanktionieren[504]. In diesem Sinne schlug die Glaubenskongregation 1973 in den Konsultationen zum SchPoen/1973 vor, die im Schema genannten Delikte um den Beitritt in kirchenfeindliche Vereinigungen zu ergänzen[505].

5.1.2 Schema CIC/1980 (SchCIC/1980)[506]

Das Schema CIC/1980 war der erste Gesamtentwurf des neuen kirchlichen Gesetzbuches und wurde am 29.06.1980

---

504 Vgl. Communicationes 7 (1975) Nr. 6, 96. Zur grundsätzlichen Frage nach der Angemessenheit von Tatstrafen vgl. DEMEL, Sabine, Tatstrafe contra Spruchstrafe. Ein Vergleich des CIC/1983 mit dem CCEO/1990, in: AfkKR 165 (1996), 95-115.

505 Vgl. PONTIFICIUM CONSILIUM DE LEGUM TEXTIBUS INTERPRETANDIS, Congregatio Plenaria diebus 20-29 octobris 1981 habita, Città del Vaticano 1991, 152: „Liceat tandem animadvertere quod can. 1326 Schematis CIC introductus est proponente Sacra Congregatione pro Doctrina Fidei. In consultatione ad Schema ‚De disciplina sanctionum seu poenarum in Ecclesia Latina' anni 1973, S.C.D.F. Proposuit ad cann. 52-54: ‚Valde oppotunum videtur ut, praeter alia delicta in hoc articulo contenta, […] sequentia addantur: ‚Qui nomen dant associationibus quae contra Ecclesiam machinantur (cfr. c. 2335)': in formulatione generica huius delicti non includeretur expresse secta massonica, sed neque excluderetur. Canon eidem applicaretur si quatenus ipsa vel aliquis ex ipsius ramis vel ritibus reapse machinarentur contra bonum Ecclesiae; aliae specificationes statui possunt in iure particulari, iuxta diversa adiuncta locorum et associationum' (Osservazioni della S.C.D.F., p. 17)."

506 PONTIFICIA COMMISSIO CODICI IURIS CANONICI RECOGNOSCENDO, Schema codicis iuris canonici iuxta animadversiones S.R.E. Cardinalium, Episcoporum Conferentiarum, Dicasteriorum Curiae Romanae, Universitatum Facultatumque ecclesiasticarum necnon Superiorum Institutorum vitae consecratae recognitum, Rom, 1980.

der CIC-Reformkommission übergeben. Es enthielt auch die überarbeitete und auf 84 Kanones erweiterte Strafrechtsordnung, in welcher die Reaktionen auf das SchPoen/1973 berücksichtigt wurden. Der Tatbestand des Beitritts zu einer gegen die Kirche machinierenden Vereinigung war darin in c. 1326 enthalten und hatte folgenden Wortlaut[507]:

> „Qui nomen dat consociationi, quae contra Ecclesiam machinatur, iusta poena puniatur; qui autem eiusmodi consociationem promovet vel moderatur interdicto puniatur."[508]

Ausführliche Berücksichtigung erntete in der Diskussion der Vollversammlung der Codex-Reformkommission um c. 1326 SchCIC/1980 die Erklärung der Deutschen Bischofskonferenz vom 12.05.1980 zur Frage der Mitgliedschaft von Katholiken in der Freimaurerei[509]. Im Wesentlichen ging es bei dieser *quaestio specialis*[510] darum, ob can. 2335 CIC/1917 vollständig in den neuen CIC übernommen werden sollte, oder ob der oben wiedergegebene c. 1326 SchCIC/1980 aus-

---

507 Der Tatbestand fand bereits in diesem Wortlaut am 07.05.1977 aufgrund eines einstimmigen Beschlusses Eingang in das Schema; vgl. hierzu KOTTMANN, Freimaurer und katholische Kirche, 246; vgl. Communicationes 9 (1977) 320. Dieser Wortlaut ist identisch mit dem späteren c. 1374 im CIC.
508 Wortlaut hier entnommen aus KOTTMANN, Freimaurer und katholische Kirche, 246.
509 Der Diskussion der Vollversammlung der Codex-Reformkommission im Oktober 1981 gingen bereits Gespräche voraus, in denen von einigen Mitgliedern, darunter auch Kardinal Šeper, der Antrag gestellt wurde, can. 2335 CIC/1917 wörtlich in den neuen CIC zu übernehmen; vgl. hierzu KOTTMANN, Freimaurer und katholische Kirche, 246 f.; Communicationes 16 (1984) 48 f.
510 Die Vollversammlung der Codex-Reformkommission behandelte 6 quaestiones speciales.

reichte⁵¹¹. Im Zuge der Vollversammlung wurde der Inhalt der Erklärung der DBK zur Frage der Mitgliedschaft von Katholiken in der Freimaurerei ausführlich dargelegt⁵¹².

Franz Kardinal König wies auf die Heterogenität der Freimaurerei in verschiedenen Ländern hin und hielt es insofern für angemessener, c. 1326 SchCIC/1980 so zu belassen und weitergehende Strafgesetze dem Partikularrecht einzuräumen.⁵¹³

Ähnlich differenzierend argumentierte François Kardinal Marty, dass es zwar schwierig sei, die Formulierung *„quae contra Ecclesiam machinantur"* auszulegen, andererseits aber ein Großorient hinsichtlich seiner Haltung zur Kirche von einer Großloge zu unterscheiden sei⁵¹⁴.

---

511 Vgl. PONTIFICIUM CONSILIUM DE LEGUM TEXTIBUS INTERPRETANDIS, Congregatio Plenaria diebus 20-29 octobris 1981 habita, Città del Vaticano 1991, 152: „Attenta tamen et auctoritate animadvertentium et gravitate materiae res defereretur ad Plenariam, ideoque ex Patribus quaeritur: ‚Utrum reassumi debeat can. 2335 vigentis CIC in quo nomen dantes secta massonicae aliisve eiusdem generis associationibus quae ‚contra Ecclesiam vel legitimas civiles potestates machinantur' puniuntur excommunicatione latae sententiae an sufficat can. 1326 Schematis?'"

512 Vgl. PONTIFICIUM CONSILIUM DE LEGUM TEXTIBUS INTERPRETANDIS, Congregatio Plenaria diebus 20-29 octobris 1981 habita, Città del Vaticano 1991, 152-164.

513 Vgl. KOTTMANN, Freimaurer und katholische Kirche, 247 f. Für die entsprechende Stellungnahme von Kardinal König vgl. PONTIFICIUM CONSILIUM DE LEGUM TEXTIBUS INTERPRETANDIS, Congregatio Plenaria diebus 20 – 29 octobris 1981 habita, Città del Vaticano 1991, 316.

514 François Kardinal Marty, zunächst Bischof vom Reims und später von Paris, wird möglicherweise den Grand Orient de France vor Augen gehabt haben, dem die Großloge von England bereits 1913 die Regularität aberkannte, nachdem dieser den Gottesbegriff aus dem Ritual strich und das Buch des Heilgen Gesetztes durch ein Buch mit

Joseph Kardinal Ratzinger, der spätere Papst Benedikt XVI., vertrat die Ansicht, dass die divergierenden Urteile verschiedener Bischofskonferenzen hinsichtlich der Kompatibilität von einer Zugehörigkeit sowohl zur Kirche als auch zur Freimaurerei auf einen Mangel an Wissen in Bezug auf die Freimaurerei zurückzuführen sei. Er verwies auf die Zuverlässigkeit des Urteils der Deutschen Bischofskonferenz. Seines Erachtens gelte es nicht nur für die Freimaurerei in Deutschland, sondern auch grundsätzlich, da die deutsche Freimaurerei im Gegensatz zu Ausprägungen in anderen Ländern kein antiklerikales Betragen an den Tag lege. Wenn selbst in Bezug auf die deutsche Freimaurerei eine Unvereinbarkeit mit der Zugehörigkeit zur katholischen Kirche festzustellen sei, dann müsse dies auch für die Großlogen bzw. Großoriente anderer Nationen gelten[515]. Joseph Kardi-

---

unbedruckten Seiten ersetzte. Mit seiner Einschätzung lag Kardinal Marty durchaus richtig: Die Selbstbezeichnung *Orient* ist verbreitet unter jenen freimaurerischen Vereinigungen, die sich in der Tradition des Grand Orient de France sehen, wenngleich der Begriff *Orient* formell gleichbedeutend ist mit *Großloge*; vgl. Art. Grand Orient, in: Freimaurerlexikon, 361.

515 Der Deutschen Bischofskonferenz wurde von Reinhold Sebott vorgeworfen, sie habe die Einschätzungen anderer Bischofskonferenzen nicht gewürdigt und erwecke mit ihrem negativen Urteil den Eindruck, „die deutsche Freimaurerei sei – im Gegensatz zu den Logen in anderen Ländern – besonders ‚gefährlich' und besonders ‚kirchenfeindlich'". SEBOTT, Freimaurer und DBK, 85. Hierauf antwortete Josef Stimpfle mit dem Hinweis, die Deutsche Bischofskonferenz habe sehr wohl die Erklärungen anderer Bischofskonferenzen zur Kenntnis genommen, und hätte nur den Auftrag, die Verhältnisse in Deutschland zu prüfen. Allerdings argumentiert Stimpfle, die Deutsche Bischofskonferenz könne beanspruchen, eine präzise Analyse der ersten drei Grade der Freimaurerei geleistet zu haben. Die Stellungnahmen anderer Bischofskonferenzen seien daran zu bemessen, ob und inwieweit sie ebenfalls diese wesentliche Erforschung

nal Ratzinger, der noch im November des selben Jahres zum Nachfolger Šepers als Präfekt der Glaubenskongregation ernannt werden sollte, benannte den von der Freimaurerei angeblich vertretenen Relativismus als wesentliches Problem, da auch der Glaube durch ihn in Zweifel gezogen würde[516].

In bemerkenswerter Ähnlichkeit zur Argumentation Josef Stimpfles[517] weist Joseph Ratzinger des Weiteren auf den sakramentsähnlichen Charakter freimaurerischer Rituale hin und macht darauf aufmerksam, dass zwar der Inhalt der 30 Hochgrade der Freimaurerei nicht bekannt, aber bereits aufgrund der drei ersten Grade die Unvereinbarkeit festzustellen sei.[518]

Hinsichtlich des zur Diskussion stehenden c. 1326 SchCIC/1980 vertrat Joseph Kardinal Ratzinger die Ansicht,

---

geleistet haben; vgl. hierzu STIMPFLE, Freimaurerei und DBK, 413 f. Anzunehmen ist, dass Joseph Kardinal Ratzinger diese von Stimpfle betonte Untersuchung der Rituale im Sinn hatte.

516 Joseph Kardinal Ratzinger: „Crisim nostrum etiam moralem funditus hoc relativismo ali, nemo est qui non videat, et secundum meam sententiam hic relativismus ad nucleum totius nostrae criseos pertinet." PONTIFICIUM CONSILIUM DE LEGUM TEXTIBUS INTERPRETANDIS, Congregatio Plenaria diebus 20 – 29 octobris 1981 habita, Città del Vaticano 1991, 319.

517 Vgl. STIMPFLE, Freimaurerei und DBK, 420.

518 Joseph Kardinal Ratzinger: „Systema nempe symbolorum massonicorum quod per mortem symbolicam vandes, sacramentis Ecclesiae funditus contrariatur, eademque quodammodo etiam imitatur. Notandum hic es trginta tres gradus apud massonicos existere et solummodo tres gradus disciplina arcane quam serverrime observata sit. Nescimus ergo quid in his superioribus gradibus contineatur, sed ea quae in tribus primis infimis gradibus in lucem venerunt, modo inexpectato penitus incompatibilia cum fide et sacramentis Ecclesiae sunt." PONTIFICIUM CONSILIUM DE LEGUM TEXTIBUS INTERPRETANDIS, Congregatio Plenaria diebus 20 – 29 octobris 1981 habita, Città del Vaticano 1991, 320.

die Freimaurerei stelle eine Gefahr dar, die zumindest namentlich in einem entsprechenden Kanon zu nennen sei.[519]

Da man sich durch Häresie, Apostasie und Schisma – und somit als Mitglied einer den Glauben der Kirche aktiv ablehnenden Vereinigung – ohnehin die Tatstrafe der Exkommunikation zuziehe, wurde vielfach die Ansicht vertreten, es sei nicht nötig, die Mitgliedschaft in der Freimaurerei mit der gleichen Strafe zu versehen[520]. In der der Diskussion folgenden Abstimmung stimmten 31 von 59 Stimmberechtigten für die Beibehaltung des c. 1326 SchCIC/1980 und somit gegen die Übernahme des can. 2335 CIC/1917 in den neuen CIC. Für die Übernahme des can. 2335 CIC/1917 in das neue Kirchenrecht sprachen sich 13 Kommissionsmitglieder aus[521]. In einer weiteren Abstimmung konnte sich zudem der u.a. von Joseph Ratzinger gemachte Vorschlag, c. 1326 SchCIC/1980 um eine namentliche Nennung der Freimaurerei zu ergänzen, nicht durchsetzen[522].

---

519 Joseph Kardinal Ratzinger: „[...] ego video periculum illud extraordinarium sectae massonicae quae eam incomparabilem facit cum aliis periculis et canonem seu saltem nominationem nominis massonum necessarium reddit." Pontificium Consilium de Legum Textibus Interpretandis, Congregatio Plenaria diebus 20 – 29 octobris 1981 habita, Città del Vaticano 1991, 320.
520 Vgl. Kottmann, Freimaurer und katholische Kirche, 252.
521 Vgl. Pontificium Consilium de Legum Textibus Interpretandis, Congregatio Plenaria diebus 20 – 29 octobris 1981 habita, Città del Vaticano 1991, 329 f.
522 Vgl. Pontificium Consilium de Legum Textibus Interpretandis, Congregatio Plenaria diebus 20 – 29 octobris 1981 habita, Città del Vaticano 1991, 351 f.

5.1.3 Schema CIC/1982 (SchCIC/1982)

Da der Wortlaut des c. 1326 im Schema von 1980 keinerlei Änderung erfuhr und schließlich unverändert als c. 1374 Aufnahme in den CIC fand, ist eine nähere Betrachtung des zweiten Gesamtentwurfs des CIC von 1982 für die kirchenstrafrechtliche Einordnung der Mitgliedschaft in der Freimaurerei nicht vonnöten.[523]

5.2 Freimaurerei im CIC

Zunächst sollen Verortung des c. 1374 im CIC sowie sein Inhalt näher betrachtet werden. Danach ist die *Declaratio de associationibus massonicis* der Glaubenskongregation vom 26.11.1983[524] hinsichtlich ihres Inhaltes und ihrer rechtlichen Qualität zu untersuchen.

Grundsätzlich ist festzustellen, dass die Freimaurerei an keiner Stelle des CIC explizit genannt ist. Im Folgenden ist insbesondere c. 1374 CIC als Nachfolgenorm des can. 2335 CIC/1917 angemessen zu würdigen. Des Weiteren ist zu fragen, ob und unter welchen Umständen andere Normen des kirchlichen Strafrechts, etwa c. 1364 CIC, in welchem die Tatstrafe der Exkommunikation für die Tatbestände Apostasie, Häresie und Schisma normiert ist, auf die Freimaurerei zu beziehen sind bzw. bezogen werden können. Im Lichte des Schreibens der Glaubenskongregation über freimaureri-

---

523 Vgl. KOTTMANN, Freimaurer und katholische Kirche, 253.
524 S.C.D.F, Declaratio de associationibus massonicis vom 26.11.1983, in: AAS LXXVI (1984), 300; eine deutsche Übersetzung in: KOTTMANN, Freimaurer und katholische Kirche, 271 f.

sche Vereinigungen vom 26.11.1983 und der sich auf c. 915 CIC beziehenden Entscheidung des PCI vom 24.06.2000[525] wird auch der Kommunionempfang katholischer Freimaurer zu thematisieren sein.

Im CIC befindet sich c. 1374 im zweiten Teil des Buches VI, dort in Titel II über Straftaten gegen die Religion und die Einheit der Kirche. Neben der Mitgliedschaft in einer gegen die Kirche agierenden Vereinigung sind die hier zusammengestellten Delikte: Physische Gewalt gegen den Papst, Bischöfe und Kleriker (c. 1370 CIC), verschiedene Formen des Ungehorsams gegenüber der Lehre der Kirche bzw. gegenüber kirchlichen Autoritäten (c. 1371 CIC), Appellation an ein Ökumenisches Konzil oder das Bischofskollegium gegen eine Maßnahme des Papstes (c. 1372 CIC), individuelle Formen der kirchenfeindlichen Agitation (c. 1373 CIC), Behinderung der Freiheit der Kirche (c. 1375 CIC), Entweihung einer heiligen Sache (c. 1376 CIC) und unerlaubte Veräußerung kirchlichen Vermögens (c. 1377 CIC).

5.2.1 Rechtssprachliche Erläuterungen zu c. 1374 CIC

5.2.1.1 Enge Auslegung

C. 18 CIC zufolge sind Normen, die eine Strafe verhängen, eng auszulegen. Dies ist insbesondere für das Verständnis des *quae contra Ecclesiam machinatur* des c. 1374 CIC von Bedeutung. Wie bereits hinsichtlich can. 2335 CIC/1917 ist

---

525 Entscheidung des päpstlichen Rates für die Interpretation von Gesetzestexten vom 24.06.2000 zu einem Zweifel bezüglich. c. 915 CIC, in: AfkKR 169 (2000), 135-138.

stets zu fragen, ob der Tatbestand der kirchenfeindlichen Agitation einer freimaurerischen Vereinigung tatsächlich erfüllt ist. Ihn ohne die Spezifika der jeweiligen Großlogen zu berücksichtigen pauschal vorauszusetzen, entspräche nicht der geforderten engen Auslegung. Der zu untersuchende c. 1374 CIC lautet:

„Qui nomen dat consociationi, quae contra Ecclesiam machinatur, iusta poena puniatur; qui autem eiusmodi consociationem promovet vel moderatur, interdicto puniatur."

5.2.1.2 Nomen dare

Im Unterschied zu can. 2335 CIC/1917 findet sich die Wortverbindung *nomen dare* in c. 1374 CIC im Singular. Ihre Bedeutung ist identisch mit der Formulierung in der Vorgängernorm und meint das Einschreiben in ein Mitgliederverzeichnis. Neben c. 1374 CIC taucht die Verbindung *nomen dare* auch in c. 307 § 3 CIC auf, wo sie sich auf den Beitritt von Ordensangehörigen zu Vereinen bezieht.

5.2.1.3 Consociatio

Das Lexem *consociatio* ist ein Novum des CIC. Es findet sich im CIC/1917 an keiner Stelle und ersetzt den in can. 2335 CIC/1917 gebrauchten Begriff *secta*, der sich primär auf nicht-katholische Gemeinschaften von Christen bezog. Consociatio benennt einen wie auch immer gestalteten sozialen Zusammenschluss und wird angemessen mit *Vereinigung* übersetzt.[526]

---

526 Vgl. Kottmann, Freimaurer und katholische Kirche, 256 f.

5.2.1.4 Quae contra Ecclesiam machinatur

Während can. 2335 CIC/1917 neben kirchenfeindlicher auch staatsgefährdende Agitation als strafwürdig benannte, fehlt im c. 1374 CIC die Formulierung *vel legitimas civiles potestates*. Insbesondere aufgrund der tatsächlich von Staaten gegen die Freimaurerei vorgenommenen Maßnahmen war die vermeintliche Staatsfeindlichkeit der Freimaurerei oft ein Bezugspunkt päpstlicher Verurteilungen. Nicht nur bei den ersten, die Freimaurerei verurteilenden Päpsten wie Clemens XII. und Benedikt XIV. sondern auch bei Leo XIII. finden sich argumentative Bezüge zum gefährdeten Wohl der bürgerlichen Gesellschaft.

Dass staatsgefährdendes Betragen in c. 1374 CIC nicht erwähnt wird, ist auf das Zweite Vatikanum und seine Äußerungen zum Verhältnis zwischen Staat und Kirche zurückzuführen[527].

In der Auslegung des can. 2335 CIC/1917 stellte sich die Frage, ob der Relativsatz „quae contra Ecclesiam vel legitimas potestates civiles machinantur" auf die Freimaurerei zu beziehen und somit ein für das Eintreten der Tatstrafe zwingendes Tatbestandmerkmal ist, oder bereits die Mitgliedschaft in der Freimaurerei per se, unabhängig von der Ausrichtung der jeweiligen Großloge, die Exkommunikation nach sich zieht. Diese Problematik ergibt sich bei c. 1374 CIC nicht mehr. Da die Norm nur von *consociatio* spricht, ist der Bezug des mit *quae* beginnenden, attributiven Relativsatzes offensichtlich. Insofern ist c. 1374 CIC zufolge die Mitgliedschaft in Vereinigungen zu bestrafen, die gegen die Kirche Ma-

---

527 Vgl. *Gaudium et spes* 73 sowie *Dignitatis Humanae* 1.

chenschaft betreiben, unabhängig ob es sich dabei um eine freimaurerische oder eine andere Vereinigung handelt. Zu derartigen Vereinigungen können auch „Zusammenschlüsse von Klerikern, die einen gewerkschaftlichen Charakter tragen und als Interessenvertretung [...] gegen die Hierarchie bestehen"[528] gezählt werden.

Die Bedeutung des Verbes *machinari* ist in can. 2335 CIC/1917 und c. 1374 CIC identisch und meint „Delikte gegen die Lehre, gegen Personen oder kirchliche Institutionen"[529]. Ronny E. Jenkins macht auf die Deutungsproblematik der Formulierung *contra Ecclesiam machinatur* aufmerksam: In den USA wurde vereinzelt das Eintreten einiger Logen des AASR gegen kirchliche Schulen als Beispiel kirchenfeindlicher Agitation betrachtet[530]. Jenkins fragt nun, warum Katholiken dann nicht gleichermaßen die Mitgliedschaft in der Demokratischen Partei verboten sein sollte, zu deren Programm auch die Anerkennung des Rechts einer Frau auf reproduktive Selbstbestimmung gehört[531].

---

528 SEBOTT, Strafrecht, 180; vgl. hierzu insbesondere S.C. PRO CLERICIS, Erklärung *de quibusdam associationibus vel coadunationibus quae omnibus cerlicis prohibentur* vom 08.03.1982, in: AAS LXXIV (1982) 642-645.
529 Vgl. S.C.D.F., Erklärung vom 26.02.1975, in: OCHOA, Javier (Hg.) Leges ecclesiasticas post Codicem iuris canonici editae, Bd. V., Leges annis 1973-1975, Rom 1980, n. 4360, Sp. 6991. Die hier wiedergegebene Übersetzung stammt aus KOTTMANN, Freimaurer und katholische Kirche, 258 f., Fn. 860.
530 WHALEN, William, The pastoral Problem of Masonic Membership, in: Origins 15/6 (27. Juni, 1985) 84-92.
531 Vgl. JENKINS, Ronny E., The evolution of the Church's prohibition against catholic membership in freemasonry, in: The Jurist LVI 1996, 735-755, 752.

5.2.1.5 Iusta poena puniatur

Zunächst ist festzustellen, dass die Mitgliedschaft in einer gegen die Kirche Machenschaften betreibenden Vereinigung nicht die Tatstrafe der Exkommunikation nach sich zieht, wie dies in can. 2335 CIC/1917 der Fall war. Die lateinisch-deutsche Ausgabe des CIC übersetzt *puniatur* mit *soll* und drückt somit nur ungenau aus, dass *puniatur* imperativisch gemeint ist[532]. In c. 1374 CIC ist das Verb zweimal zu finden: Sowohl in Bezug auf *iusta poena*, als auch auf *interdicto*.

Hinsichtlich einzuleitender Strafverfahren ist zunächst c. 1341 CIC zu berücksichtigen. Er hebt hervor, dass der Ordinarius den Gerichts- oder Verwaltungsweg nur dann beschreiten wird, wenn weder durch mitbrüderliche Ermahnung noch durch Verweis oder andere Wege des pastoralen Bemühens das Ärgernis behoben und Gerechtigkeit wiederhergestellt werden kann. Soweit möglich, sollte der Ordinarius möglichst den Gerichtsweg dem Verwaltungsweg vorziehen, um die möglichen Unsicherheiten des Verwaltungsweges zu vermeiden[533]. Sofern es nicht vollkommen überflüssig ist, hat einem Strafprozess eine Voruntersuchung vorauszugehen, in der Erkundigungen über Tatbestand, nähere Umstände und strafrechtliche Zurechenbarkeit einzuholen sind (c. 1717 § 1 CIC). Zu beachten ist dabei, dass der gute Ruf des eventuellen Straftäters nicht beschädigt wird (c. 1717 § 2 CIC). Der die Voruntersuchungen Durchführende hat die gleichen Pflichten und Vollmachten wie der Vernehmungsrichter im Prozess. Kommt es zu einem Strafprozess, darf er darin nicht als Richter tätig sein (c. 1717 § 3 CIC).

---

532 Vgl. KOTTMANN, Freimaurer und katholische Kirche, 263.
533 Vgl. SEBOTT, Strafrecht, 110.

Verfügt der Ordinarius, dass ein Strafprozess einzuleiten ist, sind die Ergebnisse der Voruntersuchung dem Kirchenanwalt zu übergeben, der dem Richter die Anklageschrift entsprechend cc. 1502 und 1504 CIC vorlegen muss (c. 1721 § 1 CIC). Der Ablauf des Prozesses gestaltet sich den cc. 1720-1728 CIC entsprechend.

Im Gegensatz zum CIC/1917 taucht die Formulierung *iusta poena* im CIC mehrfach auf. *Iusta poena* meint eine unbestimmte Strafe und verweist auf den Ermessensspielraum des Richters. Dieser darf c. 1349 CIC zufolge bei einer unbestimmten Strafe niemals eine Strafe für immer (*poena perpetua*) verhängen. Des Weiteren ist c. 1349 CIC zu entnehmen, dass im Falle einer unbestimmten Strafe der Richter keine schweren Strafen, insbesondere keine Beugestrafen (*censurae*) verhängen darf, es sei denn, die Schwere des Falles erfordert dies unbedingt.

Eine *iusta poena* könnte somit z.B. eine der fünf verschiedenen, im CIC[534] normierten, Sühnestrafen sein. Die in c. 1336 CIC normierten Sühnestrafen sind im Einzelnen:

1. Das Verbot, sich an einem bestimmten Ort bzw. Gebiet aufzuhalten. Dieses Verbot kann Kleriker und Religiosen treffen (c. 1337 § 1 CIC).
2. Der Entzug einer Vollmacht, eines Amtes, einer Aufgabe, eines Rechtes, eines Privilegs, einer Befugnis, eines Gunsterweises, eines Titels sowie einer Auszeichnung.

---

[534] Anzumerken ist, dass die Sühnestrafen des CIC nicht die einzig denkbaren sind. C. 1336 CIC weist in § 1 selbst auf die Möglichkeit hin, dass weitere Sühnestrafen angedroht werden können, insbesondere auch auf partikularkirchlicher Ebene; vgl. hierzu SEBOTT, Strafrecht, 94, dort Fn. 3.

3. Das Verbot, von einem der unter 2. genannten Rechtsgüter Gebrauch zu machen.
4. Strafversetzung auf ein anderes Amt.
5. Entlassung aus dem Klerikerstand. Diese kann nur auf dem Gerichtsweg verhängt werden (c. 1342 § 2 CIC) und ist einem aus drei Richtern bestehenden Kollegialgericht vorbehalten (c. 1425 § 1 n. 2 CIC). Sie kann nicht partikularrechtlich festgesetzt werden.[535]

5.2.1.6 Promovere vel moderari

Die Verben *promovere* und *moderari* finden sich in c. 2335 CIC/1917 nicht. Dennoch handelt es sich hier nicht um ein genuines Novum des CIC. Vielmehr greift diese Formulierung zurück auf die Bulle *In eminenti* und die Apostolische Konstitution *Apostolicae Sedis*.[536]

Im Lichte der kanonischen Tradition, insbesondere die Bulle *In eminenti*, ist *promovere* in c. 1374 CIC im Sinne von *fördern* bzw. *unterstützen* zu verstehen[537]. Der zweite Satz dieser Norm erzielt mit dem Verb *promovere* eine doppelte Wirkung: Einerseits ergänzt bzw. spezifiziert es einen über die bloße Mitgliedschaft hinausgehenden Tatbestand. Andererseits setzt das *Fördern* oder *Unterstützen* einer kirchenfeind-

---

535 Vgl. SEBOTT, Strafrecht, 92-96.
536 Vgl. KOTTMANN, Freimaurer und katholische Kirche 260.
537 Vgl. KOTTMANN, Freimaurer und katholische Kirche, 260, der diese Bedeutung unter Bezug auf die Bulle CLEMENS XII. *In eminenti* nachweist. Für die Frage, ob und inwieweit c. 1374 CIC auf die Freimaurerei zu beziehen ist, dürfte nicht unerheblich sein, dass c. 1374 CIC nicht nur die Nachfolgenorm des can. 2335 CIC/1917 ist, sondern sich auch mit dem Verb *promovere* an dem ersten, die Freimaurerei verurteilenden Schreiben eines Papstes orientiert.

lichen Vereinigung die Mitgliedschaft in ihr nicht voraus. Somit wird der Adressatenkreis des c. 1374 CIC ausgeweitet. Sollte c. 1374 CIC auf die Freimaurerei Anwendung finden, könnten beispielsweise die Mitglieder der Aufnahmekommissionen[538], die üblicherweise von Logen eingesetzt werden, den Tatbestand des *promovere* erfüllen, da sie in entscheidender Weise dazu beitragen, dass Menschen der Freimaurerei zugeführt werden.

Das Verb *moderari* wird im CIC in einem dreifachen Sinn gebraucht. In der Mehrheit der Fälle bedeutet es *leiten*[539], gelegentlich *regeln*[540] und einmal *ermäßigen*[541]. In c. 1374 CIC ist es im Sinne von *leiten* zu übersetzen. Durch *moderari* wird – wie bereits durch *promovere* – eine weitere Differenzierung hinsichtlich der individuellen Funktion innerhalb der verbotenen Vereinigung geschaffen. Als Strafmaß für Förderer und Leiter von gegen die Kirchen agierenden Vereinigungen sieht c. 1374 CIC das Interdikt vor. Dass Leiter und Förderer mit einer anderen Strafe bedroht werden, ist eine Neuheit des CIC. Die Vorgängernorm sah die Tatstrafe der Exkommunikation für alle Mitglieder vor, unabhängig von ihrer Funktion.[542]

---

538 Je nach Loge bestehen Aufnahmekommissionen i.d.R. aus drei Personen, die sich mit Interessenten treffen, sie mit ihrer Loge vertraut machen und einzuschätzen versuchen, ob ein Interessent für die jeweilige Loge geeignet ist.
539 Vgl. cc. 115 § 3, 215, 254 § 1, 318 § 1, 321, 517 § 2, 528 § 2, 567 § 2, 790 § 1 n. 1, 803 § 1, 1649 § 1 CIC.
540 Vgl. cc. 223 § 2, 576, 1272 CIC.
541 Vgl. c. 1346 CIC.
542 Vgl. KOTTMANN, Freimaurer und katholische Kirche, 260 f.

5.2.2 Interdictum – Gottesdienstsperre

Leiter und Förderer kirchenfeindlicher Vereinigungen müssen mit dem Interdikt bestraft werden. Im Gegensatz zu jenen, die lediglich den Tatbestand des *nomen dare* erfüllen, ist das Strafmaß nicht unbestimmt und bietet insofern keinen Ermessensspielraum. Es handelt sich daher um eine verpflichtende und eine bestimmte Spruchstrafe[543]. Historisch geht die auch als *Gottesdienstsperre* bezeichnete Strafmaßnahme des Interdikts auf das 10. bzw. 11. Jahrhundert zurück[544].

Während das Interdikt im CIC/1917 sowohl als Beuge- als auch als Sühnestrafe verhängt werden konnte, ist es im CIC ausschließlich eine Beugestrafe. Zudem konnte das Interdikt im CIC/1917 als örtliche, wie auch als persönliche Gottesdienstsperre verhängt werden. In den CIC hat das Interdikt nur in Gestalt der persönlichen Gottesdienstsperre Eingang gefunden.[545]

Grundsätzlich kann das Interdikt sowohl Tatstrafe (vgl. z.B. c. 1370 § 2 CIC) als auch Spruchstrafe sein. In c. 1374

---

543 Vgl. Sebott, Strafrecht, 180.
544 „Den Anlaß zur Ausbildung des Interdikts gaben die gewalttätigen Zeiten des 10. und 11. Jh. Die Kirche mußte einen Weg suchen, das Kirchengut und die Geistlichkeit gegen die Übergriffe der weltlichen Herrscher zu schützen. Sie fand ihn, indem sie den Rechtsbrecher nicht nur mit der Exkommunikation bestrafte, sondern ihn auch seines unrechtmäßig angeeigneten Gutes nicht froh werden ließ. Durch Verhängung des Interdikts sollten die Schuldigen zu Einsicht und Wiedergutmachung geführt und alle Bewohner des in Frage stehenden Gebietes sich der Schwere des Vergehens bewußt werden"; siehe hierzu Strigl, Richard A., Das Funktionsverhältnis zwischen kirchlicher Strafgewalt und Öffentlichkeit. Grundlagen, Wandlungen, Aufgaben München 1965, 84.
545 Vgl. Sebott, Strafrecht, 84-86.

CIC wird es nicht als Tatstrafe angedroht. C. 1332 CIC normiert – auf c. 1331 § 1 nn. 1-2 CIC verweisend – die Inhalte des Interdikts: Das Verbot, Sakramente und Sakramentalien zu spenden und Sakramente zu empfangen (n. 2) sowie kirchliche Ämter, Dienste und Aufgaben auszuüben oder Akte der Leitungsgewalt zu setzen (n. 3). Bei Feststellung oder Verhängung des Interdikts ist c. 1331 § 2 n. 1 CIC zu berücksichtigen, dass der Täter ferngehalten oder von der liturgischen Handlung abgesehen werden muss, wenn er bei der Feier des eucharistischen Opfers Dienst tun will. Ist das Interdikt festgestellt oder verhängt, greift zudem auch c. 915 CIC[546].

Im Falle des in c. 1374 CIC normierten Tatbestands des Förderns bzw. Leitens einer gegen die Kirche Machenschaften betreibenden Vereinigung ist das Interdikt nur als Spruchstrafe verhängbar. Ist das Interdikt verhängt, gilt, dass der Täter nicht zur Kommunion zugelassen werden darf (c. 915 CIC).

5.2.3 Imputabilität und Strafe

Titel III des VI. Buches des CIC behandelt überwiegend die subjektiven Voraussetzungen, deren Vorhandensein für das Wirksamwerden objektiv angedrohter Strafen vonnöten ist[547]. C. 1321 § 1 CIC besagt, dass niemand bestraft wird, wenn nicht die von ihm begangene äußere Verletzung von Gesetz oder Verwaltungsbefehl wegen Vorsatz (*dolus*) oder Fahrlässigkeit (*culpa*) schwerwiegend zurechenbar ist. Eine Definition dessen, was im Sinne des kirchlichen Rechts eine

---
546 Vgl. Sebott, Strafrecht, 86, Fn. 39.
547 Vgl. Sebott, Strafrecht, 43.

Straftat ist, stellt der CIC nicht zur Verfügung. Mit punktuellen Einschränkungen darf die in can. 2195 § 1 CIC/1917 formulierte Definition des Deliktes als geltend betrachtet werden: „Im kirchlichen Recht versteht man unter einem Delikt eine äußere und sittlich zurechenbare Verletzung eines Gesetzes, dem eine wenigstens unbestimmte kanonische Strafdrohung beigefügt ist."[548] Der Kanon benennt drei Bestandteile eines Deliktes: Strafrechtliche Zurechenbarkeit, äußere Handlung und Verletzung eines kirchlichen Strafgesetzes bzw. -gebotes. *Schuld* ist Klaus Mörsdorf zufolge „die sittliche Vorwerfbarkeit eines rechtswidrigen Verhaltens"[549]. Hinsichtlich der sittlichen Vorwerfbarkeit lässt sich differenzieren zwischen Vorsatz (*dolus*), also der bewussten und gewollten Verletzung einer Norm und Fahrlässigkeit (*culpa*), also der Gesetzesübertretung aufgrund Unterlassung gebotener Sorgfalt. Sofern ein Gesetz bzw. ein Verwaltungsbefehl nichts anderes besagt, bleibt eine aus Fahrlässigkeit begangene Straftat straffrei (c. 1321 § 2 CIC). Im Strafrecht des CIC ist c. 1389 § 2 der einzige Fall, in welchem auch für eine fahrlässig begangene Straftat eine Strafe angedroht ist. C. 1374 CIC sieht nicht explizit für den Fall des fahrlässigen Begehens der in ihm normierten Straftaten eine Strafe vor. C. 1321 § 3 CIC zufolge wird zwar die *Zurechenbarkeit* stets vermutet, sofern nicht anderes offenkundig ist, nicht aber *Vorsatz*. Insofern sind Mitglieder, bzw. Förderer und Leiter einer gegen die Kirche Machenschaften betreibenden Verei-

---

548 Deutsche Übersetzung von Sebott, Strafrecht, 46. Can. 2195 § 1 CIC/1917: „Nomine delicti, iure ecclesiastico, intelligitur externa et moraliter imputabilis legis violatio cui addita sit sanctio canonica saltem indeterminata."
549 MÖRSDORF, Lehrbuch des Kirchenrechts III, 314.

nigung nur dann mit der in c. 1374 CIC genannten *iusta poena* bzw. dem Interdikt zu bestrafen, wenn die Vorsätzlichkeit ihres Tuns nachgewiesen ist.

Ob die in c. 1374 CIC genannten Tatbestandsmerkmale des kirchenfeindlichen Agierens einer Gemeinschaft sowie gegebenenfalls deren Leitung oder Förderung erfüllt sind, ist durch den Richter zu beurteilen.[550]

5.2.4 Neues Recht, alte Strafe?

Auch von praktischer Relevanz dürfte die Frage sein, wie es um katholische Freimaurer angesichts des CIC steht, die sich aufgrund des can. 2335 CIC/1917 die Tatstrafe der Exkommunikation zuzogen. Hier ist auf c. 1313 § 1 CIC zu verweisen, demzufolge nach einer Gesetzesänderung nach begangener Straftat das für den Täter günstigere Recht anzuwenden ist. Des Weiteren ist § 2 des gleichen Kanons zu berücksichtigen, demzufolge eine Strafe sofort entfällt, wenn ein Gesetz ein anderes oder zumindest die Strafe außer Kraft setzt. Dies gilt auch für Tatstrafen. Der CIC/1917 sah diese Möglichkeit nicht vor und normierte in c. 2226 § 3, dass bereits zugezogene Zensuren nicht von selbst aufhören, wenn ein späteres Gesetz ein früheres oder die darin enthaltene Strafe aufhebt. Sollte allerdings ein katholischer Freimaurer einer freimaurerischen Vereinigung angehören, die eine Häresie vertritt und sollte er diese Häresie auch persönlich teilen, dann tritt ohne weiteres die Tatstrafe der Exkommunikation aufgrund c. 1364 CIC ein.

---

550 Vgl. KOTTMANN, Freimaurer und katholische Kirche, 268.

5.3 Die Freimaurer im CIC – Ergebnissicherung

Hinsichtlich c. 1374 CIC ist zusammenfassend zu sagen, dass er einer engen Auslegung unterliegt. Die Mitgliedschaft in einer kirchenfeindlichen Vereinigung ist mit einer unbestimmten Strafe sanktioniert, deren möglicher Inhalt sich per exclusionem aus c. 1349 CIC erschließen lässt. Die tatsächliche Strafe liegt im Ermessen des Richters. Wenn nicht die Schwere des Sachverhaltes anderes erfordert, wird die *iusta poena* unter den Zensuren des kirchlichen Strafrechts bleiben. Sowohl die *iusta poena* als auch das für Förderer und Leiter geforderte Interdikt treten nicht als Tatstrafe ein, sondern sind als Spruchstrafe zu verhängen. Da c. 1374 CIC nicht explizit auf Fahrlässigkeit Bezug nimmt, sind die entsprechenden Strafen nur im Falle von Vorsatz zu verhängen. Das Strafrecht des CIC nimmt, wenn anderes nicht offenkundig ist, die Zurechenbarkeit, nicht aber Vorsatz an. Ein katholischer Freimaurer zieht sich die Tatstrafe der Exkommunikation dann zu, *wenn* er Mitglied einer freimaurerischen (oder anderen) Vereinigung ist, die eine Häresie vertritt, mit der er sich identifiziert. Sofern sich ein Freimaurer aufgrund von can. 2335 CIC/1917 die Tatstrafe der Exkommunikation zuzog, entfällt diese aufgrund von c. 1313 CIC sofort.

5.4 Die Freimaurerei im orientalischen Kirchenrecht

Wenngleich die vorliegende Arbeit vorwiegend den lateinischen Rechtskreis im Blick hat, soll an dieser Stelle zumindest skizziert werden, wie die hier zu behandelnde Problematik sich im 1990 promulgierten CCEO niederschlägt. Darin findet sich die sprachlich an c. 1374 CIC anknüpfende Norm c. 1448 § 2 CCEO. Sie lautet wörtlich:

„Qui nomen dat consociationi, quae contra Ecclesiam machinatur, congrua poena puniatur."

Zwar ähnelt dieser Kanon seiner Schwesternorm im CIC, allerdings fällt auf, dass er nicht differenziert zwischen Mitgliedschaft, Förderung und Leitung. Die Spruchstrafe des Interdikts für Förderer und Leiter sieht der CCEO im Gegensatz zum CIC nicht vor. Was die unbestimmte Formulierung *congrua poena* bedeutet, erschließt sich aus c. 1409 § 2 CCEO[551] i.V.m. c. 1402 § 2 CCEO[552]. Wenn nicht explizit anderes vorgesehen ist, kann „keine Strafe verhängt werden, die die Aberkennung eines Amtes, eines Titels oder die Aberkennung von Auszeichnungen, die Suspension für mehr als

---

551 C. 1409 § 2 CCEO: „Si poena est indeterminata neque aliter lex cavet, iudex poenas in can. 1402, § 2 recensitas irrogare non potest."
552 C. 1402 § 2 CCEO: „Si vero iudicio auctoritatis, de qua in § 3, graves obstant causae, ne iudicium poenale fiat, et probationes de delicto certae sunt, delictum puniri potest per decretum extra iudicium ad normam cann. 1486 et 1487, dummodo non agatur de privatione officii, tituli, insignium aut de suspensione ultra annum, de reductione ad inferiorem gradum, de depositione vel de excommunicatione maiore."

ein Jahr, die Absetzung oder die große Exkommunikation[553] beinhaltet"[554]. Zusammenfassend ist also festzuhalten, dass das orientalische Recht hinsichtlich der Mitgliedschaft in gegen die Kirche Machenschaften betreibenden Vereinigungen einerseits unter dem Strafmaß des CIC bleibt und andererseits keine Unterscheidung zwischen Mitgliedschaft, Förderung und Leitung trifft.[555]

---

[553] Die „große Exkommunikation" im orientalischen Kirchenrecht ist hinsichtlich ihrer Rechtsfolgen identisch mit der Exkommunikation des lateinischen Rechtskreises; vgl. hierzu KOTTMANN, Freimaurer und katholische Kirche, 269, dort Fn. 914.
[554] KOTTMANN, Freimaurer und katholische Kirche, 269.
[555] Vgl. KOTTMANN, Freimaurer und katholische Kirche, 269 f.

6 Erklärung der Glaubenskongregation über freimaurerische Vereinigungen vom 26.11.1983[556]

Am 27.11., dem ersten Adventssonntag des Jahres 1983, erhielt der CIC Verpflichtungskraft. Einen Tag zuvor erschien ein vom damaligen Präfekten der Glaubenskongregation, Joseph Kardinal Ratzinger, verfasstes Schreiben zur Haltung der Kirche gegenüber freimaurerischen Vereinigungen. Den Anlass zu diesem Schreiben bildete der Umstand, dass offenbar umstritten war, ob und inwiefern die Freimaurerei durch c. 1374 CIC, der sie nicht namentlich nennt, erfasst ist. Reinhold Sebott etwa äußerte bereits 1981 die Vermutung, dass die „rechtliche Feindschaft' zwischen Freimaurern und Katholischer Kirche eines natürlichen Todes"[557] sterben würde, da bereits 1972 absehbar gewesen sei, dass can. 2335 CIC/1917 im neuen Codex durch eine allgemein gehaltene Norm ersetzt werden solle, die „etwa lautet: Es ist Katholiken nicht gestattet, einer Vereinigung anzugehören, die grundsätzlich die Katholische Kirche bekämpft und auf ihre Zerstörung hinarbeitet. Dies ohne Bezug auf can. 2335"[558]. Bereits am 25. Januar 1983 wurde die Apos-

---

556 S.C.D.F., Declaratio de associationibus massonicis vom 26.11.1983, in: AAS LXXVI (1984) 300.
557 Sebott, Freimaurer und DBK, 85.
558 Sebott, Freimaurer und DBK, 85 f.

tolische Konstitution *Sacrae disciplinae leges* mitsamt dem Inhalt des CIC promulgiert. Dass zwischen Promulgation und dem Erlangen von Gesetzeskraft ein längerer Zeitraum liegt, hat den grundsätzlichen Zweck, dass von neuem Recht umfänglich Kenntnis genommen werden und die praktische Anwendung angemessen vorbereitet werden kann. Nach der Promulgation von *Sacrae disciplinae leges* und dem Text des CIC, allerdings vor dessen Inkrafttreten, verfasste Sebott einen weiteren Artikel, mit dem enthusiastischen Titel „Der Kirchenbann gegen die Freimaurer ist aufgehoben"[559]. Dieser Titel war nicht unberechtigt: Can. 2335 CIC/1917 und mit ihm die darin normierte Tatstrafe der Exkommunikation für die Mitgliedschaft in einer freimaurerischen Vereinigung die gegen die Kirche agiert, fanden keinen Eingang in den CIC. Allerdings vertritt Sebott in dem selben Beitrag die Ansicht, die Freimaurer „brauchen sich auch durch den neuen can. 1374 CIC nicht betroffen zu fühlen"[560]. Da derartige Schlussfolgerungen[561] aus der Nichtnennung der Frei-

---

559 Sebott, Kirchenbann.
560 Sebott, Kirchenbann, 416.
561 Reinhold Sebott steht hier exemplarisch für diese mögliche Auffassung. Es ist darauf hinzuweisen, dass Reinhold Sebotts Einschätzung der Freimaurerei im Hinblick auf das Strafrecht durchaus differenziert ist. So schreibt er: „Natürlich ist es richtig, daß ein Freimaurer […] von jedweder anderen Strafmaßnahme getroffen werden kann, *wenn* er eine entsprechende Straftat begeht. *Wenn* z.B. ein Katholik einer Freimaurerloge angehören sollte, die eine Häresie vertritt und *wenn* der Katholik sich mit dieser Häresie identifizieren sollte, so wird er von can. 1364 § 1 getroffen […] Bestehen bleibt das Verbot der Deutschen Bischofskonferenz vom 12. Mai 1980, wonach im Gebiet der Deutschen Bischofskonferenz niemand zugleich Katholik und Freimaurer sein kann. Ja, dieses Verbot wurde am 26. November 1983 durch die römische Glaubenskongregation auf die ganze Welt ausgedehnt"; siehe hierzu Sebott, Strafrecht, 182 f.

maurerei im CIC gezogen werden konnten und offenbar der Auffassung des Gesetzgebers nicht entsprachen, sah sich die Glaubenskongregation zu einer Klarstellung veranlasst[562]. Wegen ihrer Kürze und ihrer hohen Relevanz ist die Erklärung der Glaubenskongregation an dieser Stelle wiederzugeben:

> „Es wurde die Frage gestellt, ob sich das Urteil der Kirche über die Freimaurerei durch die Tatsache geändert hat, daß der neue CIC sie nicht ausdrücklich erwähnt wie der frühere.
> Diese Kongregation ist in der Lage zu antworten, daß diesem Umstand das gleiche Kriterium der Redaktion zugrunde liegt wie für andere Vereinigungen, die gleichfalls nicht erwähnt wurden, weil sie in breitere Kategorien eingegliedert sind.
> Das negative Urteil der Kirche über die freimaurerischen Vereinigungen bleibt also unverändert, weil ihre Prinzipien immer als unvereinbar mit der Lehre der Kirche betrachtet wurden und deshalb der Beitritt zu ihnen verboten bleibt. Die Gläubigen, die freimaurerischen Vereinigungen angehören, befinden sich also im Stand der schweren Sünde und können nicht die heilige Kommunion empfangen.
> Autoritäten der Ortskirche steht es nicht zu, sich über das Wesen freimaurerischer Vereinigungen in einem Urteil zu äußern, das das oben Bestimmte außer Kraft setzt, und zwar in Übereinstimmung mit der Erklärung dieser Kongregation vom 17. Februar 1981 (vgl. AAS 73/1981; S. 240-241).

---

[562] Dass der Kirchenbann gegen die Freimaurerei aufgehoben sei, bzw. dass das negative Urteil der Kirche über die Freimaurerei eine Änderung erfahren habe, wurde verschiedentlich vertreten. Vgl. WALDSTEIN, Wolfgang, Zum rechtlichen Charakter der „Declaratio de associationibus massonicis", in: POTOSCHNIG, Franz, RINNERTHALER, Alfred (Hg.), Im Dienst von Kirche und Staat. In memoriam Carl Holböck, 519-528, 521.

Papst Johannes Paul II [sic!] hat diese Erklärung, die in der ordentlichen Sitzung dieser Kongregation beschlossen wurde, bei der dem unterzeichneten Kardinalpräfekten gewährten Audienz bestätigt und ihre Veröffentlichung angeordnet.
Rom, am Sitz der Kongregation für die Glaubenslehre, 26. November 1983.
Joseph Kardinal RATZINGER Präfekt
+ Erzbischof Jérôme Hamer, O.P. Sekretär."[563]

6.1 Der rechtliche Charakter der Erklärung der Glaubenskongregation über freimaurerische Vereinigungen vom 26.11.1983

Wolfgang Waldstein zufolge stellt die Declaratio sich als authentische Interpretation des c. 1364 CIC dar[564]. Obwohl die Declaratio mit dem Datum des 26.11.1983 versehen ist, ist Waldstein der Ansicht, sie sei „gleichzeitig mit dem Inkrafttreten des neuen Codex Iuris Canonici (CIC) am 27. November 1983 von der S. Congregatio pro Doctrina Fidei" publiziert worden[565]. Er macht darauf aufmerksam, dass zum Zeitpunkt des Inkrafttretens des CIC formell betrachtet die Päpstliche Kommission für die Auslegung der Beschlüsse des Zweiten Vatikanischen Konzils oder die Co-

---

563 Deutsche Übersetzung hier zitiert nach: ERKLÄRUNG DER GLAUBENSKONGREGATION ZU FREIMAURERISCHEN VEREINIGUNGEN. Eine weitere deutsche Übersetzung findet sich in: KOTTMANN, 271 f.
564 Vgl. WALDSTEIN, Zum rechtlichen Charakter der Declaratio, 523.
565 Vgl. WALDSTEIN, Zum rechtlichen Charakter der Declaratio, 519.

dex-Reformkommission die Kompetenz der authentischen Interpretation von Gesetzen hatten und sich vor diesem Hintergrund argumentieren ließe, dass die Glaubenskongregation nicht die Zuständigkeit für ebendiese authentische Interpretation besaß. Diese Argumentation weist er zurück mit der Bemerkung, es habe sich im Verlaufe der Zeit die Praxis etabliert, dass Kongregationen, insbesondere das Hl. Offizium bzw. die Glaubenskongregation, „generelle Reskripte erlassen und in ihnen Zweifelsfragen des CIC lösen"[566], die durch ihre Promulgation in den *Acta Apostolicae Sedis* „für alle eine verbindliche Kraft und daher die Wirkung einer authentischen Interpretation"[567] haben. C. 16 § 1 CIC zufolge werden Gesetze authentisch interpretiert durch den *legislator* und denjenigen, der von diesem die Vollmacht zur authentischen Auslegung erhalten hat. § 2 desselben Kanons besagt, dass eine Interpretation nach Art eines Gesetzes (*per modum legis*) dieselbe Rechtskraft wie das Gesetz selbst hat und promulgiert werden muss. Waldstein argumentiert, dass aufgrund des päpstlichen Approbations- und des Promulgationsvermerks anzunehmen ist, dass es sich hier um eine authentische Interpretation des c. 1364 CIC, nach Art eines Gesetzes, handelt[568].

Allerdings begründet Waldstein dies nicht näher, außer durch einen allgemeinen Verweis auf den Inhalt. Betrachtet man allerdings den Inhalt der Declaratio, die nicht nur an keiner Stelle von Exkommunikation (und um diese geht es in dem vermeintlich auszulegenden Kanon) spricht, sondern lediglich feststellt, dass katholische Freimaurer aufgrund des

---

566 WALDSTEIN, Zum rechtlichen Charakter der Declaratio, 524.
567 WALDSTEIN, Zum rechtlichen Charakter der Declaratio, 524 f.
568 Vgl. WALDSTEIN, Zum rechtlichen Charakter der Declaratio, 526.

Standes schwerer Sünde, in dem sie sich befinden, nicht die Kommunion empfangen können. Zu fragen wäre angesichts der Behauptung von Waldstein, weshalb die Declaratio – *wenn* sie eine authentische Interpretation des c. 1364 CIC ist – darauf verzichtet, die Rechtsfolgen der Exkommunikation zu benennen. Mit anderen Worten: Wenn die Stoßrichtung der Declaratio die Zuordnung der Freimaurerei zu den in c. 1364 CIC genannten Gruppen (Apostaten, Häretiker, Schismatiker) ist, warum spricht sie dann vage vom Nichtkönnen des Kommunionempfangs anstatt die in c. 1331 CIC genannten Rechtsfolgen der Exkommunikation zu benennen[569]? *Wenn* die Declaratio c. 1364 CIC interpretiert, in dem es um Straftaten gegen den Glauben der Kirche geht, die die Tatstrafe der Exkommunikation nach sich ziehen, bleibt zu klären, warum sie weder einen klaren Bezug zu c. 1364 CIC noch zur Exkommunikation (das Nichtkönnen des Kommunionempfangs wäre ebenso gut als Hinweis auf das Interdikt verstehbar) herstellt und weshalb man dennoch schlussfolgern könne, es handle sich um eine authentische Interpretation des c. 1364 CIC. Die Ansicht, dass die Erklärung der Glaubenskongregation in der Tat eine authentische Interpretation enthält, wird auch von Wilhelm Rees vertreten[570]. Er resümiert:

> „Mit dieser Erklärung stellt die Sacra Congregatio pro Doctrina Fidei eindeutig klar, daß freimaurerische Vereinigungen prinzipiell zu den in c.1374 genannten kirchenfeindlichen Vereinigun-

---

569 Vgl. HIEROLD, Anmerkungen, 95 f.
570 Vgl. REES, Strafgewalt, 447 f. Ob sich die authentische Interpretation auf c. 1364 CIC oder auf auf c. 1374 CIC bezieht, präzisiert Rees nicht.

gen zu rechnen sind. Über die strafrechtliche Seite der Mitgliedschaft trifft die Erklärung keine Aussage."[571]

Audomar Scheuermann zufolge zieht sich ein katholischer Freimaurer die Tatstrafe der Exkommunikation zu, da die Mitgliedschaft in der Freimaurerei ein Ausdruck von Häresie oder Apostasie sei (vgl. c. 1364 CIC).[572]

Ronny E. Jenkins vertritt die Auffassung, die Erklärung sei keine authentische Interpretation[573]. Seines Erachtens wäre es von Seiten der Glaubenskongregation klüger gewesen, hätte sie auf ihre Erklärung verzichtet und c. 1374 CIC für sich selbst durch seine Anwendung sprechen lassen[574].

Klaus Kottmann hingegen geht davon aus, dass die Declaratio *vor* Inkrafttreten des CIC veröffentlicht wurde. Sollte es sich bei der Erklärung der Glaubenskongregation, wie Waldstein vermutet, um eine authentische Interpretation *per modum legis* bzw. um ein Gesetz handeln, so wäre zu fragen ob es durch c. 6 CIC betroffen und daher mit Inkrafttreten des CIC am 27.11.1983 aufgehoben ist. Da die Declaratio mit den Hinweis beginnt, es sei „die Frage gestellt [worden], ob

---

571 REES, Strafgewalt, 448.
572 Vgl. SCHEUERMANN, Audomar, Kirche und Freimaurerei, Eine Klarstellung, in: Klerusblatt 64 (1984) 41.
573 „Finally, the declaration does not addres or mention a specific canon, appealing to neither canon 1364 nor canon 1374 for its conclusions. Its material authority, consequently, is solely moral in character." JENKINS, Prohibition against freemasonry, 750.
574 „Perhaps the congregation would have achieved the goal of canon 1374 better by not issuing its declaration in 1983, but by allowing the canon to speak for itself through its application in specific cases." JENKINS, Prohibition against freemasonry, 752. Möglicherweise ist Jenkins hier inspiriert vom im anglo-amerikanischen Rechtskreis üblichen *case law*.

sich das Urteil der Kirche über die Freimaurerei [...] geändert hat" wäre zu vermuten, dass es sich um ein Reskript handelt. Durch das Motu proprio *Cum iuris* vom 15.09.1917[575] wurde dem Hl. Offizium das Recht zur Veröffentlichung von Reskripten zuerkannt[576]. Allerdings macht Kottmann darauf aufmerksam, dass es sich bei der Erklärung in formaler Hinsicht nicht um ein Justiz-Reskript handeln könne, da es inhaltlich weder die Merkmale eines gesetzmäßigen, noch die eines außergesetzlichen oder eines widergesetzlichen Reskriptes habe[577].

Kottmann stimmt mit Waldstein dahingehend überein, dass die Approbationsformel und der Promulgationsauftrag, mit denen die Erklärung versehen ist, für eine gesetzliche Beschaffenheit sprechen. Zudem weist auch er darauf hin, dass das Hl. Offizium bzw. die Glaubenskongregation in seiner bzw. ihrer Zuständigkeit für die Reinerhaltung der Glaubens- und Sittenlehre durchaus Häresien oder in anderer Weise mit der Lehre der Kirche nicht übereinstimmende Ansichten als solche benannt hat, was für die Betroffenen Rechtsfolgen implizieren konnte und dass auch in der Vergangenheit der Beitritt zu bestimmten Vereinigungen durch das Hl. Offizium bzw. die Glaubenskongregation für verboten erklärt worden sind.[578] Er zieht hieraus folgenden Schluss:

> „Im Sinne einer fortwährend geübten Praxis wäre insofern vom rechtsetzenden Charakter der Erklärung in Bezug auf das Verbot

---

575 BENEDIKT XV., Motu proprio *Cum iuris* vom 15.09.1917, in: AAS IX (1917) 483 f.
576 Vgl. KOTTMANN, Freimaurer und katholische Kirche, 275.
577 Vgl. KOTTMANN, Freimaurer und katholische Kirche, 275.
578 Vgl. KOTTMANN, Freimaurer und katholische Kirche 277.

der Mitgliedschaft von Katholiken in freimaurerischen Vereinigungen auszugehen."[579]

Festzuhalten bleibt, dass die Erklärung jedenfalls nicht im eigentlichen Sinn ein Strafgesetz zum Inhalt hat, da nicht ein Tatbestand umschrieben wird, der sodann eine bestimmte Strafe, der Argumentation Waldsteins folgend, die Tatstrafe der Exkommunikation, nach sich zieht[580].

Eine authentische Interpretation liegt Kottmann zufolge nicht vor, da weder c. 1274 CIC noch c. 1364 CIC oder ein anderer Kanon zweifelhaft sind. Zweifelhaft ist nur, ob und inwiefern sich die Haltung der katholischen Kirche der Freimaurerei gegenüber geändert habe, da die Freimaurerei nicht mehr namentlich im CIC genannt werde. Obgleich die Erklärung inhaltlich durch die Feststellung, dass die Freimaurerei im CIC nicht mehr genannt wird, indirekt Bezug nimmt auf c. 1374 CIC, so interpretiert sie diesen weder, noch setzt sie neues Recht. Die Erklärung hat somit Kottmann zufolge deklarativen Charakter.[581]

Diese Ansicht wird u.a. auch jenseits der deutschen Kanonistik geteilt, etwa von James H. Provost[582].

---

579 KOTTMANN, Freimaurer und katholische Kirche, 277.
580 Vgl. KOTTMANN, Freimaurer und katholische Kirche, 278; WALDSTEIN, Zum rechtlichen Charakter der Declaratio, 523.
581 Vgl. KOTTMANN, Freimaurer und katholische Kirche, 280.
582 „It [gemeint ist die Erklärung der Glaubenskongregation, d. Verf.] certainly does not establish a new law […] It is making a statement about the objective moral seriousness of belonging to Masonic Lodges." PROVOST, James H., Canon 1374. Opinion, in: Roman Replies and CLSA advisory opinions (1984) 57 f.

6.2 Inhaltliche Anmerkungen zur Declaratio de associationibus massonicis vom 26.11.1983

Den Umstand, dass sich im CIC keine explizite Nennung der Freimaurerei findet, begründet die Erklärung mit dem Kriterium der Redaktion, dass auch bei anderen Vereinigungen angewandt wurde, da sie in breitere Kategorien eingegliedert seien. Alfred Hierold weist darauf hin, dass „diese Auskunft [...] angesichts der in der Codex-Reformkommission geführten Diskussion und der in der Vollversammlung gegebenen Antwort nicht vollauf zu[trifft]"[583], da dort „hinsichtlich der Freimaurervereinigungen sehr genau unterschieden [wurde] zwischen solchen, die nicht antikirchlich arbeiten, und solchen, die gegen die Kirche agieren"[584]. Dieser Einschätzung ist angesichts der Diskussionen im Zusammenhang des SchPoen/1973 und des SchCIC/1980 beizupflichten[585].

Die Declaratio stellt sodann fest, dass das negative Urteil der Kirche über freimaurerische Vereinigungen unverändert bleibt, weil die Prinzipien der Freimaurer immer als unvereinbar mit der Lehre der Kirche eingeschätzt wurden. Diese Feststellung irritiert bereits insofern, als dass in einem von Kardinal Šeper verfassten Schreiben der Glaubenskongregation vom 18.07.1974 differenziert wird zwischen freimaurerischen Vereinigungen, die tatsächlich Machenschaften

---

583 HIEROLD, Anmerkungen, 95.
584 HIEROLD, Anmerkungen, 95.
585 Vgl. 9.1.1.-9.1.3. in dieser Arbeit.

gegen die Kirche betreiben, und jenen, die es nicht tun[586]. Auch Alfred Hierold stellt fest, dass „die Kongregation undifferenziert und implizit davon aus[geht], daß generell alle Freimaurerlogen Machenschaften gegen die Kirche betreiben, eine Annahme […] die sich für den weiteren Bescheid nicht für sehr tragfähig erweist"[587].

Der nicht näher spezifizierte Hinweis auf die *Prinzipien* der Freimaurerei lässt an die Erklärung der Deutschen Bischofskonferenz zur Frage der Mitgliedschaft von Katholiken in der Freimaurerei vom Mai 1980 denken. Es ist nicht unwahrscheinlich, dass Joseph Kardinal Ratzinger, der selbst bis 1981 der Deutschen Bischofskonferenz angehörte, sich zumindest implizit auf die Erklärung der DBK beziehen dürfte[588]. Dies liegt auch nahe vor dem Hintergrund, dass Ratzinger bereits in der Diskussion um den in SchCIC/1980 enthaltenen c. 1326 auf die Glaubwürdigkeit der Erklärung der Deutschen Bischofskonferenz verwies[589].

Sodann kommt das Schreiben der Glaubenskongregation zu seiner gravierendsten Aussage. Es stellt fest, dass Gläubige, die freimaurerischen Vereinigungen angehören, sich im Stand schwerer Sünde befinden und die Kommunion nicht empfangen können. „Was die eigentliche materielle oder formale Wirkursache der schweren Sünde ist, geht aus

---

586 Vgl. S.C.D.F., Schreiben *Complures episcopi* ad praesides conferentiarum episcopalium de catholicis qui nomen dant associationibus massonicis, Prot. 272/44 vom 18.07.1974, in: AAS LXXIII (1981) 240 f. dort Fn. 1, ebenfalls abgedruckt in: AfkKR 143 (1974) 460; Kottmann, Klaus, Freimaurer und katholische Kirche, 323.
587 Hierold, Anmerkungen, 95.
588 Vgl. Hierold, Anmerkungen, 95; N.N., Freimaurerschelte, in: Herder Korrespondenz 30 (1984) 4 f., 4.
589 Vgl. 9.1.2. in dieser Arbeit.

dem Text nicht eindeutig hervor"⁵⁹⁰. Reinhold Sebott gibt zu bedenken, dass es für das Zustandekommen einer Sünde sowohl der Erkenntnis der Übertretung als auch der freien Einwilligung bedarf. Die Behauptung, ein Katholik könne, wenn er Mitglied einer Loge ist und bleibt, nicht die Kommunion empfangen, weil er sich im Zustand der schweren Sünde befinde, ist seines Erachtens „schief und ungenau"⁵⁹¹, da sie beansprucht, etwas sagen zu können über Erkenntnis und freien Willen des betreffenden Katholiken, was ihr in Wirklichkeit nicht möglich ist⁵⁹². Der Ansicht Sebotts, ein Katholik könne durchaus *bona fide*, also ohne Absicht oder Bewusstsein, etwas Böses zu tun, Mitglied einer Freimaurerloge sein, schließt sich auch Jenkins an⁵⁹³.

Kottmann verweist auf den von Johannes Paul II. in dem Apostolischen Schreiben *Reconciliatio et paenitentia* vom 02.12.1984⁵⁹⁴ definierten Sündenbegriff. Der Darlegung Johannes Paul II. zufolge ist eine schwere Sünde die absichtliche und bewusste Zurückweisung Gottes und seines Bundes⁵⁹⁵. Dem Katechismus der Katholischen Kirche (KKK) zufolge müssen für eine *Todsünde*⁵⁹⁶ drei Kriterien erfüllt sein: schwerwiegende Materie sowie volles Bewusstsein und bedachte Zustimmung des Täters⁵⁹⁷. Legt man den Sünden-

---

590 Kottmann, Freimaurer und katholische Kirche, 279.
591 Sebott, Strafrecht, 183, dort Fn. 50.
592 Vgl. Sebott, Strafrecht, 183, dort Fn. 50.
593 Vgl. Sebott, Strafrecht, 183, dort Fn. 50; Jenkins, Prohibition against freemasonry, 755.
594 Johannes Paul II., Apostolisches Schreiben *Reconciliatio et paenitentia* vom 02.12.1984, in: AAS LXXVII (1985) 185-275.
595 Vgl. Kottmann, Freimaurer und katholische Kirche, 281.
596 *Todsünde* und *schwere Sünde* sind synonym zu gebrauchen; vgl. Kottmann, Freimaurer und katholische Kirche, 281.
597 Vgl. KKK, Nr. 1857-1861. In seiner Definition von „Todsünde" ver-

begriff des KKK bzw. des Apostolischen Schreibens *Reconciliatio et paenitentia* zugrunde – obgleich beide Dokumente *nach* der Erklärung der Glaubenskongregation veröffentlicht wurden – kann aufgrund der objektiven Tatsache der Mitgliedschaft in einer freimaurerischen Vereinigung alleine noch nicht von *schwerer Sünde* gesprochen werden.

Hinsichtlich des Kommunionempfangs von Freimaurern ist zunächst der Wortlaut der Erklärung zu berücksichtigen, der lautet: „[...] ad Sacram Communionem accedere non possunt [...]". Zwar liegt auf der Hand, dass diese Formulierung im Kontext insbesondere der cc. 915 und 916 CIC zu betrachten ist, allerdings verweist *non possunt* nicht in restloser Deutlichkeit auf einen der beiden Kanones. *Non possunt* zielt allerdings tendenziell weniger auf die passive Nichtzulassung durch den Kommunionsspender ab als auf „das aktive Nichthinzutretenkönnen"[598] des katholischen Freimaurers, sprich des Empfängers. Insofern wäre die Aussage der Erklärung der Glaubenskongregation eher auf c. 916[599]CIC, der den Kommunionempfänger im Blick hat, als auf c. 915 CIC zu beziehen.[600]

Da allerdings das *non possunt* der Erklärung keinen eindeutigen Hinweis auf c. 916 CIC gibt, wäre es vergleichbar legi-

---

weist der KKK auf das Apostolische Schreiben *Reconciliatio et paenitentia.*
598 Kottmann, Freimaurerei und katholische Kirche, 283.
599 C. 916 CIC: „Qui conscius est peccati gravis, sine praemissa sacramentali confessione Missam ne celebret neve Corpori Domini communicet, nisi adsit gravis ratio et deficiat opportunitas confitendi; quo in casu meminerit se obligatione teneri ad eliciendum actum perfectae contritionis, qui includit propositum quam primum confitendi."
600 Vgl. Kottmann, 283 f.

tim, den Inhalt der Erklärung der Glaubenskongregation in einen Zusammenhang mit c. 915 CIC zu stellen, der besagt:

> „Zur heiligen Kommunion dürfen nicht zugelassen werden Exkommunizierte und Interdizierte nach Verhängung oder Feststellung der Strafe sowie andere, die hartnäckig in einer offenkundigen schweren Sünde verharren."[601]

Hierold verzichtet darauf, *non possunt* in die eine oder andere Richtung zu deuten und erläutert, dass ein Katholik in der Tat von c. 915 CIC betroffen ist, wenn seine Mitgliedschaft in der Freimaurerei offenkundig ist. In diesem Fall darf der katholische Freimaurer nicht nur nicht zur Kommunion zugelassen werden (c. 915 CIC), sondern kann darüber hinaus auch nicht die Krankensalbung empfangen (c. 1007 CIC). Des Weiteren ist ihm das kirchliche Begräbnis zu verweigern, wenn die Gefahr des öffentlichen Ärgernisses besteht (c. 1184 § 1 n. 3 CIC).[602]

Der Auffassung Kottmanns, „die Feststellung des hartnäckigen Verharrens in einer offenkundig schweren Sünde [ist] durch keinen Dritten zu treffen"[603], da „die Definition der schweren Sünde [...] immer ein subjektives Element enthält"[604] könnte unter Verweis auf eine Entscheidung des

---

601 Wortlaut der Lateinisch-Deutschen Ausgabe des CIC.
602 Vgl. HIEROLD, Anmerkungen, 96.
603 KOTTMANN, Freimaurer und katholische Kirche, 284.
604 KOTTMANN, Freimaurer und katholische Kirche, 284; vgl. auch CLEVE, Jürgen, Die Interpretation des c. 915 CIC im Kontext der fundamentalen Pflichten und Rechte aller Gläubigen, in: REINHARDT, Heinrich J.F. (Hg.), Theologia et Ius canonicum. Festgabe für Heribert Heinemann zur Vollendung seines 70. Lebensjahres, Essen 1995, 385-396.

Päpstlichen Rates für die Interpretation von Gesetzestexten vom 24.06.2000 zu einem Zweifel bezüglich c. 915 CIC[605] widersprochen werden. Er selbst weist auf dieses Schreiben hin, merkt aber zugleich an, dass es sich bei diesem Schreiben, das eines päpstlichen Approbationsvermerkes entbehrt, nicht um eine authentische Interpretation des c. 915 CIC oder ein sonst rechtlich relevantes Schreiben handelt. Kottmann macht zusätzlich darauf aufmerksam, dass das Schreiben des PCI in Anlehnung an c. 915 CIC von *Nichtdürfen*, die Erklärung der Glaubenskongregation aber von *Nichtkönnen* spricht.[606]

Nun muss man daraus nicht zwingend schließen, dass die Entscheidung des PCI vom 24.06.2000 nicht dennoch einen Fingerzeig zur Interpretation des hier zu untersuchenden Schreibens der Glaubenskongregation enthält. Auch Alfred Hierold sieht darüber hinweg, dass *non possunt* eventuell eine Tendenz zu c. 916 CIC, nicht aber zu c. 915 CIC anzeigen könnte. Das Schreiben des PCI, das sich primär auf die Situation wiederverheirateter Geschiedener bezieht, ist von Belang für die Situation katholischer Freimaurer, da es richtungsweisende Aussagen zum subjektiven Element schwerer Sünden enthält. Gleich zu Beginn des PCI-Schreibens wird die Argumentation bestimmter Autoren über die Situation wiederverheirateter Geschiedener paraphrasiert und im Verlauf des Schreibens zurückgewiesen. Diese nach Ansicht des PCI falsche Argumentation besteht u.a. darin, dass behauptet wird, die in c. 915 CIC genannte „offenkundige schwere

---

605 ORdt 30 (2000) Nr. 28/29, 10; Im Folgenden zitiert aus AfkKR 169 (2000) 135-138.
606 Vgl. KOTTMANN, Freimaurer und katholische Kirche, 284 f., Fn. 963.

Sünde" verlange nach der Erfülltheit subjektiver Kriterien, die der Kommunionspender *ab externo* nicht beurteilen könne. Zudem werde behauptet, dass das in c. 915 CIC erwähnte „hartnäckige Verharren" nur gegeben sei, wenn nach rechtmäßiger Ermahnung von Seiten des Seelsorgers ein herausforderndes Verhalten des Gläubigen vorliegt.[607]

Als Reaktion auf diese Wahrnehmung gibt der PCI seine mit der Kongregation für die Glaubenslehre abgestimmte Erklärung ab, der zufolge *schwere Sünde* in c. 915 CIC im objektiven Sinne gemeint ist, da der Kommunionspender die subjektive Anrechenbarkeit nicht beurteilen könne[608]. Des Weiteren ist der Erklärung des PCI zufolge *hartnäckiges Verharren* bereits dann gegeben, wenn das Bestehen der objektiven Sünde in der Zeit fortdauert. Als dritte und letzte Bedingung nennt die Erklärung den offenkundigen Charakter der Situation der schweren habituellen Sünde.[609]

Ergänzend gibt das Dokument noch einige praktische Hinweise. So soll die Bloßstellung eines Gläubigen durch die öffentliche Verweigerung der Kommunion nach Möglichkeit vermieden werden. Sollten aber Gläubige die durch den Seelsorger in einem Gespräch erklärte Norm nicht respektieren, ist der Kommunionspender angehalten, die Kommunion jenen zu verweigern, deren Unwürdigkeit öffentlich bekannt ist.[610]

---

607 Vgl. Entscheidung des PCI zu c. 915, 135 f.
608 C. 915 wäre unter anderen Umständen nahezu bedeutungslos. Es wäre hinsichtlich der Praktikabilität unrealistisch, ein an den Kommunionspender gerichtetes Verbot zu normieren, dessen Wirksamkeit vom subjektiven Empfinden des Kommunionempfängers abhinge.
609 Vgl. Entscheidung des PCI zu c. 915, 137.
610 Vgl. Entscheidung des PCI zu c. 915, 138.

Vor dem Hintergrund dieses Schreibens ließe sich die Ansicht Hierolds, demzufolge katholische Freimaurer sehr wohl von c. 915 CIC betroffen sind, sofern ihre Mitgliedschaft in der Freimaurerei öffentlich bekannt ist, erhärten. Folgt man dieser Ansicht, wäre einem Katholiken, dessen Mitgliedschaft in einer freimaurerischen Vereinigung offenkundig feststeht, die Kommunion zu verweigern. Diese Deutung ist ebenso wenig zwingend wie unangemessen.

Abschließend enthält die Erklärung der Glaubenskongregation über freimaurerische Vereinigungen vom 26.11.1983 das Verbot für Autoritäten der Ortskirche, sich in einem Urteil zu äußern, das das in der Erklärung Bestimmte außer Kraft setzt. Dahinter steht die Absicht, einen uneinheitlichen Umgang mit dieser Materie zu vermeiden[611]. Zudem bezieht sich das Dokument auf das Schreiben der selben Kongregation vom 17.02.1981, welches allerdings darauf hinweist, dass das Schreiben der Glaubenskongregation vom 18.04.1974 nicht beabsichtigte, den Bischofskonferenzen das Recht zu geben, öffentlich ein allgemeines Urteil über die Freimaurerei abzugeben. Darüber hinaus erkannte das Schreiben vom 17.02.1981 explizit an, dass die Lösung persönlicher Einzelfälle dem Ortsordinarius überlassen werden könne[612]. Die Möglichkeit, dass andere Autoritäten der Kirche in Bezug auf die Freimaurerei zu einer abweichenden Meinung kommen, wird durch das Schreiben der Glaubenskongregation vom 26.11.1983 keineswegs geleugnet. Um der Einheitlichkeit im Umgang mit der Freimaurerei willen, spricht das von Joseph Ratzinger verfasste Dokument anderen kirchlichen

---

611 Vgl. HIEROLD, Anmerkungen, 96; KOTTMANN, Freimaurer und katholische Kirche, 285.
612 Vgl. 8.6. in dieser Arbeit.

Autoritäten nur die Berechtigung ab, sich in entsprechenden abweichenden Urteilen (öffentlich) zu äußern, nicht aber, sich ein solches zu bilden.

6.3 Declaratio de associationibus massonicis – Ergebnissicherung

Resümierend ist festzustellen, dass der Rechtscharakter der Declaratio, die Katholiken die Mitgliedschaft in freimaurerischen Vereinigungen untersagt, nicht zweifelsfrei festzustellen ist. Dass es sich, wie verschiedentlich vermutet, um eine authentische Interpretation handelt, ist nicht naheliegend. Inhaltlich ist anzunehmen, dass die nicht näher erläuterten Prinzipien der Freimaurerei im Kontext der Erklärung der Deutschen Bischofskonferenz aus dem Jahr 1980 zu sehen sind[613]. Hinsichtlich der Terminologie der *schweren Sünde* ist auf die Betonung des subjektiven Moments durch Johannes Paul II. bzw. den Katechismus der katholischen Kirche zu verweisen, aufgrund derer aus der objektiven Erfüllung des Tatbestandes allein nicht das Vorhandensein einer *schweren Sünde* geschlossen werden kann. Dem steht die in einem Schreiben des PCI über die Kommunion für wiederverheiratete Geschiedene vom 24.06.2000 formulierte Auffassung entgegen, das in c. 915 CIC erwähnte *hartnäckige Verharren*

---

613 Diesen Eindruck hat auch Kottmann: „Diese als ‚Declaratio' betitelte Veröffentlichung der Glaubenskongregation ging im Wesentlichen zurück auf die von der Deutschen Bischofskonferenz publizierte Unvereinbarkeitserklärung der gleichzeitigen Zugehörigkeit zur Freimaurerei und der katholischen Kirche vom 12. April 1980." KOTTMANN, Freimaurer und katholische Kirche, 19.

in einer *offenkundigen schweren Sünde* ziele auf die objektive Erfülltheit des Tatbestandes der schweren Sünde ab, da der Kommunionspender die subjektive Zurechenbarkeit nicht beurteilen könne. Auch wenn derartig gelagerte Fälle in der Praxis kaum auftreten dürften, ist denkbar und möglich, dass ein Seelsorger, im Falle der öffentlichen Bekanntheit der Mitgliedschaft eines Gläubigen in einer freimaurerischen Vereinigung auf die Spendung der Kommunion verzichtet, um ein öffentliches Ärgernis zu vermeiden. Dass das Schreiben des PCI sich in einer Grauzone bewegt, und keine rechtliche Verbindlichkeit beanspruchen kann, ist nicht zwangsläufig ausschlaggebend. Auf die Möglichkeit einem Katholiken, dessen Mitgliedschaft in einer freimaurerischen Vereinigung öffentlich bekannt ist, nicht zur Kommunion zuzulassen, wies Alfred Hierold unter Bezugnahme auf c. 915 CIC bereits zu einem Zeitpunkt hin, als das Schreiben des PCI vom 24.06.2000 noch nicht existierte. Abschließend sei angemerkt, dass sich die Kongregation für die Glaubenslehre bereits 1985 veranlasst sah, auf aus ihrer Sicht problematische Interpretationen ihres Schreibens vom 26.11.1983 mit einigen „Überlegungen" zu reagieren, die ursprünglich in italienischer Sprache und zudem ohne päpstlichen Approbationsvermerk veröffentlicht wurden. Inhaltlich fügen sie der Erklärung vom 26.11.1983 nichts hinzu, sondern wiederholen im Wesentlichen deren zentrale Aussagen. Für die kirchenrechtlichen Frage der Kompatibilität von Freimaurerei und Kirchengliedschaft ist das Dokument unerheblich[614].

---

614 Vgl. Überlegungen ein Jahr nach der Erklärung der Kongregation für die Glaubenslehre vom 23.02.1985. Die zentrale Passage darin lautet: „Mit dieser Erklärung [gemeint ist die Erklärung vom 26.11.1983, Anm. d Verf.] beabsichtigte die Glaubenskongregation

7 Resümee und Schluss

Nach einigen Erläuterungen zur Geschichte der modernen Freimaurerei wurde dem Einheitsritual der AFAM, das zweifellos das derzeit am meisten verbreitete in Deutschland ist, breiter Raum gegeben. Dies geschah aus zwei Gründen: Einerseits ist das Phänomen der Freimaurerei ohne Kenntnis der Rituale nicht greifbar. Zudem bezieht sich insbesondere die aktuellere kirchliche Auseinandersetzung mit der Freimaurerei, namentlich etwa die Erklärung der Deutschen Bischofskonferenz aus dem Jahr 1980, ausführlich auf freimaurerische Ritualistik. Eine angemessene Würdigung der Einschätzung der Deutschen Bischofskonferenz ist nur vor dem Hintergrund einer soliden Ritualkenntnis, welche die Dialogkommission unter Josef Stimpfle für sich auch explizit beanspruchte, überhaupt möglich. Eingegangen wurde auf die ritualistischen Spezifika der Grade des Lehrlings, des Gesellen und des Meisters, ohne dabei aus der unerschöpflichen Vielzahl möglicher Deutungen des Rituals einzelne mit dem Anspruch vermeintlicher Repräsentativität hervorzuheben,

> nicht, die unternommenen Anstrengungen derer zu verkennen, die mit der gebührenden Billigung dieses Dikasteriums einen Dialog mit Vertretern der Freimaurer herzustellen versuchten. Aber in dem Augenblick, da die Möglichkeit bestand, daß sich unter den Gläubigen die irrige Meinung verbreitete, die Zugehörigkeit zu einer Freimaurerloge sei erlaubt, hat sie es für ihre Pflicht gehalten, sie mit dem tatsächlichen, wahren Denken der Kirche in dieser Frage bekanntzumachen und sie vor einer mit dem katholischen Glauben unvereinbaren Zugehörigkeit zu warnen."

um eine verzerrte Wahrnehmung des Phänomens freimaurerischer Ritualistik tunlichst zu vermeiden. Es ist dennoch versucht worden, die masonische Symbolik in drei Gruppen zu untergliedern und deren *mögliche* Interpretation skizzenhaft vorzustellen.

Sodann wurden in einem zweiten Teil zunächst die zahlreichen päpstlichen Verurteilungen der Freimaurerei, beginnend mit der Bulle *In eminenti* Clemens XII., zusammengetragen. Neben der freimaurerischen Verschwiegenheit, die auch weltliche Autoritäten zu einer ablehnenden Haltung der Freimaurerei gegenüber veranlassten, bezog sich die theologische Kritik maßgeblich auf den angeblich von der Freimaurerei propagierten religiösen Indifferentismus, den man als eine Infragestellung des kirchlichen Wahrheitsanspruches betrachtete.

Die Apostolische Konstitution *Apostolicae Sedis*, aus dem Pontifikat Pius IX. vom 12.10.1869, sah für Mitglieder freimaurerischer und anderer Vereinigungen, wie z.B. der *Carbonari*, die dem Papst vorbehaltene Tatstrafe der Exkommunikation vor. Der CIC/1917 nimmt dies geringfügig modifiziert auf und sanktioniert die Mitgliedschaft in der Freimaurerei in can. 2335 CIC/1917 ebenfalls mit der dem Apostolischen Stuhl vorbehaltenen Tatstrafe der Exkommunikation. Hier stellte sich schließlich die Frage, ob der Relativsatz *quae contra Ecclesiam machinantur* sich nur auf *alliisve eiusdem generis associationibus* bezieht oder auch auf *sectae massonicae*. Der Unterschied dieser beiden Betrachtungsmöglichkeiten liegt darin, dass im letztgenannten Fall bei einer engen Auslegung die Möglichkeit bestünde, dass es auch rechtlich betrachtet freimaurerische Vereinigungen gibt, die nicht gegen die Kirche oder die staatliche Gewalt

Machenschaften betreiben und deren Mitglieder sich daher die Tatstrafe der Exkommunikation nicht zuziehen. In dem anderen denkbaren Fall wäre bereits mit der Mitgliedschaft in der Freimaurerei der Tatbestand erfüllt, durch den sich der Täter unabhängig von der Ausrichtung seiner Loge die Tatstrafe der Exkommunikation zuzieht.

Im Laufe der im Rahmen der Codexreform geführten Gespräche wurde die Frage gestellt, ob can. 2335 CIC/1917 in das neue Kirchenrecht zu übernehmen bzw. ob die namentliche Nennung der Freimaurerei im zu erarbeitenden CIC angemessen sei. Hierzu gab es verschiedene Ansichten. Joseph Kardinal Ratzinger, bis zu seiner Berufung in das Amt des Präfekten der Glaubenskongregation im November 1981 (bzw. dessen Antritt im März 1982) selbst Mitglied der Deutschen Bischofskonferenz, vertrat die Auffassung, dass die sich stark unterscheidenden Urteile der verschiedenen nationalen Bischofskonferenzen auf ein ungenügendes Wissen über die Freimaurerei zurückzuführen seien, und plädierte daher, unter Bezugnahme auf die Unvereinbarkeitserklärung der DBK aus dem Jahr 1980, für die namentliche Nennung der Freimaurerei im neuen CIC. Diese Auffassung setzte sich nicht durch. Die Vermutung Sebotts allerdings, das Problem würde durch den neuen CIC eines „natürlichen Todes"[615] sterben, sollte sich nicht bewahrheiten. Im CIC findet die Freimaurerei, auch in der can. 2335 CIC/1917 nachgebildeten Norm c. 1374, keine Erwähnung. Nach Bekanntwerden des Inhaltes des CIC, allerdings vor dessen Inkrafttreten am 27. November 1983, zeichnete sich teilweise die Deutung ab, die Haltung der Kirche gegenüber der Freimau-

---

615 Sebott, Freimaurer und DBK, 85.

rerei habe sich verändert. Seiner bereits zuvor zur Sprache gebrachten Einschätzung entsprechend versuchte der Präfekt der Glaubenskongregation, dieser Deutung durch eine am 26.11.1983 mit einem päpstlichen Approbationsvermerk veröffentlichten Erklärung, entgegenzuwirken. Darin wird, ohne Bezugnahme auf eine bestimmte Norm des CIC, die Mitgliedschaft in der Freimaurerei als schwere Sünde qualifiziert, aufgrund derer ein katholischer Freimaurer die Kommunion nicht empfangen könne. Ein Problem besteht darin, dass der Rechtscharakter dieser Erklärung nicht mit restloser Sicherheit zu erfassen ist. Zudem ist auf der Grundlage der im Katechismus der Katholischen Kirche enthaltenen, auf das Apostolische Schreiben *Reconciliatio et paenitentia* von Johannes Paul II. bezugnehmenden Erläuterung dessen, was unter einer schweren Sünde zu verstehen ist, aus der objektiven Erfüllung des Tatbestandes der Mitgliedschaft in einer freimaurerischen Vereinigung allein noch nicht das Vorliegen einer schweren Sünde abzuleiten. Jedoch ist unter Bezugnahme auf c. 915 CIC und ein entsprechendes Schreiben des PCI vom 24.06.2000 hierzu bestreitbar, ob das subjektive Element, dessen Beurteilung dem Kommunionspender *ab externo* nicht möglich ist, tatsächlich vorliegen muss, um berechtigterweise in Bezug auf die öffentlich bekannte Mitgliedschaft eines Katholiken in einer freimaurerischen Vereinigung von *offenkundiger schwerer Sünde* sprechen zu können.

Zusätzlich wurde in dieser Arbeit versucht, die nach den Gesprächen mit Vertretern der VGL verfassten Unvereinbarkeitserklärung der Deutschen Bischofskonferenz aus dem Jahr 1980 kritisch zu beleuchten. Ihr ist vor allem die selektive Bezugnahme auf nichtrepräsentative Quellen sowie ein erheblicher Mangel hinsichtlich der Differenzierung zwischen verschiedenen Erscheinungsformen der Freimaurerei in Deutschland vorzuwerfen. Da Joseph Kardinal Ratzinger sich vor Fertigstellung des CIC bereits auf diese Erklärung bezog und sie beim Verfassen der *Declaratio de associationibus massonicis* vom 26.11.1983 im Sinn gehabt haben dürfte, sind ihre qualitativen Mängel besonders bedauernswert. Im Rahmen der kritischen Würdigung der Unvereinbarkeitserklärung der Deutschen Bischofskonferenz wurde Bezug genommen auf die Grundsätze der AFAM, wie sie in der Freimaurerischen Ordnung, einem Dokument dessen repräsentativer Charakter unbestreitbar ist, kodifiziert sind. Darin wird die Glaubensfreiheit, also auch die Freiheit, den als wahr erkannten katholischen Glauben uneingeschränkt zu praktizieren, als eines der höchsten Güter der Freimaurerei benannt.

Angesichts der Bandbreite freimaurerischer Selbstverständnisse ist es unmöglich, ein kategorisches und zugleich gerechtes Urteil zu fällen. Dieser Vielschichtigkeit masonischer Erscheinungsformen wird c. 1374 CIC in Zusammenhang mit der Forderung enger Auslegung (c. 18 CIC) gerecht. Der Verhängung einer Strafe hat der Nachweis, dass es sich tatsächlich um eine im Sinne einer „programmatischen Ausrichtung"[616] gegen die Kirche Machenschaften betreibenden Vereinigung handelt, vorauszugehen. Dabei ist unbestreitbar, dass einzelne Erscheinungsformen der Freimaurerei möglicherweise häresieanfällig sind. Hinsichtlich sich als *christlich* verstehender Großlogen[617] beispielsweise ist

---

616 KOTTMANN, Freimaurer und katholische Kirche, 306.
617 Seiner Ordensregel zufolge ist der FO „auf das Christentum gegründet", wobei „unter Christentum aber nicht die Zusammenfassung

stets zu fragen, ob denn nicht doch eine Form der Christologie vertreten wird, die als häretisch eingeordnet werden könnte und den katholischen Freimaurer einem inneren Konflikt aussetzt. Ein Katholik, der sich mit einer Häresie identifiziert, zieht sich, unabhängig davon, ob er Freimaurer ist oder nicht, die Tatstrafe der Exkommunikation zu. Zudem kann ebenso wenig kategorisch von der Hand gewiesen werden, dass es vereinzelt durchaus Standpunkte innerhalb der Freimaurerei gibt, die mit der Lehre der Kirche nicht vereinbar sind[618]. Hinzu kommt, dass das Selbstverständnis der Freimaurerei über die nur ethische Optimierung hinausgeht und sich insofern einer Sprache bedient, die wiederum die religiöse Ansprechbarkeit ihrer Mitglieder voraussetzt, wie am Beispiel des Meistergrades der AFAM in dieser Arbeit gezeigt wurde.

Kottmann gibt zu bedenken, ob nicht bezüglich der Freimaurerei das gleiche Argument, nämlich der Vorzug des mündigen Gewissens vor rechtlichen Vorschriften, stichhaltig sein könnte, das zuvor zur Aufhebung des *Index librorum prohibitorum* durch das Motu proprio *Integrae servandae* vom 07.12.1965 bzw. durch eine entsprechende Notificatio der

---

bestimmter Glaubensartikel zu verstehen (ist), sondern die alleinige Lehre Jesu Christi, wie sie in der Heiligen Schrift enthalten ist." Hier zitiert nach PANNE, Eberhard, „Zu welcher Religion bekennen Sie sich?" Zur Ritualistik im Freimaurer-Orden: Ist der Freimaurer-Orden eine explizit christliche Freimaurerei?, in: QC Jahrbuch für Freimaurerforschung 49 (2012), 63-88, 65.

618 Exemplarisch sei auf die u.a. unter 8.5.2. thematisierten „Thesen bis zum Jahr 2000", insbesondere die Thesen 1, 4, 8, 13 und 19 verwiesen. Obgleich sie nie zur offiziellen Haltung avancierten und folglich der AFAM nicht zum grundsätzlichen Vorwurf gemacht werden können, sind sie doch Ausdruck einer nicht nur individuellen Weltanschauung, die zur Lehre der Kirche in einem Konflikt steht.

Glaubenskongregation vom 14.06.1966, beigetragen hatte.[619]

Das Tatstrafensystem des lateinischen Rechtskreises mutet dem Gläubigen zu, gleichzeitig Kläger, Richter und Vollstrecker zu sein[620]. Indem sie Tatstrafen verhängt, setzt die Kirche zugleich großes Vertrauen in die Leistungsfähigkeit des Gewissens, an welches die *poenae latae sententiae* appellieren[621]. Es ist zu überlegen, ob diesem Gewissen auch zuzutrauen wäre, beurteilen zu können, ob Ausrichtung und Ritual der jeweilige Loge, der ein katholischer Freimaurer angehört, tatsächlich dem katholischen Glauben widersprechen. Dem steht keineswegs entgegen, dass das Lehramt zu den Möglichkeiten der Gewissensbildung des Gläubigen durch Mahnungen beiträgt und im Interesse der Reinhaltung des Glaubens die Grenzen dessen aufzeigt, was mit dem Glauben der Kirche vereinbar ist und was nicht. So wäre denkbar, dass gerade die sich selbst als auf das Bekenntnis zur „Lehre Jesu Christi, wie sie in der Heiligen Schrift enthalten ist", berufende Große Landesloge von Deutschland in ihrer Auffassung[622] den Tatbestand der Häresie (vgl. insbesondere c. 751 CIC/1983) erfüllt, allein schon deswegen, weil sie eine eigene, wenn auch rudimentäre und nicht detailliert ausbuchstabierte Christologie hat, die nicht deckungsgleich mit der Lehre der Kirche ist[623]. Eine der Logik des kirch-

---

619 Vgl. KOTTMANN, Freimaurer und katholische Kirche, 306.
620 Vgl. SEBOTT, Strafrecht, 31.
621 Vgl. DEMEL, Tatstrafe contra Spruchstrafe, 107.
622 Vgl. hierzu die Ordensregel der GLLvD. Die Fairness gebietet, dass dem Verf. der Volltext der Ordensregel nicht zur Verfügung stand.
623 Das ist freilich kein moralisches oder parteiisches Urteil. Das Kirchenrecht definiert Häresie als „die nach Empfang der Taufe erfolgte Leugnung einer kraft göttlichen und katholischen Glaubens zu

lichen Rechts entsprechende Vereinbarkeit hier auszuhandeln könnte erheblich schwieriger sein als etwa im Hinblick auf die AFAM, deren Zurückhaltung insbesondere zu Fragen des weltanschaulichen Bekenntnisses uneingeschränkt der Mündigkeit des Einzelnen überlässt. Eine Reevaluation des Verhältnisses von Kirche und Freimaurerei müsste, um fruchtbar und fair zu sein, klare Trennungen hinsichtlich innermasonischer Ausdifferenzierungen vornehmen. Das Ergebnis einer solchen Evaluation könnte dann sein, dass eine kategorische Unvereinbarkeit ebenso unbehauptbar ist wie eine kategorische Vereinbarkeit. Eine normative Sensitivität gegenüber dem konkreten Kontext und Selbstverständnis einer bestimmten Großloge könnte hier zielführend sein.

---

glaubende Wahrheit oder einen beharrlichen Zweifel an einer solchen Glaubenswahrheit" (c. 751). Wenn ein getaufter Katholik Mitglied des Freimaurerordens ist, der Christus als Obermeister betrachtet, ist zu fragen, ob hier ggf. Attribute zugeschrieben werden, die der normativen Vorgabe der kath. Kirche widersprechen.

Abkürzungsverzeichnis

AAS	Acta Apostolicae Sedis, Rom 1909 ff.
AASR	Ancient and Accepted Scottish Rite, Alter und Angenommener Schottischer Ritus
Abs.	Absatz
AFAM	Großloge der Alten Freien und Angenommenen Maurer von Deutschland
AfkKR	Archiv für katholisches Kirchenrecht, Innsbruck 1856-1862; Mainz 1862-1998; Paderborn 1999 ff.
Art.	Artikel
ASS	Acta Sanctae Sedis, Rom 1865-1908.
BBKL	Biographisch-Bibliographisches Kirchenlexikon, hg. v. F.W. Bautz, Bd. 1-14, Hamm 1975-99.
Bd.	Band, Bände
bzw.	beziehungsweise
c., cc.	Kanon, Kanones im CIC
can., cann.	Kanon, Kanones im CIC/1917
CIC	Codex Iuris Canonici von 1983
CIC/1917	Codex Iuris Canonici von 1917
CICfontes	GASPARRI, Pietro, SERÉDI, Jusztinián (Hg.), Codicis Iuris Canonici Fontes, Bd. I-X, Rom 1926-1939.
DBK	Deutsche Bischofskonferenz
ders.	derselbe
DH	DENZINGER, Heinrich, HÜNERMANN, Peter, Enchiridion symbolorum definitionum et declarationum de rebus fidei et morum. Kompendium der Glaubensbekenntnisse und kirchlichen Lehrentscheidungen, Freiburg i. Br. ^{43}2010.

ebd.	ebenda
EKD	Evangelische Kirche in Deutschland
etc.	et cetera
EZW	Evangelische Zentralstelle für Weltanschauungsfragen
f.	folgende(s) (Seite, Spalte, Jahr)
ff.	folgende (Seiten, Spalten, Jahre)
Fn.	Fußnote
Fnn.	Fußnoten
FO	Freimaurerorden
GBaW	Großer Baumeister aller Welten
ggf.	gegebenenfalls
GL A.F.u.A.M.v.D.	Großloge der Alten Freien und Angenommenen Maurer von Deutschland
GLLvD	Große Landesloge von Deutschland
GOdF	Grand Orient de France
Hg.	Herausgeber
hg.	herausgegeben
HK	Herder-Korrespondenz
i.d.R.	in der Regel
i.O.	im Orient
i.V.m.	in Verbindung mit
KKK	Katechismus der Katholischen Kirche. Neuübersetzung aufgrund der Editio typica Latina, München 2005.
LdKR	HAERING, Stephan, SCHMITZ, Heribert (Hg.), Lexikon des Kirchenrechts, Freiburg i. Br. 2004.
LThK	Lexikon für Theologie und Kirche, Sonderausgabe (Durchgesehene Ausgabe der 3. Auflage), Bd. 1-11, Freiburg i. Br. 2009.
MKCIC	Münsterischer Kommentar zum Codex Iuris Canonici unter besonderer Berücksichtigung der Rechtslage in Deutschland, Österreich und der

	Schweiz (Loseblattwerk, Stand Dezember 2012) Essen seit 1984
MS	Manuscript, Manuskript
MThZ	Münchener Theologische Zeitschrift, München 1950-1978; Aschaffenburg 1979-1984; St. Ottilien 1985 ff.
ÖAKR	Österreichisches Archiv für Kirchenrecht, Wien 1950 ff.
ORdt	L' Osservatore Romano. Wochenausgabe in deutscher Sprache, Città del Vaticano 1968 ff.
PCI	Pontificum Consilium de Legum Textibus interpretandis (vor 1989: Pontifica Commissio Codici Iuris Canonici recognoscendo, [ab 1984:] authentice interpretando)
QC	Freimaurerische Forschungsgesellschaft e.V. bzw. Forschungsloge Quatuor Coronati Bayreuth Nr. 808 der Vereinigten Großlogen von Deutschland Bruderschaft der Freimaurer
S.C.	Sacra Congregatio
S.C.D.F.	Sacra Congregatio pro Doctrina Fidei
S.C.S. Off.	Sacra Congregatio Sancti Officii
SchCIC/1980	COMMISSIO CODICI IURIS CANONICI RECOGNOSCENDO, Schema codicis iuris canonici iuxta animadversiones S.R.E. Cardinalium, Episcoporum Conferentiarum, Dicasteriorum Curiae Romanae, Universitatum Facultatumque ecclesiasticarum necnon Superiorum Institutorum vitae consecratae recognitum, Rom 1980.
SchCIC/1982	COMMISSIO CODICI IURIS CANONICI RECOGNOSCENDO, Codex Iuris Canonici. Schema Novissimum post consultationem S.R.E. Cardinalium Episcoporum

	Conferentiarum, Dicasteriorum Curiae Romanae, Universitatum Facultatumque ecclesiasticarum, necnon Superiorum Institutorum vitae consecratae recognitum, iuxta placita Patrum Commissionis deinde emendatum atque Summo Pontifici praesentatum, Rom 1982.
SchPoen/1973	PONTIFICIA COMMISSIO CODICI IURIS CANONICI RECOGNOSCENDO, Schema documenti quo disciplina sanctionum seu poenarum in ecclesia latina denuo ordinatur, Città del Vaticano 1973.
StdZ	Stimmen der Zeit, Katholische Monatsschrift für das Geistesleben der Gegenwart, Freiburg 1914 ff.
u.a.	unter anderem, unter anderen
UGLE	United Grand Lodge of England
Verf.	Verfasser, Anmerkung des Verfassers
VGL	Vereinigte Großlogen von Deutschland, Bruderschaft der Freimaurer
vgl.	vergleiche
VGLvD	Vereinigte Großlogen von Deutschland, Bruderschaft der Freimaurer
vol.	volumen
z.B.	zum Beispiel

ure
Literaturverzeichnis

Kirchliche Primärquellen

Acta et Documenta Concilio Oeconomico Vaticano II Apparando: Series I (Antepreparatoria), vol. II, pars III, Rom 1960.
Acta et Documenta Concilio Oecumenico Vaticano II Apparando: Series I (Antepreparatoria), vol. II, pars VII, Rom 1961.
BENEDIKT XIV., Bulle *Providas Romanorum Pontificum* vom 18.05.1751, in: GASPARRI, Pietro, SERÉDI, Jusztinián (Hg.), Codicis Iuris Canonici Fontes. Bd. II, Rom 1924, Nr. 412, 315-318.
CLEMENS XII., Bulle *In eminenti apostolatus specula* vom 28.04.1738, in: GASPARRI, Pietro, SERÉDI, Jusztinián (Hg.), Codicis Iuris Canonici Fontes. Bd. I, Rom 1926, Nr. 299, 656 f.
Codex des kanonischen Rechts. Lateinisch-deutsche Ausgabe, Kevelaer ³1989.
Codex Iuris Canonici. Pii X Pontificis Maximi iussu digestus, Benedicti Papae XV auctoritate promulgatus (praefatione, fontium annotatione et indice analytico-alphabetico ab Petro card. GASPARRI auctus) Rom 1917.
Entscheidung des Päpstlichen Rates für die Interpretation von Gesetzestexten vom 24.06.2000 zu einem Zweifel bezüglich c. 915 CIC, in: AfkKR 169 (2000), 135-138.
Erklärung der Deutschen Bischofskonferenz vom 12. Mai 1980 zur Frage der Mitgliedschaft von Katholiken in der Freimaurerei, in: AfkKR 149 (1980) 164-174.
GREGOR XVI., Bulle *Mirari vos arbitramur*, in: Gasparri, Pietro, Serédi, Jusztinián (Hg.), Codicis Iuris Canonici Fontes. Bd. II, Rom 1924, Nr. 458, 744-752.
I. VATIKANISCHES KONZIL, Dogmatische Konstitution *Dei Filius* vom 24.04.1870, in: ASS V (1869/70) 462-471.
JOHANNES PAUL II., Apostolisches Schreiben *Reconciliatio et paenitentia* vom 02.12.1984, in: AAS LXXVII (1985) 185-275.

---

624 Die Unterstreichungen entsprechen den in der Arbeit gebrauchten Kurztiteln. Einige bibliografische Angaben wurden abgekürzt. Siehe hierzu das Abkürzungsverzeichnis.

Katechismus der Katholischen Kirche. Neuübersetzung aufgrund der Editio typica Latina, München 2005.

Leo XII., Konstitution *Quo graviora*, in: Gasparri, Pietro, Serédi, Jusztinián (Hg.), Codicis Iuris Canonici Fontes. Bd. II, Rom 1924, Nr. 481, 727-733.

Leo XIII., Apostolisches Schreiben *Praeclara gratulationis publicae* vom 20.06.1894, in: Gasparri, Pietro, Serédi, Jusztinián (Hg.), Codicis Iuris Canonici Fontes. Bd. III, Rom 1925, Nr. 625, 441-450.

Leo XIII., Enzyklika *Humanum genus* vom 20.04.1884, in: ASS XVIII (1883-1884) 417-433.

Leo XIII., Enzyklika *Spesse volte* vom 05.08.1898, in: ASS XXXI (1898/1899) 129-137.

Leo XIII., Apostolisches Schreiben *Annum ingressi sumus* vom 19.03.1902, in: ASS XXXIV (1901/02) 513-532.

Leo XIII., Enzyklika *Custodi di quella fede* vom 08.12.1892 (Deutsche Übersetzung), in: AfkKR 69 (1893) 148-157.

Leo XIII., Enzyklika *Custodi die quella fede* vom 08.12.1892, in: Gasparri, Pietro, Serédi, Jusztinián (Hg.), Codicis Iuris Canonici Fontes. Bd. III, Rom 1925 , Nr. 616, 387-392.

Leo XIII., Enzyklika *Dall'alto dell'Apostolico Seggio* vom 15.10.1890, in: ASS XXIII (1890/91) 193-206.

Leo XIII., Enzyklika *Humanum genus* vom 20.04.1884, in: Ulitzka, Carl (Hg.), Lumen de caelo. Praktische Ausgabe der wichtigsten Rundschreiben Leo XIII. und Pius XI. in deutscher Sprache mit Übersicht und Sachregister, Ratibor 1934, 253-271.

Leo XIII., Enzyklika *Inimica vis* vom 08.12.1892, in: ASS XXV (1892/93) 274-277.

Pius IX., *Quibus quantisque*, in: Gasparri, Pietro, Serédi, Jusztinián (Hg.), Codicis Iuris Canonici Fontes. Bd. II, Rom 1924, Nr. 507, 823-837.

Pius IX., Enzyklika *Etsi multa luctuosa*, in: ASS VII (1872/73) 465-497.

Pius IX., Konstitution *Apostolicae Sedis*, in: Pii IX. Pontificis Maximi Acta, Roma 1857 ff., Neudruck Graz 1971, V, pars prima, 55-72.

Pius IX., Konstitution Apostolicae Sedis, in: Gasparri, Pietro, Serédi, Jusztinián (Hg.), Codicis Iuris Canonici Fontes, Bd. III, Rom 1925, Nr. 552, 24-31.

Pius IX., Ansprache *Multiplices inter* vom 25.09.1865, in: Gasparri, Pietro, Serédi, Jusztinián (Hg.), Codicis Iuris Canonici Fontes. Bd. II, Rom 1924, Nr. 544, 1009-1012.

Pius IX., Ansprache *Multiplices inter* vom 25.09.1865, in: ASS I (1865/66) 193-196.

Pius IX., Enzyklika *Quanta Cura*, in: ASS III (1867/68), 163-166.

Pius IX., Enzyklika *Qui pluribus*, in: Gasparri, Pietro, Serédi, Jusztinián (Hg.), Codicis Iuris Canonici Fontes. Bd. II, Rom 1924, Nr. 504, 807-817.

Pius IX., Syllabus complectens praecipuos nostrae aetatis errores qui notantur in Encyclicis aliisque apostolicis literris sanctissimi Domini nostri PII Papae IX., in: ASS III (1867), 168-176.

Pius VIII., Enzyklika *Traditi humilitati nostrae*, in: Magnum Bullarium Romanum, Continuatio, Tomus XVIII, Pii VIII., hg. v. Andreas Barbèri, bearbeitet von Segreti, Rainaldi, Rom 1856, photomechanischer Nachdruck, Graz 1964, 17-20.

Pius XI., Apostolische Konstitution *Servatoris Iesu Christi* vom 25.12.1925, in: AAS XVII (1925) 611-618.

Pius XII., Apostolische Konstitution *Per annum sacrum* vom 25.12.1950, in: AAS XLI (1950) 853-863.

Pontifica Commissio Codici Iuris Canonici Recognoscendo (Hg.), Communicationes, Rom, 1969 ff.

Pontificium Consilium de Legum Textibus Interpretandis, Congregatio Plenaria diebus 20-29 octobris 1981 habita, Città del Vaticano 1991.

Sacra Congregatio pro Clericis, Erklärung vom 08.03.1982, in: AAS 74 (1982) 642-645.

Sacra Congregatio pro Doctrina Fidei, Schreiben *Complures episcopi*, ad praesides conferentiarum episcopalium de catholicis qui noment dant associationibus massonicis, Prot. 272/44 vom 18.07.1974, in: AAS LXXIII (1981) 240 f.

Sacra Congregatio pro Doctrina Fidei, Erklärung vom 26.02.1975, in: Ochoa, Javier (Hg.) Leges ecclesiasticas post Codicem iuris canonici editae, Bd. V., Leges annis 1973-1975, Rom 1980, n. 4360, Sp. 6991.

Sacra Congregatio pro Doctrina Fidei, Schreiben vom 17.02.1981, in: AAS 73 (1981) 240 f.

Sacra Congregatio pro Doctrina Fidei, Declaratio de associationibus massonicis vom 26.11.1983, in: AAS LXXVI (1984), 300.

Sacra Congregatio Sancti Officii, Dekret vom 07.03.1883, in: Gasparri, Pietro, Serédi, Jusztinián (Hg.), Codicis Iuris Canonici Fontes, Bd. IV, Rom 1926, Nr. 1080, 412.

Sacra Congregatio Sancti Officii, Dekret vom 20.04.1949, in: Ochoa, Javier, Leges ecclesiae post codicem iuris canonici editae II. Leges annis 1942 - 1958 editae, Rom 1969, n. 2044, 2595-2596.

Sacra Congregatio Sancti Officii, Instruktion *Ad gravissima avertenda* vom 10.05.1884, in: ASS XVII (1884/85), 43-47.

Freimaurerische Primärquellen

ANDERSON, James, FRANKLIN, Benjamin, The Constitutions of the Free-Masons. Containing the History, Charges, Regulations &c. of that most Ancient and Right Worshipful Fraternity. For the Use of the Lodges 1734, Neudruck hg. von UNIVERSITY OF NEBRASKA, Lincoln 2008.
Erläuterungen zur Durchführung von Ritualen bei der Acacia Loge Nr. 889. Meistergrad, München 2002.
GROSSLOGE A.F.u.A.M., Instruktion zum Ritual des Lehrlingsgrades. Kreidezeichnung der Arbeitstafel, Bonn 1994.
GROSSLOGE DER ALTEN FREIEN UND ANGENOMMENEN MAURER VON DEUTSCHLAND, Freimaurerische Ordnung, Bonn 2009.
IMHOF, Gottlieb, Kleine Werklehre der Freimaurerei I. Das Buch des Lehrlings, Lausanne 2005.
IMHOF, Gottlieb, Kleine Werklehre der Freimaurerei II. Das Buch der Gesellen, Lausanne 1983.
Lehrgespräche I. Katechismus der Lehrlinge nach dem Ritual der Großloge A.F.u.A.M.v.D., Bonn ^{6}2006.
Lehrgespräche II. Katechismus der Gesellen nach dem Ritual der Großloge A.F.u.A.M.v.D., Bonn ^{4}1998.
Lehrgespräche III. Katechismus der Meister nach dem Ritual der Großloge A.F.u.A.M.v.D., Bonn ^{5}1998.
PRICHARD, Samuel, Masonry dissected. Being a Universal and Genuine Description of All its Branches from the Original to this Present Time, London 1730, A Computer-enhanced Facsimile Reprint of the Original 1730 Edition, hg. v. MASONIC PUBLISHERS, New York, Boston, 1996.
Ritualhandbuch I der Großloge A.F.u.A.M. von Deutschland, Bonn 2002.
Ritualhandbuch II der Großloge A.F.u.A.M. von Deutschland, Bonn 2010.
Ritual III der Großloge der Alten Freien und Angenommenen Maurer von Deutschland, Bonn ^{4}1995.
Ritual der Lehrlinge zum Gebrauch der Loge Wahrheit und Einigkeit zu 3 gekrönten Säulen im Orient Prag, 1791.
SONGHURST, W. J., Quator Coronatorum Antigrapha, Bd. I-X. Masonic Reprints of the Quatuor Coronati Lodge, No. 2076, London 1890-1913, London.
„Thesen bis zum Jahr 2000", in: Humanität 6 (1980) Nr. 1, Einlage nach S. 20.

Weitere Literatur

ALBERIGO, Giuseppe, Art. Ruffini, in: LThK 8, Freiburg i. Br. ³2009, 1348 f.

APPEL Rolf, VORGRIMLER, Heribert, Kirche und Freimaurer im Dialog, Frankfurt a. M. 1975.

ARNDT, Augustin, Die Absolution der Freimaurer, in: Theologische Quartalsschrift 69 (1916), 732-738.

AUBERT, Roger, Art.: Pius VII., in: LThK 8 (³2009), 327-329.

AUBERT, Roger, Art. Pius VIII., in: LThK 8, 328.

BANKL, Hans, Hiram. Biblisches – Sagenhaftes – Historisches, Eichstätt 1992.

BARESCH, Kurt, Katholische Kirche und Freimaurerei. Ein brüderlicher Dialog 1968 bis 1983, Wien ²1984.

BAUHÜTTEN-VERLAG (Hg.), Die Entwicklung der Freimaurerei. Vorläufer und Gründung, Hamburg 1974 (Die Blaue Reihe, Heft Nr. 23).

BEGEMANN, Wilhelm, Vorgeschichte und Anfänge der Freimaurerei in Schottland, Berlin 1914.

BÉRESNIAK, Daniel, HAMANI, Laziz (Hg.) Symbole der Freimaurer, Wien/München 1998.

BERMAN, Ric, The foundations of Modern Freemasonry. The Grand Architects. Political Change and the Scientific Enlightenment, 1714-1740, Brighton u.a. 2012.

BINDER, Dieter A., Die Freimaurer. Ursprung, Rituale und Ziele einer diskreten Gesellschaft, Freiburg i. Br. ²2006.

BINDING, Günther, Baubetrieb im Mittelalter, Darmstadt 1993.

CAPRILE, G., La recente „Dichiarazione" sull'apartenenza alla Massoneria, in: Civiltà Cattolica 132 (1981) I, 576–579.

CLEVE, Jürgen, Die Interpretation des c. 915 CIC im Kontext der fundamentalen Pflichten und Rechte aller Gläubigen, in: REINHARDT, Heinrich J.F. (Hg.), Theologia et Ius canonicum. Festgabe für Heribert Heinemann zur Vollendung seines 70. Lebensjahres, Essen 1995, 385-396.

COOPER, Robert, The Red Triangle. A History of Anti-Masonry, Hersham 2011.

DEMEL, Sabine, Tatstrafe contra Spruchstrafe. Ein Vergleich des CIC/1983 mit dem CCEO/1990, in: AfkKR 165 (1996), 95-115.

DENZINGER, Heinrich, HÜNERMANN, Peter, Enchiridion symbolorum definitionum et declarationum de rebus fidei et morum. Kompendium der Glaubensbekenntnisse und kirchlichen Lehrentscheidungen, Freiburg i. Br. ⁴³2010.

Dierickx, Michel, Freimaurerei die Große Unbekannte. Ein Versuch zu Einsicht und Würdigung, Deutsche Übersetzung von Lorenz, H.W., Hamburg 1970.

Digruber, Karl, Die Freimaurer und ihr Ritual. Theologisch-kirchenrechtliche Perspektiven, Berlin 2011.

Duchaine, Paul, La Franc-maçonnerie belge au XVIIIième siècle, Brüssel 1911.

Evangelische Kirche in Deutschland und Freimaurerei. Gesprächsbericht vom 13. 10. 1973, in: Una Sancta 36 (1981), 12 f.

Eliade, Mircea, Das Heilige und das Profane. Vom Wesen des Religiösen, Frankfurt a. M. 1990.

Ferrer Benimeli, José A., Caprile, Giovanni, Massoneria e Chiesa Cattolica. Ieri, oggi e domani, Rom 1979.

Freimaurerische Forschungsgesellschaft e.V., Forschungsloge Quatuor Coronati Bayreuth Nr. 808 der Vereinigten Grosslogen von Deutschland Bruderschaft der Freimaurer (Hg.), Italian and German Freemasonry in the time of Fascism and National Socialism. Four Essays and a Comparative Introduction, Leipzig 2012.

Freimaurerische Forschungsgesellschaft e.V., Forschungsloge Quatuor Coronati Bayreuth Nr. 808 der Vereinigten Grosslogen von Deutschland Bruderschaft der Freimaurer (Hg.), Quellenkundliche Arbeit Nr. 14 (Hamburg 1980).

Gorissen, Burkhardt, Ich war Freimaurer, Augsburg ²2010.

Grün, Klaus-Jürgen, Über das unglückliche Verhältnis zwischen Freimaurerei und Religion, in: Quatuor Coronati Jahrbuch für Freimaurerforschung 49 (2012), 31-46.

Güthoff, Elmar, Haering, Stephan, Pree, Helmuth (Hg.), Generalregister zum AfkKR für die Bände 151 (1982) bis 175 (2006), Paderborn 2011.

Hamill, John, The Craft. A History of English Freemasonry London 1986.

Heideloff, Carl, Die Bauhütte des Mittelalters in Deutschland. Eine kurzgefasste geschichtliche Darstellung, Nürnberg 1844.

Heimerl, Hans, Pree, Helmuth, Kirchenrecht. Allgemeine Normen und Eherecht, Wien/New York 1983.

Hierold, Alfred, Katholische Kirche und Freimaurerei. Anmerkungen zu einer Erklärung der Kongregation für die Glaubenslehre, in: MThZ 37 (1986), 87-98.

Hinschius, Paul, Das Kirchenrecht der Katholiken und Protestanten in Deutschland. System des katholischen Kirchenrechts mit besonderer Rücksicht auf Deutschland, Bd. 5, Berlin 1895.

HÖHMANN, Hans-Hermann, Freimaurerei. Analysen, Überlegungen, Perspektiven, Bremen 2011.

JENKINS, Ronny E., The evolution of the Church's prohibition against catholic membership in freemasonry, in: The Jurist LVI 1996, 735-755.

KEHL, Alois, Zur Erklärung der Deutschen Bischofskonferenz zum Verhältnis katholische Kirche und Freimaurerei in Deutschland, in: Una Sancta. Zeitschrift für ökumenische Begegnung 36 (1981) 54-67.

KISCHKE, Horst, Die Freimaurer. Fiktion, Realität und Perspektiven, München 1999.

KISZELY, Gabor, Freimaurer-Hochgrade. Der Alte und Angenommene Schottische Ritus, Innsbruck 2008.

KNOOP, Douglas, JONES, Gwilym P., Die Genesis der Freimaurerei. Ein Bericht vom Ursprung und den Entwicklungen der Freimaurerei in ihren operativen, angenommenen und spekulativen Phasen, aus dem Englischen übertragen von Fritz Blum und Dieter Möller, Bayreuth 1968.

KNOOP, Douglas, JONES, Gwilym P., The Genesis of Freemasonry. An account of the rise and the development of freemasonry in its operative, accepted, and early speculative phases, Manchester 1949.

KNOOP, Douglas, JONES, Gwilym P., The Mediaeval Mason. An econom. history of English stone building in the later middle ages and early modern times, New York 1967.

KNOOP, Douglas, JONES, Gwilym P., HAMER, Douglas The Two Earliest Masonic MSS. The Regius Ms. (B.M. Bibl. Reg. 17 AI) the Cooke Ms. (B.M. Add. Ms. 23198), Manchester University Press 1938.

KÖHLER, Oskar, Art.: Leo XII., in: LThK 6, 827 f.

KÖHLER, Oskar, Art.: Leo XIII., in: LThK 6, 828-830.

KOTTMANN, Klaus, Die Freimaurer und die katholische Kirche. Vom geschichtlichen Überblick zur geltenden Rechtslage, Frankfurt a. M. 2009.

LENNHOFF, Eugen, POSENER, Oskar, BINDER, Dieter A., Internationales Freimaurerlexikon, München 2000.

LESSING, Gotthold E., MERZDORF, Johann Friedrich L. T., Ernst und Falk. Gotthold Ephraim Lessings Ernst und Falk. Gespräche für Freimaurer, Hannover 1855.

LIGOU, Daniel, La Réception en France des Bulles Pontificales condamnant la Franc Maçonnerie, in: KOEPPEL, Philippe (Hg.), Papes et Papauté au XVIIIe siècle. VIe colloque Franco-Italien organisé par la Société française d'étude du XVIIIe siècle, Paris 1999, 205-217.

LÜDICKE, Klaus, in: Münsterischer Kommentar zum Codex Iuris Canonici unter besonderer Berücksichtigung der Rechtslage in Deutschland,

Österreich und der Schweiz (Loseblattwerk, Stand Dezember 2012) Essen seit 1984, 1374/1.

MANSI, Johannes Dominicus, Sacrorum conciliorum nova et amplicissima collectio 31, Florenz / Venedig 1757-1798, Neudruck und Fortsetzung, hg. von PETIT, L. / MARTIN, J. B., 60 Bände, Paris 1899-1927, hier: Bd. 53 (1927), 356-378.

MAY, Georg, Art.: Enzyklika, in: LThK 3 (³2009), 697 f.

MELLOR, Alec, Unsere getrennten Brüder, die Freimaurer. Aus dem Französischen übersetzt von Gerolf Coudenhove, Graz 1964.

MÖRSDORF, Klaus, Die Rechtssprache des Codex Iuris Canonici, Paderborn 1967.

MÖRSDORF, Klaus, EICHMANN, Eduard, Lehrbuch des Kirchenrechts auf Grund des Codex Iuris Canonici. Band III. Straf- und Prozeßrecht, Paderborn ¹⁰1964.

N.N., Freimaurerschelte, in: Herder Korrespondenz 30 (1984) 4 f.

NAUDON, Paul, Geschichte der Freimaurer, Frankfurt a.M., Berlin, Wien 1982.

OTT, Martin, Rites des passage, in: LThK 8 (³2009), 1203.

PANNE, Eberhard, „Zu welcher Religion bekennen Sie sich?". Zur Ritualistik im Freimaurer-Orden: Ist der Freimaurer-Orden eine explizit christliche Freimaurerei?, in: Quatuor Coronati Jahrbuch für Freimaurerforschung 49 (2012), 63-88.

POHLMANN, Axel, Außenansicht der Freimaurerei – Katholische Kirche und Ritual der Freimaurer, in: Humanität 37 (2012) Nr. 3, 33 f.

PÖHLMANN, Matthias Verschwiegene Männer. Freimaurer in Deutschland, Berlin ⁴2008 (EZW-Texte 182).

POSENER, Oskar, Bilder zur Geschichte der Freimaurerei, Reichenberg 1927.

POSENER, Oswald, VOGEL, Theodor, Am Rauhen Stein. Leitfaden für Freimaurerlehrlinge, Frankfurt a.M. ⁶1964.

PRESTON, William, Illustrations of Masonry, London, 1722.

PROVOST, James H., Canon 1374. Opinion, in: Roman Replies and CLSA advisory opinions (1984) 57 f.

QUENZER, Wilhelm „Königliche Kunst" in der Massengesellschaft. Freimaurerei als Gruppenphänomen (=Information Nr. 58 der Evangelischen Zentralstelle für Weltanschauungsfragen Nr. 58), Stuttgart 1974.

RAFTIS, James A., Peasant Economic Development within the English Manorial System, Montreal 1996.

RAHNER, Karl, VORGRIMLER, Herbert, Kleines Konzilskompendium. Sämtliche Texte des Zweiten Vatikanischen Konzils ; allgemeine Einleitung - 16 spezielle Einführungen - ausführliches Sachregister, Freiburg i. Br. 2008.

REES, Wilhelm, Die Strafgewalt der Kirche. Das geltende kirchliche Strafrecht - dargestellt auf der Grundlage seiner Entwicklungsgeschichte, Berlin 1993.

RICHERT, Thomas, Ordo Sacratissimi Templariorum vulgo Strikte Observanz, in: Quatuor Coronati Jahrbuch für Freimaurerforschung 48 (2011) 127-154.

REINALTER, Helmut, Die Freimaurer, München ²2001.

RUNKEL, Ferdinand, Geschichte der Freimaurerei in drei Bänden. Hg. von den VEREINIGTEN GROSSLOGEN VON DEUTSCHLAND. Bd. 2, Bonn 2006.

SCHERPE, Wolfgang, Das Unbekannte im Ritual. Versuch einer Darstellung von Instruktionen für Ritual, Symbolik und Logenordnungen in der Großloge AFuAMvD, Braunschweig 1981.

SCHEUERMANN, Audomar, Kirche und Freimaurerei. Eine Klarstellung, in: Klerusblatt 64 (1984) 41.

SCHNEIDER, Theodor (Hg.), Handbuch der Dogmatik. Bd. 2, Düsseldorf ³2006.

SCHOTTNER, Alfred, Das Brauchtum der Steinmetzen in den spätmittelalterlichen Bauhütten und dessen Fortleben und Wandel bis zur heutigen Zeit, Münster – Hamburg 1992.

SEBOTT, Reinhold, Das Kirchliche Strafrecht. Kommentar zu den Kanones 1311-1399 des Codex Iuris Canonici, Frankfurt a. M. 1992.

SEBOTT, Reinhold, Der Kirchenbann gegen die Freimaurer ist aufgehoben, in: Stimmen der Zeit 201 (1983) 411-421.

SEBOTT, Reinhold, Die Freimaurer und die Deutsche Bischofskonferenz, in: Stimmen der Zeit 199 (1981) 74-87.

SEEBER, D. A., Freimaurer – Kirche: nicht unvereinbar, aber Reibungen, in: Herder Korrespondenz 35 (1981) 221-223.

SEGALL, Michaël, Les hébraïsmes dans les rituels du marquis de Gages, in: UNIVERSITÉ LIBRE DE BRUXELLES. INSTITUT D'ÉTUDE DES RELIGIONS ET DE LA LAÏCITÉ (Hg.), Le Marquis de Gages (1739-1787). La Franc-Maçonnerie dans les Pays-Bas autrichiens, Brüssel 2000, 111-129.

SIANO, Paolo M., Die Freimaurerei und die „Kultur des Todes", in: Forum Katholische Theologie 24 (2008), 123-141.

SINGER, Arthur, Der Kampf Roms gegen die Freimaurerei, Leipzig/Oldenburg 1925.

SIX, Franz A., Freimaurerei und Christentum. Ein Beitrag zur politischen Geistesgeschichte, Hamburg 1940.

SNOEK, Jan A. M., Ein Vergleich der Rituale der Johannisgrade der AFAM und des FO. Vortrag auf der 40. Arbeitstagung der Forschungsloge Quatuor Coronati in Frankfurt am Main am 8. Oktober 2011, in: Quatuor Coronati Jahrbuch für Freimaurerforschung 49 (2012) 47-61.

SNOEK, Jan A. M., Framing Masonic Ceremonies, in: JUNGABERLE H., WEINHOLD, J. (Hg.), Rituale in Bewegung. Rahmungs- und Reflexivitätsprozesse in Kulturen der Gegenwart, Berlin 2006, 87-108.

STEFFENS, Manfred, Freimaurer in Deutschland. Bilanz eines Vierteljahrtausends, Bonn ²1966.

STEINER, Andreas, Freimaurer, in: Mitteilungsblatt der Priesterbruderschaft St. Pius X., 406 (November 2012), 22-45.

STIMPFLE, Josef, Die Freimaurerei und die Deutsche Bischofskonferenz. Zu dem Artikel von Reinhold Sebott, in: Stimmen der Zeit 199 (1981) 409-422.

STRIGL, Richard A., Das Funktionsverhältnis zwischen kirchlicher Strafgewalt und Öffentlichkeit. Grundlagen, Wandlungen, Aufgaben, München 1965.

TAUTE, Reinhold, Die katholische Geistlichkeit und die Freimaurerei. Ein kulturgeschichtl. Rückblick, Berlin 1909.

TUGENDHAT, Ernst, Anthropologie statt Metaphysik, München 2010.

ULITZKA, Carl (Hg.), Leo XIII. - Der Lehrer der Welt. Jubiläums-Ausgabe – Neue praktische Ausgabe der wichtigsten Encykliken Leo XIII. in deutscher Sprache mit Übersicht und Index, Breslau 1903.

VAN DER SCHELDEN, Bertrand, La Franc-Maçonnerie belge sous le régime autrichien, Louvain 1923.

VAN GENNEP, Arnold, Übergangsriten, Frankfurt a. M. 1986.

VON BOKOR, Charles, Winkelmaß und Zirkel. Die Geschichte der Freimaurer, Wien, München 1980.

WALDSTEIN, Wolfgang, Zum rechtlichen Charakter der „Declaratio de associationibus massonicis", in: Potoschnig, Franz, Rinnerthaler, Alfred (Hg.), Im Dienst von Kirche und Staat. In memoriam Carl Holböck, 519-528.

Whalen, William, The pastoral Problem of Masonic Membership, in: Origins 15/6 (27. Juni, 1985) 84-92.

WINKELMÜLLER, Otto, Die deutschen Bauhütten. Ihre Ordnungen und die Freimaurerei, Bad Harzburg 1964.

ZAPP, Hartmut, Zur kanonischen Strafrechtsreform nach dem Entwurf der Kodexkommission, in: ÖafKR 27 (1976) 36-59.

Webquellen[625]

DEUTSCHER OBERSTER RAT DES A.A.S.R.: Konkordat mit der Großloge A.F.u.A.M.v.D. online verfügbar unter: http://www.aasr.net/index.php?id=182 (abgerufen am 05.01.2013, 13:24).

ARCHIV FÜR KATHOLISCHES KIRCHENRECHT online verfügbar unter: http://www.kaththeol.uni-muenchen.de/publikationen/kath_kirrecht/index.html (abgerufen am 12.02.2013, 17:24).

MERCEDES-BENZ, Werbespot anlässlich des Super Bowls: online verfügbar unter: http://www.youtube.com/watch?v=hxclYyoXc-M (abgerufen am 12.03.2013, 17:14).

MYSTICAL BURIAL: Videoaufnahme eines im Rahmen einer benediktinischen Aufnahmezeremonie in der Abtei von St. Mary and St. Louis: online verfügbar unter: http://www.youtube.com/watch?v=Bkenj3PXZP8 (abgerufen am 30.12.12, 23:43).

KNUT TERJUNG MIT ROLF APPEL - Videoausschnitt eines Gespräches: online verfügbar unter: http://www.youtube.com/watch?feature=player_embedded&v=kFUXFPsAWqE, einschlägige Stelle ab 08:12 min. (abgerufen am 02.03.2013, 15:12).

ERKLÄRUNG DER GLAUBENSKONGREGATION ZU FREIMAURERISCHEN VEREINIGUNGEN - Übersetzung vom 26.11.1983: http://www.vatican.va/roman_curia/congregations/cfaith/documents/rc_con_cfaith_doc_19831126_declaration-masonic_ge.html (02.02.2013, 15:06).

ÜBERLEGUNGEN EIN JAHR NACH DER ERKLÄRUNG DER KONGREGATION FÜR DIE GLAUBENSLEHRE vom 23.02.1985: http://www.vatican.va/roman_curia/congregations/cfaith/documents/rc_con_cfaith_doc_19850223_declaration-masonic_articolo_ge.html (26.04.2015)

WEIGL, Norbert, Hinweise zum Erstellen wissenschaftlicher Arbeiten. Version 2009/10: http://www.kaththeol.uni-muenchen.de/lehrstuehle/dogmatik/downloads/index.html (18.02.2013, 15:50).

---

625 Aus Gründen der Lesbarkeit wurde darauf verzichtet, die Webadressen in den Fußnotenapparat zu übernehmen. Stattdessen finden sich dort mit Kapitälchen hervorgehobene Kurztitel.

Anhang:
„Thesen bis zum Jahr 2000"[626]

GROSSLOGE A.F.u.A.M.v.D.
IN DEN VEREINIGTEN GROSSLOGEN VON
DEUTSCHLAND

An alle Brr. Freimaurer der humanitären Lehrart

Die Großloge der Alten Freien und Angenommenen Maurer von Deutschland macht die nachstehend abgedruckten „Thesen bis zum Jahr 2000" bekannt. Sie sind von Gerhard Grossmann und Alfred Schmidt in Zusammenarbeit mit den Rednern unserer Großloge aufgestellt worden. Die Thesen sind ein Versuch, aus dem Gedankengut der humanitären Freimaurerei heraus Standpunkte und Ansichten zu formulieren, die sich beim Übergang vorn Denken zur Praxis, bei der Interpretation der Welt und bei ihrer Veränderung als richtunggebend erweisen können. Sie sollen die humanitäre Freimaurerei leichter erkennbar machen und ihren geistigen Gehalt in ein enges Verhältnis zur Lebenspraxis rücken. Jeder Bruder unserer Lehrart ist aufgerufen, an der endgültigen Gestaltung der Thesen mitzuarbeiten, damit diese auf mög-

---

[626] Im Wortlaut entnommen aus: Humanität 6 (1980) Nr. 1, Einlage nach S. 20.

lichst breiter Basis vom Großlogentag 1980 verabschiedet werden können. Näheres ergibt ein den Logen vorliegender Rundbrief, der die Bitte enthält, die Thesen in den Logen eingehend zu diskutieren und unserer Kanzlei das Ergebnis bis Ende Februar 1980 mitzuteilen. Die Thesen und die ihnen zugrundeliegenden Gedanken werden sich in den öffentlichen Meinungsäußerungen unserer Großloge niederschlagen. Zur näheren Einführung verweist die Großloge auf die Aufsätze „Die Öffnung nach Außen" (Humanität 6/1979) und „Thesen bis zum Jahr 2000" (Humanität 1/1980).

Thesen bis zum Jahr 2000
1. Philosophische Ideen und Systeme weltanschaulichreligiöser [sic!] Art, die alleinige Verbindlichkeit beanspruchen können, gibt es nicht.
2. Es gibt im Reich des Geistes nichts, was nicht seinen Ursprung im theologischen, letztlich mythischen Bereich hätte und nicht schließlich auch dorthin verweist. Eine Über- oder Unterordnung der Theologie im Vergleich zu anderen Wissensformen ergibt sich daraus nicht von vorn herein; es fehlen nähere Erkenntnisse.
3. Mensch und Welt sind aus sich heraus fähig, zu lernen und sich zu entwickeln. Die Freimaurerei ist von der Möglichkeit eines innerweltlichen Fortschritts überzeugt.
4. Der Mensch ist zugleich Schöpfer und Geschöpf seiner Geschichte. Welchen Aspekt das Universum den Menschen zukehrt, in welchem Bedeutungshorizont es für sie erscheint, hängt vom geschichtlich erreichten Stand ihres Bewußtseins ab. Die Welt als Unendliches

ist uns jeweils nur unter endlichen Aspekten zugänglich. „Willst Du ins Unendliche schreiten, schreit' nur im Endlichen nach allen Seiten." Damit hat Goethe die ewige Unvollendetheit unseres Strebens und Wirkens bezeichnet.
5. Zur Freiheit gehört die Glaubens-, Gewissens- und Denkfreiheit. Wer die freie sittliche Selbstbestimmung des Menschen verneint, steht zur Freimaurerei in geistiger Gegnerschaft.
6. Der Bund bejaht das Streben nach Glück. Wer unverschuldetes Leid ideologisch verklärt, trägt zur Verewigung des Leids bei. Wer in krassem Egoismus nur an sich selbst denkt, verkommt. Wer nur den Pflichten lebt, trocknet aus. Wer sein Glück in Rauschgiften sucht, scheitert.
7. Die Freimaurerei hütet das Erbe der europäischen Aufklärung, die andauert; sie hat die Aufgabe, ihre Ideen zeitgemäß weiterzuentwickeln. Dazu gehört auch die Kritik solcher Vorstellungen des Aufklärungszeitalters, die sich im Verlauf unserer Geschichte als problematisch erwiesen haben: Die Kritik solcher Vorstellungen darf nicht jenen überlassen bleiben, die das Recht von Aufklärung insgesamt bestreiten.
8. Die höchste Form, das Göttliche zu verehren, liegt in der Erkenntnis und Beachtung des Moralischen. Jeder Freimaurer ist verpflichtet, an den geistigen Auseinandersetzungen seiner Zeit teilzunehmen und sich für das von ihm erkannte Gute einzusetzen. Er soll nach Vervollkommnung streben und eintreten für die Menschenwürde, die freie Entfaltung der Persönlichkeit, für Hilfsbereitschaft und die Erziehung dazu.

9. Alle Menschen sind Brüder. Alle sind gleichviel wert. Soziale Sicherheit für die, die schuldlos außerstande sind, sich zu unterhalten, gehört zu den Menschenrechten.
10. Wer gegen Krieg ist, muß für Frieden eintreten. Größere staatliche Einheiten dämpfen den provinziellen Nationalismus und befördern die Erkenntnis der Solidarität der Menschen.
11. Daß unschuldige Menschen bis in unsere Tage hinein unfrei gehalten, geschunden und ermordet werden, wirft Schatten auf das musivische Pflaster und zwingt uns zur Stellungnahme; Leben, Freiheit und Unversehrtheit sind die höchsten Güter des Menschen. Wer duldet, daß auch nur einem Menschen Verlust oder Beeinträchtigung dieser Güter droht, verstößt gegen die Idee des Menschen. Jede Toleranz hat Grenzen. Vor dem Hintergrund der Massenvernichtung verbietet sich jede Harmlosigkeit im Umgang mit dem Unmenschlichen.
12. Die Kernkraft nutzen heißt die Energieproduktion der Sonne auf die Erde holen. Die Geburt dieser Idee dauert noch an. Die Zeit wird kommen, in der jeder neue Gedanke die Nutzung von Kernenergie auf der Erde bereits so voraussetzt wie jeder im Abendland entstandene Gedanke das Christentum.
13. Das Recht auf Fortpflanzung und die Verpflichtung dazu unterliegen der Reglementierung durch den Staat ebensowenig wie die Abtreibung.
14. Wer Tendenzen begünstigt, die Unterscheidung von Staat und Gesellschaft zu beseitigen, bekämpft die aus den bürgerlichen Revolutionen hervorgegangene bür-

gerliche Freiheit. Insgesamt gesehen ist der republikanischdemokratische [sic!] Rechtsstaat derzeit diejenige Staatsform, die Freiheit und Wohlfahrt der Menschen am ehesten gewährleistet. Zu seinen Feinden im Inneren gehören neben dem Terrorismus auch Bürokratismus und allseitige Verwirtschaftlichung.

15. Die Auswahl von Ausbildungs- und Bildungseinrichtungen sollte allein Gesichtspunkten der Zweckdienlichkeit entsprechen; die Breite der Bildungschancen ist ebenso zweckdienlich wie die angemessene Förderung von Eliten. Keiner der beiden Gesichtspunkte darf auf Kosten des anderen zurückgedrängt werden.

16. Wer als Einzelner oder als Staat mehr nimmt als er selbst geben kann oder zu geben bereit ist, zerstört sich im Laufe der Zeit selbst. Kein Staat steuert mehr als die Hälfte dessen bei, was zur Gütererzeugung gebraucht wird. Also kann er auch höchstens die Hälfte des Ertrags nehmen, ohne Schaden zu leiden, mögen seine Motive auch noch so edelmütig sein. Vom Staat gesetzte Randbedingungen, die höherwertig sind als die lebendige Arbeitskraft, gibt es nicht.

17. Die Zahl kultureller Manifestationen hat sich vermehrt. Kultur ist nicht mehr nur an Oper, Konzert, Literatur, Malerei und Skulptur gebunden. Den ästhetischen Kulturzeugnissen treten technische und soziale Entwicklungen zunehmend gleichberechtigt gegenüber. Widerstand dagegen richtet nicht nur nichts aus, sondern zeugt auch von Realitätsverlust.

18. Frauen und Männer sind gleichberechtigt und gleichwertig, aber nicht gleich. Hieraus rechtfertigen sich geschlechterspezifische Koalitionen.

19. Sowenig Freimaurerei eine Religion ist oder eine Religion lehrt, so sehr versteht sie sich als legitime Antwort auf das, was bei Kant „Naturanlage" des Menschen zur Spekulation, bei Schopenhauer „metaphysisches Bedürfnis" genannt wird.
20. Die Freimaurerei hütet sich davor, in den letzten philosophischen Grundfragen dogmatische Positionen zu beziehen. Unkritischer Idealismus kann leicht zu selbstgenügsamer Weltentrücktheit führen, kruder Materialismus birgt die Gefahr der Vereinfachung in sich. Die Materie mag denkfähig sein; wie sie aber denkt, verrät sie uns nicht.
21. Erst wenn die Individuen ihren Lebensprozeß in entfalteter Vernunft wirklich beherrschen, schlägt blindes Schicksal in Freiheit um und die materiellen Verhältnisse hören auf, die menschlichen Dinge angemessen zu erklären.

Verantwortlich für den Inhalt:
Rechtsanwalt u. Notar Gerhard Grossmann, Prof. Dr. phil. Alfred Schmidt,
beide Frankfurt a. M., im Auftrage von Vorstand, Großbeamtenrat und Distriktsmeistertag der Großloge A.F.u.A.M.v.D.e.V. Frankfurt am Main. Beihefter zur humanität Nr. 1/1980.